Ensinar e aprender inglês:

o processo comunicativo em sala de aula

Florinda Scremin Marques

Ensinar e aprender inglês:
o processo comunicativo em sala de aula

EDITORA
intersaberes

Rua Clara Vendramin, 58 . Mossunguê
CEP 81200-170 . Curitiba . PR . Brasil
Fone: (41) 2106-4170
www.intersaberes.com
editora@editoraintersaberes.com.br

Conselho editorial
Dr. Ivo José Both (presidente)
Drª. Elena Godoy
Dr. Nelson Luís Dias
Dr. Neri dos Santos
Dr. Ulf Gregor Baranow

Editora-chefe
Lindsay Azambuja

Supervisora editorial
Ariadne Nunes Wenger

Analista editorial
Ariel Martins

Preparação de originais
Monique Gonçalves

Capa
Caroline Novak Laprea
Mayra Yoshizawa

Projeto gráfico
Bruno Palma e Silva

Diagramação
Fabiana Edições

Iconografia
Danielle Scholtz

Dados Internacionais de Catalogação na Publicação (CIP)
(Câmara Brasileira do Livro, SP, Brasil)

Marques, Florinda Scremin
   Ensinar e aprender inglês: o processo comunicativo em sala de aula / Florinda Scremin Marques. – Curitiba: InterSaberes, 2012. – (Série Língua Inglesa em Foco).

   Bibliografia.
   ISBN 978-85-8212-319-5

   1. Inglês – Estudo e ensino I. Título II. Série.

12-09056   CDD-420.7

Índice para catálogo sistemático:
1. Inglês: Estudo e ensino 420.7

1ª edição, 2012.
Foi feito o depósito legal.

Informamos que é de inteira responsabilidade da autora a emissão de conceitos.

Nenhuma parte desta publicação poderá ser reproduzida por qualquer meio ou forma sem a prévia autorização da Editora InterSaberes.

A violação dos direitos autorais é crime estabelecido na Lei nº 9.610/1998 e punido pelo art. 184 do Código Penal.

Sumário

Apresentação, 11
Introdução, 15

1 Ensinar e aprender e a competência comunicativa   23
1.1 O processo de ensino-aprendizagem, 24 | 1.2 Alguns conceitos teóricos, 33 | 1.3 Teorias sobre a aquisição de linguagem, 44 | 1.4 A abordagem comunicativa no ensino de língua inglesa, 49 | 1.5 As habilidades comunicativas e sua integração, 52 | 1.6 Abordagens de ensino e a integração das habilidades comunicativas, 54 | 1.7 Como integrar as habilidades em sala de aula?, 62

2 O planejamento e a competência comunicativa   71
2.1 O ciclo de planejamento para atingir um bom resultado, 73 | 2.2 O diagnóstico, 76 | 2.3 A iniciativa, o tratamento: a ação em si, 102 | 2.4 A verificação: o *assessment* – que resultados estamos obtendo, 103 | 2.5 A reação: fazer correções de rota se necessário, 104

3 Desenvolvendo a habilidade de produção oral: a fala como processo   115
3.1 O que entendemos por habilidade de produção oral: a fala, 116 | 3.2 Como se processa a fala?, 117 | 3.3 O que os falantes sabem: tipos de conhecimentos, 119 | 3.4 A habilidade de produção oral e a sala de aula, 135

4 Desenvolvendo a habilidade de compreensão oral: o escutar   159
4.1 O que entendemos por habilidade de compreensão oral: o escutar, 160 | 4.2 Como se processa a compreensão oral: o que o ouvinte "faz" quando ouve?, 162 | 4.3 Habilidade de compreensão oral e a sala de aula, 171

5 Desenvolvendo a habilidade de compreensão escrita: a leitura como processo   197

5.1 O que entendemos por habilidade de compreensão escrita: a leitura, 199 | 5.2 Semelhanças entre os processos de compreensão oral e escrito, 204 | 5.3 A habilidade de compreensão escrita e a sala de aula, 215

6 Desenvolvendo a escrita como processo: a escrita comunicativa   235

6.1 O que significa saber escrever?, 237 | 6.2 Um bom escritor sabe..., 238 | 6.3 Conhecimento do código linguístico, 244 | 6.4 Como o bom escritor escreve? Qual é o processo?, 247 | 6.5 A escrita e a sala de aula, 250 | 6.6 As fases da escrita como processo em sala de aula, 253 | 6.7 Um projeto, 264

Considerações finais, 270
Glossário, 273
Referências, 275
Bibliografia comentada, 284
Compreensão e produção oral: Listening & Speaking, 287
Produção escrita, 289
Respostas, 291
Nota sobre a autora, 293

Dedico esta obra a meus pais, Leonilda e Antenor ("in memorian"), que despertaram em mim a curiosidade para obter novos conhecimentos, sempre me incentivaram ao estudo e, principalmente, apoiaram-me na realização de meus sonhos.

Agradecimentos

À minha família, pelo apoio e pela paciência dos últimos tempos e por todas as viagens que deixamos de fazer juntos.

Aos meus alunos e alunos-professores, com quem tenho sempre aprendido muito.

A Malu Castro Gomes, pelo convite, pelo apoio e pela troca de ideias.

Às minhas amigas, que tiveram tempo para ler o manuscrito e contribuíram com suas opiniões.

A Isabel Parolin, com quem troquei tantas ideias sobre ensino-aprendizagem e aprendi a ser eu mesma.

Apresentação

> "Somewhere ages and ages hence:
> Two roads diverged in a wood, and I –
> I took the one less traveled by,
> And that has made all the difference."*
> Robert Frost,
> The road not taken

Este é um livro sobre escolhas. Escolhas sobre quais os melhores caminhos a tomar para que a aprendizagem aconteça. Contudo, já avisamos: "Não existem mapas prontos!", e sim um cabedal de conceitos, princípios e técnicas que nos dão o conhecimento necessário para construirmos as rotas a serem percorridas.

Com esses saberes, somos capazes de ir muito longe, seguindo rumos antes não caminhados, desenhando nossos mapas durante o percurso. Com esses saberes, somos capazes de criar a **nossa abordagem particular** de ensino de idioma baseada não só em conceitos e princípios vigentes, como também nos conhecimentos trazidos pelas descobertas nas áreas da ciência e da psicologia sobre o funcionamento do cérebro, os estilos e as estratégias de

---

* ***A estrada não trilhada*** (Tradução de Renato Suttana 2009)
  N'algum tempo ou lugar desta jornada extensa:
  A estrada divergiu naquele bosque, e eu –
  Segui pela que mais ínvia me pareceu,
  E foi o que fez toda a diferença.

aprendizado, as múltiplas inteligências, entre outros. Com esses saberes, somos capazes de procurar respostas para novos questionamentos ou escolher qual das trilhas tomar, construindo novos percursos.

Por isso, caro leitor, se está iniciando ou se já iniciou seu "percurso" como mestre, você precisa se preparar para a jornada à sua frente, para as escolhas que precisará fazer no decorrer de sua caminhada. Nunca perca de vista a necessidade de atualização constante, consulte sempre os mapas, verifique a sua bússola, leia, pesquise. Por outro lado, não se esqueça de usar sua inspiração para buscar soluções ao trilhar novos caminhos "nunca dantes percorridos". Apenas quando conhecemos todas as opções e estamos abertos para o novo é que podemos arriscar.

Esta obra não tem a pretensão de entregar um mapa já delineado, uma receita já pronta. Tem, sim, a intenção de mostrar as trilhas que podem ser percorridas, os equipamentos e ingredientes que podem ser selecionados para que você escolha o seu traçado ou crie a sua própria receita. Para isso, optamos por dois enfoques para a seleção dos conteúdos: primeiro, uma apresentação dos conceitos e dos princípios que regem o processo de ensino-aprendizagem; e, segundo, o que envolve falar um idioma, isto é, ter a **competência comunicativa**, e o que, como professores, devemos fazer em sala de aula para que os alunos desenvolvam essa competência.

O primeiro capítulo vai buscar nas teorias de ensino-aprendizagem alguns pressupostos teóricos sobre como a aprendizagem acontece. No início, abordaremos algumas das correntes que buscam explicar que fatores influenciam esse processo em geral. Depois, apresentaremos alguns princípios da abordagem comunicativa que enfocam o processo de ensino-aprendizagem de idiomas.

O segundo capítulo demonstrará o que significa planejar e como realizar um bom plano de aula que esteja de acordo com os conceitos e os princípios apresentados no capítulo inicial. Seu objetivo principal é apresentar o que é preciso para que haja motivação, satisfação e decorrente aprendizado para o desenvolvimento das estratégias e das habilidades das comunicações oral (ouvir e falar) e escrita (leitura e prática escrita), dentro da realidade de ensino de cada pessoa para que seus alunos desenvolvam toda sua potencialidade. Ensinar é saber fazer as escolhas certas para que a aprendizagem aconteça, utilizando mapas, bússolas e roteiros para um bem pensado planejamento.

Do terceiro ao sexto capítulo, o foco será o desenvolvimento da competência comunicativa através de suas formas de expressão. Nos capítulos três e quatro, em específico, buscamos mostrar como acontece o processo comunicativo oral (ouvir e falar). Nos capítulos cinco e seis, o enfoque será no processo comunicativo através da escrita (ler e escrever). Abordaremos o que deve ser levado em conta no desenvolvimento de suas habilidades e estratégias, assim como qual o tratamento pedagógico para que esse desenvolvimento aconteça.

Sendo assim, caro leitor, esperamos que você, que já é ou que vai se tornar professor ou que simplesmente está interessado no ensino-aprendizado de idiomas, encontre na leitura desta obra os saberes ou, melhor, os caminhos para chegar aos conhecimentos que o conduzam a criar a sua própria abordagem de ensino. Pretendemos "desdobrar e revelar o mapa e ensinar a usar a bússola, para ao final deste livro torná-los capazes de navegar os desafios dos oceanos desconhecidos" (Antunes, 2001a, p. 12).

Introdução

> "*Think globally, act locally.*
> *Global thinking, local teaching.*"
> Berman, 1994
>
> "*Quando a linguagem é adquirida,*
> *o que se adquire não é simplesmente uma língua,*
> *com suas regras especificamente linguísticas,*
> *mas todo um sistema de práticas e valores,*
> *crenças e interesses a ele associados.*"
> Marconde, 1992, p. 41

A língua inglesa é hoje indiscutivelmente aceita como a **língua franca*** global, pois é por meio dela que povos de extremos do planeta têm a possibilidade de se comunicar, de se conhecer e de compreenderem e aceitarem as diferenças mútuas. As razões pelas quais estudamos a língua inglesa atualmente são muito diferentes das de 5, 10 ou 15 anos atrás. Acreditamos, hoje, que aprender inglês como um idioma adicional traz muitos benefícios, pois é pelo seu domínio que conseguimos nos inserir no mundo dos estudos,

---

* **Língua franca** refere-se ao idioma sistematicamente usado para a comunicação entre pessoas que não compartilham a mesma língua materna, principalmente quando esta é uma terceira língua, distinta da língua original dos falantes envolvidos e que ultrapassa as fronteiras da comunidade na qual originalmente é falada – *English as a língua franca* (ELF).

dos negócios, do turismo, além de podermos discutir assuntos impactantes, pertinentes a toda a humanidade.

Até pouco tempo atrás, utilizávamos as expressões *English as a second language* (ESL) e *English as a foreign language* (EFL) para nos referirmos à aprendizagem de inglês como segunda língua ou como língua estrangeira. Nunca ficaram muito claras as diferenças entre os dois processos de aprendizagem de língua; apenas que a primeira acontece na pátria de origem e a outra em países estrangeiros. Por isso, atualmente, temos a tendência de usar a expressão *English as an additional language*, a qual se refere ao aprendizado de inglês como um segundo, terceiro ou até quarto idioma. Utilizamos, ainda, o termo *English as an international language* (EIL), o qual se refere ao seu uso por muitos falantes que não só utilizam o inglês para entrarem em contato com falantes nativos, mas também para se comunicarem com outros povos não nativos desse idioma*. Fato que em muito tem contribuído para elevar o *status* do inglês como a língua franca global.

O inglês é um meio de comunicação global que "pertence" a todos, o seu número de falantes como idioma adicional já ultrapassa o número de falantes de inglês como língua materna. Existe, por parte dos pesquisadores, a preocupação em identificar as características das diferentes vertentes existentes, assim como das motivações, dos interesses e dos objetivos de seus aprendizes, para, dessa forma, poderem redefinir metas, métodos e abordagens da pedagogia de ensino do inglês como língua internacional (EIL), para que esta seja mais eficiente e esteja de acordo com o que os alunos almejam. Procuramos, portanto, uma metodologia de ensino que seja apropriada ao ensino de inglês nas diferentes partes do mundo e que "prepare os aprendizes para serem **falantes** de inglês **globais**

---

* Fica, portanto, desconsiderada neste livro a distinção entre inglês como segunda língua (ESL) ou como língua estrangeira (EFL). O termo *L2* será empregado com referência ao idioma adicional, nesse caso o inglês (ESL, EFL ou EIL/ELF), que é diferente do idioma materno, nesse caso o português (L1).

e **locais** e para se sentirem em casa tanto em contextos nacionais como internacionais" (Kramch; Sullivan, 1996, p. 211, grifo nosso).

Mesmo existindo essa noção do inglês como língua franca, persiste para muitas pessoas um questionamento: "Por que nossos filhos devem aprender uma língua estrangeira se eles nunca sairão deste lugar?". Ao que podemos responder: "É por essa exata razão!". Talvez nossos alunos/filhos nunca saiam da comunidade em que moram, nem de nosso país, nem entrem em contato com qualquer estrangeiro no decorrer de suas vidas, mas, ao aprenderem outro idioma, terão aberto uma porta de contato com o mundo, gerando oportunidades de comunicação e informação.

O que a escola procura, hoje, é preparar os alunos para um futuro desconhecido, que trará ainda muitas novidades e no qual eles sejam capazes de agir em qualquer situação. No caso do ensino de inglês, procuramos não só capacitar o aprendiz a usar o idioma para fins comunicativos, mas também para desenvolver seus conhecimentos de mundo e para conhecer a si próprio. "Se é pelas atividades de linguagem que o homem se constitui sujeito, só por intermédio delas que tem condições de refletir sobre si mesmo" (Brasil, 2006, p. 23). Ao aprender inglês, o aluno tem a oportunidade não só de refletir sobre a sua cultura local (e aqui *local* refere-se não só ao país, mas também aos diversos níveis de regionalidade, até a comunidade em que vive), bem como sobre si mesmo, aprendendo os diferentes valores de outras comunidades, construindo conhecimentos, preparando-se, assim, para aceitar e valorizar diferenças e não as criticar como certas ou erradas.

Para que isso aconteça, nosso trabalho em sala de aula deve ser mais abrangente do que simplesmente ensinar estratégias e habilidades para que os alunos desenvolvam os processos de compreensão e produção orais e escritas. Surgem aqui os conceitos de letramento e oralidade, que se referem aos usos da linguagem, ao discurso e aos modos de organizar a realidade. Para Kleiman (2005, p. 19), "o letramento é complexo, envolvendo muito mais que uma habilidade (ou conjunto de habilidades) ou competência de um sujeito. Envolve múltiplas capacidades e conhecimentos para mobilizar essas capacidades, muitos dos quais não têm necessariamente relação com a leitura"

Para esse mesmo autor:

[Em termos de oralidade] o conceito de letramento abre espaço para uma nova forma de conceber a relação entre o escrito e o oral. Foi postulada uma relação de continuidade – não de oposição – entre o oral e o escrito, perante as evidentes relações que existiam entre os usos de língua falada e de língua escrita. (Kleiman, 2005, p. 45)

Letramento e oralidade referem-se a todos os recursos e conhecimentos que usamos para interagir com o mundo em que vivemos e, nesse processo, desenvolvermo-nos.

Devido a esses novos conceitos, passamos a conceber a linguagem, a cultura e o conhecimento como um conjunto dinâmico, o que não comporta mais a divisão das quatro habilidades comunicativas*. Isso nos fez ponderar sobre como apresentar o assunto desta obra e a necessidade de definir alguns termos que serão empregados no decorrer do livro. Atualmente, aconselhamos a utilizar a seguinte terminologia para nos referirmos às (antigas) habilidades comunicativas: *comunicação oral*, o que engloba **ouvir** e **falar**, *leitura* e *prática escrita*. Porém, como na terminologia em inglês ainda falamos separadamente das quatro habilidades comunicativas – ouvir, falar, ler e escrever, – neste livro optamos por apresentar cada uma delas em capítulos próprios, pois essas habilidades possuem características específicas que nos fazem utilizar diferentes estratégias e habilidades para realizá-las.

Procuramos mostrar o que acontece no processo de comunicação na vida real para se produzir e compreender uma mensagem. O que fazer e como fazer em sala de aula para que os alunos tenham uma experiência muito próxima da "vida real" e desenvolvam essas mesmas habilidades e estratégias? Nossa palavra-chave será

---

* *The four language skills.*

processo. Qual é o processo de desenvolvimento de habilidades e estratégias que facilitarão aos aprendizes saberem se comunicar em inglês? Vamos "ensiná-los a aprender a aprender", que é um dos conceitos de letramento.

Sabemos que nossa abordagem de ensino-aprendizagem deve se adequar aos novos caminhos pelos quais o inglês como língua franca tem nos conduzido. Além disso, se ajudarmos nossos alunos a desenvolverem suas habilidades e estratégias comunicativas em inglês, eles estarão também supridos de ferramentas para, longe de nós, serem capazes, sozinhos, de fazerem contato com o "mundo lá fora" e a enfrentarem as incertezas do futuro. É isto que nós procuramos com esta obra: mostrar como ao trabalhar com esse idioma vamos preparar nossos alunos tanto para o mundo local como para o global.

Capítulo 1

Ensinar e aprender e a competência comunicativa

*"**Antes** cabia ao professor mostrar ao aluno o 'mapa do mundo' descrevendo seus múltiplos oceanos, **agora**, ao mesmo tempo em que desdobra e revela esse mapa, ensina também como usar a bússola, tornando seus alunos aptos a navegar os desafios desses oceanos."*
Antunes (2001a, grifo do original)*

"*Do not throw the baby out with the bathwater!*"** – "Não se deve jogar fora o bebê com a água do banho!". Na história da metodologia de ensino de língua inglesa, durante muito tempo, ao surgir um novo método ou abordagem, descartava-se o anterior por completo. "Jogavam-se" fora princípios valiosos e úteis, para se abraçar novos conceitos. Foi-se percebendo, porém, que muitos de seus princípios se mantinham relevantes e complementavam e reforçavam as novas proposições.

Atualmente, não se joga mais o bebê – ou seja, **o que é bom** – com a água do banho – **o que está obsoleto**; tenta-se aproveitar tudo o que seja pertinente à nossa realidade de ensino. De acordo com Brown (2004, p. 40), "Hoje em dia a tarefa de ensinar um idioma está mais apropriadamente caracterizada por uma abordagem de ensino mais unificada e abrangente do que aquela que se

---

* ANTUNES, C. Como desenvolver as competências em sala de aula. 5. ed. Petropolis: Vozes, 2001a. (Coleção na Sala de Aula, Fascículo 8)
** Metaforicamente, significa "perder ou jogar fora algo valioso e útil quando se põe fora algo que não nos serve mais" (Terban, 1996, p. 192).

limitava à aceitação de um único método"*. E, além de não mais fazermos esses descartes, ainda temos, segundo Brown, a possibilidade de criar a nossa "própria abordagem de ensino de idiomas eclética e informada": **eclética**, porque vamos retirar o que necessitamos de cada um dos métodos e das abordagens existentes; e **esclarecida**, porque, ao selecionarmos as técnicas que utilizaremos, nossos conhecimentos teóricos estarão baseados em seus princípios fundamentais.

Por isso, neste primeiro capítulo, abordaremos, primeiramente, os conceitos básicos sobre o processo de ensino-aprendizagem e daremos uma pincelada em alguns princípios teóricos que fundamentam a aprendizagem significativa. Em seguida, apresentaremos a abordagem comunicativa e os seus princípios, além de outras abordagens a ela associadas ou dela derivadas que defendem a integração das habilidades comunicativas. Por fim, demonstraremos a importância de ensinar as habilidades comunicativas integradamente.

1.1 O processo de ensino-aprendizagem

Quando iniciamos nossa carreira, temos esperança de fazer o melhor possível e também muitas dúvidas sobre como proceder, se os alunos estarão motivados, se vão aprender e qual a melhor maneira de atingirmos nossos objetivos. Por isso, precisamos conhecer as teorias do processo de ensino-aprendizagem, pois elas nos ajudam a organizar e entender o significado daquilo que devemos ou não fazer em sala de aula.

Talvez seja um pouco ousado de nossa parte discorrer sobre este tema tão abrangente que é o do **processo ensino-aprendizagem** de uma forma um tanto simplificada numa seção deste capítulo, mas isso se faz muito necessário. Acreditamos que o ensino e a aprendizagem são duas faces de uma mesma moeda, e uma não pode ser desvinculada da outra, ou seja, só acontece o ensino se

---

* Os textos que são originais em inglês foram traduzidas pela autora.

a aprendizagem acontecer, só podemos dizer "ensinei" se nossos alunos "aprenderam". Então, vamos enfocar neste livro o **ensino** visto como facilitador do processo de **aprendizagem**. Vamos ver também como o **processo da aprendizagem** ocorre para termos subsídios para o planejamento de nossas aulas e atividades. Vamos abordar alguns itens que irão nos auxiliar na tarefa de favorecer o desenvolvimento das habilidades comunicativas em língua inglesa.

» O que significa "ensinar" para você?

» Quais são as suas crenças* e pressupostos em relação ao processo de ensino-aprendizagem?

» Qual o papel do professor nesse processo? E o do aluno?

1.1.1 Crenças e pressupostos

Como alunos e como professores, entramos em sala de aula cheios de pressupostos e crenças em relação ao processo pedagógico. Como professores, o fato de escolhermos esta ou aquela atividade, de decidirmos se o início será desta ou daquela forma ou de resolvermos mudar nossas estratégias no meio da aula devem estar embasados em princípios teóricos, e não só nos conhecimentos empíricos que já fazem parte de nossas crenças e representações.

Barcelos (2007, p. 113) define **crenças**

> *como uma forma de pensamento, como construções da realidade, maneiras de ver e perceber o mundo e seus fenômenos, co-construídas em nossas experiências resultantes de um processo interativo de interpretação, (re)significação. Como tal, crenças são sociais (mas também individuais), dinâmicas, contextuais e paradoxais.*

---

* Gimenez apresenta nas páginas 119-120 do livro *Tecendo as manhãs* (Gimenez, 2007) um inventário bem interessante para descobrir suas crenças sobre ensino-aprendizagem.

Silva (2007, p. 205) faz um apanhado das definições sobre crenças no ensino de idioma, resumindo-as em

[Crenças são] ideias ou conjunto de ideias para as quais apresentamos graus distintos de adesão (conjecturas, ideias relativamente estáveis, convicção e fé). As crenças na teoria de ensino e aprendizagem de línguas são essas ideias que tanto alunos, professores e terceiros têm a respeito dos processos de ensino-aprendizagem de línguas e que se (re)constroem neles mediante as suas próprias experiências de vida e que se mantêm por um certo período de tempo. [grifo nosso]

Como vimos, nossa prática educacional é construída por nossas experiências e crenças, nossos conhecimentos e valores trazidos e/ou adquiridos ao longo de nossas vidas pessoais e profissionais. E a nossa prática pedagógica será aprimorada pela conscientização de nossas crenças, pela aplicação dos novos conceitos teóricos aprendidos na nossa práxis e pelo nosso constante questionamento sobre esse relacionamento teórico-prático.

1.1.2 O ensino

Não poderíamos ter encontrado uma definição mais simples e ao mesmo tempo tão abrangente como a seguinte:

Ensinar é uma atividade de um profissional chamado "professor", que tem como tarefa direcionar um aprendiz. Para ensinar, esse profissional necessitará preparar-se e planejar, a fim de promover as intervenções necessárias, os encaminhamentos que o momento necessite e as avaliações que irão fazer as correções dos rumos tomados. O verbo "ensinar" deveria rimar sempre com motivar, desafiar, oportunizar, vivenciar, avaliar, acertar e errar, retornar, recomeçar e acertar! (Parolin; Ferreira, 2008, p. 30)

Como profissionais do ensino, portanto, nós, professores, precisamos estar sempre preparados para executar todas as tarefas relacionadas ao direcionamento dos aprendizes em todos os seus desdobramentos. Sempre preocupados com os **rumos** tomados.

para refletir 2

» O que você conhece sobre os processos de aprendizagem?

» O que você conhece sobre os processos de aprendizagem de língua estrangeira?

» Na sua opinião, qual o papel do professor e o do aluno no processo de ensino-aprendizagem?

1.1.3 A aprendizagem

Nos últimos anos, o conceito de *aprender* sofreu uma reviravolta graças às muitas descobertas no campo da ciência e da psicologia sobre a maneira como a mente funciona e sobre a forma como se processa a aprendizagem. Sabemos, hoje, que somente aprendemos aquilo que nos é significativo e que toda aprendizagem está relacionada à mudança de comportamento gerada por esses conhecimentos adquiridos. Parolin e Ferreira, mais uma vez vêm em nosso auxílio, definindo o seguinte: "Em verdade a aprendizagem está diretamente ligada a desenvolvimento, a aprender a pensar, a refletir, a permitir-se perguntar e em saber estar bem no grupo e para o grupo. O verbo 'aprender' deveria sempre rimar com perceber, querer, percorrer, recorrer, refazer e renascer" (Parolin; Ferreira, 2008, p. 27-28).

Se, para nós, "a **aprendizagem** está ligada a desenvolvimento" e **ensinar** refere-se "a promover as intervenções necessárias, os encaminhamentos que o momento necessite e as avaliações que irão fazer as correções dos rumos tomados" (Parolin; Ferreira, 2008, p. 27-28), precisamos nos **preparar**, obtendo os conhecimentos necessários sobre os dois processos para podermos planejar nossas aulas de forma a facilitar esse desenvolvimento.

Pelo fato de cada vez mais conhecermos a respeito do funcionamento do cérebro para a realização de qualquer ação, procuramos conhecer o que as teorias psicolinguísticas têm a dizer sobre o ensino-aprendizagem de idiomas. Tendo definido o que entendemos por essa expressão, resta-nos saber **como** aprendemos para podermos planejar como ensinaremos. Vamos, a partir de agora, apresentar as formas como entramos em contato com o novo e expor algumas teorias, ou **princípios**, do processo de ensino-aprendizagem em geral e em seguida apresentaremos alguns princípios sobre o aprendizado de idiomas.

» Você conhece a sua modalidade de aprendizagem?
» Você sabe qual é o seu estilo cognitivo e social de aprendizagem?
» Você sabe qual é o seu comportamento cognitivo em relação à aprendizagem?
» Você tem ideia de quais são suas estratégias de aprendizagem?
» E sobre as múltiplas inteligências, qual é a sua visão?

1.1.4 Características individuais: os estilos de aprendizagem

Os teóricos da educação, de modo geral, concordam que tanto o grau de sucesso quanto a rapidez com que o aprendizado acontece são afetados pelas diferentes características apresentadas pelos alunos de uma classe. Segundo Brown (1994, p. 105), "os estilos de aprendizagem englobam características cognitivas, afetivas e fisiológicas que são indicadores estáveis de como os aprendizes percebem, interagem com e respondem ao ambiente de aprendizagem, isto é, como cada um processa a informação que recebe." São fatores como idade, capacidades, atitudes, motivação, personalidade, estilo cognitivo e estratégias preferidas de aprendizagem que fazem com que os estudantes tenham maior ou menor sucesso na aquisição dos conhecimentos que estão buscando.

Devido aos traços peculiares de cada um, sabemos que deveríamos tratar os alunos individualmente, como pessoas com necessidades, estilos e preferências distintas. Contudo, também sabemos o quanto é difícil preparar uma aula exclusiva para cada um desses alunos levando em conta essas diferenças. Podemos, entretanto, descobrir as características gerais da turma, como suas modalidades de aprendizagem, suas preferências sociais, seus estilos cognitivos e suas inteligências, para planejarmos as técnicas e as atividades que utilizaremos em nossas aulas de ensino de idioma.

As modalidades de aprendizagem
Apreendemos o mundo que nos rodeia por meio dos nossos cinco sentidos, que são os nossos canais de percepção. E fazemos uso de apenas um ou de uma combinação desses canais para aprender. As modalidades de aprendizagem utilizadas para recebermos o insumo (*input*) externo são: a **visual** (aprendizagem por meio da visão), a **auditiva** (pela audição) e a **cinestésica** (aprendizagem através da interação, da realização e da sensação)*. Esses estilos de aprendizagem são responsáveis pelo processamento das informações que recebemos e por fixá-las em nossa memória.

Cada um de nós faz uso de uma ou duas das modalidades para aprender, isto é, na maioria das vezes, pelo menos um dos estilos de aprendizado nos é predominante, não sendo difícil encontrarmos pessoas que utilizam mais de uma deles para apreenderem, processarem e interagirem com o mundo (por exemplo: minhas modalidades são a visual e a cinestésica).

As preferências sociais
Os aprendizes se diferem entre si na sua preferência social, isto é, na forma como deverão interagir com os outros na realização das atividades em sala. Algumas pessoas preferem aprender com as outras, em pares, interagindo em pequenos grupos ou envolvidos em atividades colaborativas. Por outro lado, existem aquelas que preferem aprender sozinhas e ficam muito motivadas quando realizam projetos individuais.

---

* Para conhecer mais sobre essas modalidades, as preferências sociais, os estilos e as estratégias de aprendizagem e as múltiplas inteligências (MI), verifique as Indicações Culturais do capítulo 2.

Os estilos cognitivos

A terceira variável (depois das modalidades e das preferências) se encontra na forma como processamos mentalmente as informações, a maneira como pensamos, raciocinamos, usamos a língua, resolvemos problemas e aprendemos. Os estilos cognitivos são dimensões que representam formas alternativas de caracterizar nossos comportamentos cognitivos. São as dimensões de: dependência ou independência de campo, também chamadas de *percepção analítica* ou *global*; partição ou totalização (categorização abrangente ou restrita); percepção ou recepção; impulsividade ou reflexibilidade (nas decisões); sistematização ou intuitividade; tolerância à ambiguidade (alta ou baixa); flexibilidade ou inflexibilidade na resolução de problemas (convergência ou divergência) (Omaggio Hadley, 1993; Brown, 1994).

As estratégias de aprendizagem

Os **estilos de aprendizagem**, mencionados acima, se referem às características gerais que diferenciam um indivíduo do outro. Os estilos estão relacionados tanto à nossa personalidade (introversão, ansiedade, autoestima etc.) quanto ao nosso processo cognitivo (tolerância à ambiguidade, sensibilidade de campo, sistematicidade etc.). São as características pessoais (nossas preferências e tendências e características) que nos diferenciam uns dos outros, mas que tendem a ser constantes e previsíveis (isto é, não variam muito em um mesmo indivíduo).

Estratégias, por outro lado, referem-se aos métodos com que abordamos e resolvemos um problema, à maneira como realizamos uma tarefa, ou seja, aos modos operacionais que utilizamos para alcançar um fim específico ou às técnicas que desenvolvemos para controlar e manipular as informações.

Há uma grande variação nas estratégias de aprendizagem que cada um de nós utiliza para aprender e procuramos adotar estratégias diferentes para realizar tarefas distintas. Segundo Galloway e Labarca, "As estratégias que os aprendizes utilizam para realizar tarefas específicas são compostas de táticas e de técnicas, observáveis e não observáveis, que um indivíduo utiliza para compreender, armazenar, recuperar e usar as informações armazenadas; ou que utiliza para planejar, ajustar ou *assess*📖* seu aprendizado" (Galloway; Labarca, citados por Omaggio Hadley, 1993, p. 66, grifo nosso).

As inteligências múltiplas

Howard Gardner, nos seus estudos sobre o funcionamento da mente humana, percebe o ser humano de forma mais ampla e significativamente mais complexa do que as duas dimensões às quais era confinado anteriormente – a **inteligência linguística**, ou **verbal**, e a **lógico-matemática**. Sabemos, hoje, que o ser humano é dotado de **inteligências múltiplas** – além das duas já citadas, são as seguintes: a **espacial**, a **musical**, a **cinestésico-corporal**, a **intrapessoal**, a **interpessoal** e a **naturalista**. (Gardner, citado por Antunes, 2005)

Hoje, pouco mais de 25 anos após a publicação dos resultados dos estudos de Gardner, a noção das inteligências múltiplas evoluiu no campo das especulações. Esses resultados se refletem no processo de ensino-aprendizagem, principalmente no que diz respeito ao ensino de idiomas, já que o conceito de múltiplas inteligências constitui uma nova maneira de conceber a capacidade dos alunos e apresenta novas alternativas para as aulas, para que sejam centradas na individualidade de cada um deles. O conhecimento de quais dimensões imperam em nossas salas de aula e de que existem estratégias que atingem melhor um grupo de alunos do que outro nos faz selecionar técnicas e atividades que facilitem a aprendizagem.

A maioria das pessoas não tem a mínima noção de quais são suas inteligências, seus estilos e suas estratégias de aprendizagem predominantes. É uma pena! Se tivessem um *insight*, teriam muito a ganhar, pois poderiam aprender mais facilmente. Cabe a nós, professores, em primeiro lugar, conhecer como nós mesmos aprendemos,

---

* A presença do ícone 📖 indica a inclusão do termo em questão no glossário, ao final do livro.

além de como nossos alunos o fazem; e, em segundo, planejar nossas aulas para que eles tenham essa consciência e façam com que seus estilos e suas estratégias floresçam e eles aprendam mais!

Outras condições

Segundo Santos (2008, p. 33-39), existem quatro condições básicas para que a aprendizagem ocorra de forma significativa: a **motivação**, o **interesse**, a **habilidade de compartilhar experiências** e a **habilidade de interagir com diferentes contextos**.

» A **motivação** "é a força motriz para a ativação e a persistência do comportamento" (Santos, 2008, p. 33), quer dizer, é o nosso motor propulsor, aquilo que nos mantém "ligados" para que continuemos percorrendo o processo de aprender. Somos curiosos por natureza e já nascemos motivados a aprender. Essa motivação é chamada de *intrínseca*, isto é, *interna*, que vem de dentro de nós. Mas somos também impulsionados por motivos externos e aprendidos que nos impelem a agir; são eles: o **desejo de novidades**, de **aprimoramento**, de **poder** e de **aprovação**. A estes chamamos de *motivação extrínseca* ou *externa*.

» O **interesse** é muito importante para a aprendizagem, pois faz com que fiquemos focados naquilo que temos de aprender. Tudo que é chato e sem sentido faz nosso pensamento "voar". Como pensar e aprender são processos inseparáveis, porque nosso cérebro, o tempo todo, esforça-se para pensar, toda vez que ocorrem pensamentos significativos nós aprendemos.

» A **transferência de experiências** acontece sempre que conseguimos estabelecer relações entre os **esquemas de conhecimento** (*schema* e *schemata*[⌑]) que já fazem parte de nosso **acervo de conhecimentos** (*background knowledge*[⌑]) e o material novo que nos é apresentado. Nessa situação, criamos condições para que uma nova aprendizagem seja conquistada. E, quanto mais relevantes e mais significativas forem, mais fácil será promover a transferência dessas experiências adquiridas, mais fácil acontecerá o aprendizado, pois sempre construímos o novo sobre algo que já existe quando esse novo nos é significativo.

» **A interação com os diferentes contextos**: a exposição a um meio ambiente ricamente estimulante também acelera o processo de aprendizagem, porque faz com que nossa mente se exercite e se desenvolva, ficando mais "aberta" à recepção de novos conceitos.

1.2 Alguns conceitos teóricos

Após falarmos sobre as características que cada um de nós possui, vamos apresentar alguns conceitos teóricos sobre como a aprendizagem se processa de modo geral, assim como princípios importantes concernentes ao aprendizado de idiomas de acordo com a abordagem da aprendizagem significativa. Mas do que isso trata?

Encontramos diferentes definições para a expressão *aprendizagem significativa*, de acordo com a teoria à qual está associada. Para a construção de nossa definição e de seus princípios, baseamo-nos em alguns conceitos compartilhados pelas seguintes escolas teóricas[*]: a construtivista e a aprendizagem por experiência, a humanística, a cognitivista, a participativa e a interacional[**]. São seus princípios que tanto têm enriquecido nosso acervo de conhecimentos, pois apresentam proposições, que subsidiam nossas escolhas no planejamento de nossas aulas.

1.2.1 Aprendizagem por experiência

---

[*] Para um aprofundamento maior sobre cada teoria, vocês podem pesquisar as obras de Jean Piaget, Carl Rogers, David Ausubel, César Coll Salvador, Paulo Freire, Lev Vygotsky, Reuven Feuerstein, David Kolb, Benjamin Bloom e outros.
[**] Em inglês: *Experiencial Learning Theory*, *Humanistic Approach*, *Cognitive Learning Theory*, *Participatory Approach* e *Sociocultural Learning Theory*.

Desde o momento em que nascemos, aprendemos ao experimentar o mundo à nossa volta. Obviamente, os teóricos da educação procuraram saber como essa experimentação leva ao aprendizado. a aprendizagem por experiência pertence ao grupo de teorias da escola Construtivista.

O construtivismo afirma que construímos nossos conhecimentos "trabalhando" ativamente, não sendo receptores passivos de informações dadas por uma "autoridade" maior. A aprendizagem ocorre ao filtrarmos e organizarmos as novas experiências para que se acomodem ao nosso acervo de conhecimentos (ou às nossas representações mentais de mundo). Se há alguma incompatibilidade entre essas experiências e as nossas representações mentais preexistentes, reestruturamos o que sabemos para acomodar essa nova informação que está sendo trabalhada. Dessa forma, podemos verificar que pessoas diferentes envolvidas numa mesma experiência constroem realidades próprias e completamente diversas.

Portanto, o conhecimento é uma construção mental e está sujeito a constantes reavaliações e reconstruções na medida em que acomodamos as novas informações e experiências às já existentes no nosso acervo de conhecimentos. O "ciclo" experimental pelo qual os conhecimentos existentes são testados e transformados envolve cinco estágios ou passos de ação e reflexão que se alternam em:

1. Experiência concreta = o **fazer**.
2. O **rever** ou **relembrar** o que aconteceu, o que foi feito.
3. O **refletir** sobre o que aconteceu.
4. O **concluir**, gerando regras gerais para descrever a experiência ou aplicando teorias já conhecidas sobre o que foi feito, descartando ou mantendo as hipóteses.
5. O **colocar em prática**, utilizando as conclusões obtidas e voltando a próxima experiência concreta*.

1.2.2 Aprendizagem de acordo com a teoria cognitivista

* Ver "transferência de experiência", na página 32.

Os cognitivistas fazem um contraponto aos behavioristas, que veem no estímulo externo o caminho para o aprendizado. Para os cognitivistas, o aprendizado resulta de uma atividade mental interna. O aprendiz é aquele que age, constrói e planeja, integrando as novas experiências às representações internas existentes. Portanto, a compreensão de como a mente funciona nos leva a conhecer as estratégias que usamos para pensar, compreender, lembrar do que aprendemos, e produzirmos algo (no caso do aprendizado de idiomas, a linguagem).

Segundo os cognitivistas,

O aprendizado de uma língua estrangeira é visto como a aquisição de uma habilidade cognitiva extremamente complexa, pois para que o aprendiz se torne proficiente, diversas micro-habilidades precisam ser praticadas, automatizadas, integradas e organizadas em representações, ou sistemas de regras, que estão em constante processo de reestruturação na medida em que a proficiência se desenvolve.
(McLaughlin, citado por Omaggio Hadley, 1993, p. 55)

Para que isso aconteça, o aprendiz passa pelas etapas do seguinte processo*:

» **Conscientização** – o desenvolvimento da linguagem acontece por meio dos nossos pensamentos e da crescente conscientização do mundo à nossa volta.
» **Controle praticado** – nessa fase é exigida nossa atenção total à tarefa a ser realizada, com concentração especial em cada um dos passos a serem tomados. Monitoramos, formulamos hipóteses, experimentamos, acertamos e erramos diversas vezes**, passando para a etapa seguinte.
» **Processualização ou reestruturação** – nesse estágio, repetimos

---

* Em inglês: *awareness-raising, controlled processing, processing or restructuring* e *automaticity*.
** É o **princípio dos erros**, que faz parte do aprendizado. Para a diferença entre *errors* (erros) e *mistakes* (enganos), veja a página 151.

o novo (através do controle praticado) e o integramos a esquemas de conhecimento já adquiridos anteriormente. Isso exige uma reestruturação daquilo que foi aprendido e, ao mesmo tempo, disponibiliza o novo para uso futuro sem que para isso precisemos prestar alguma atenção ao que estamos fazendo ou dizendo, no caso da aprendizagem da segunda língua. Esse processo nos leva à próxima etapa: a automatização.

» **Automatização** – é o processo que usamos para incorporar uma rotina por meio do **controle praticado**, fazendo com que não mais prestemos atenção ao que estamos fazendo. À medida que nos aperfeiçoamos, simplificamos esses processos, combinamos* os passos e estabelecemos associações que encadeiam um processo aos outros. Como resultado, desenvolvemos um procedimento que, tendo sido repetido de forma controlada muitas vezes, não mais requer nossa concentração no que estamos fazendo, como por exemplo, quando dirigimos um carro, andamos de bicicleta ou falamos uma outra língua. Ou seja, o **controle praticado** e a **processualização** levam à **automatização**.

1.2.3 A aprendizagem e a teoria sociointeracionista de Vygotsky

Lev Vygotsky foi um psicólogo infantil que trabalhou na Rússia na década de 1930 e só muito recentemente teve suas ideias conhecidas no mundo ocidental, influenciando as teorias sobre aprendizagem. Para ele, a aprendizagem é vista como um **processo social**, sendo por meio da interação social, ou seja, na interação com o outro, que o aprendiz é auxiliado a percorrer o caminho que vai da dependência à sua autonomia. Para Vygotsky, o desenvolvimento humano é um desenvolvimento social que envolve, portanto, uma **interação** e uma **mediação qualificada** entre o aprendiz e o educador, que pode ser **pai, mãe, avô, avó, irmã, irmão, colega, professor** e outros.

---

* *Combinar* em inglês significa *to chunk*.

Nunca é demais destacar que o aluno constrói seu próprio conhecimento, jamais o recebe pronto do professor, salvo em ações mecânicas onde esses conhecimentos jamais ajudarão construir outros; seu professor na verdade o "ajuda" nessa tarefa de construção, "intermedia [sic] a relação entre o aluno e o saber", mas é graças a ela que o aluno, partindo de suas possibilidades, pode progredir na direção das finalidades educativas. Desta forma, o aluno vai construindo sua aprendizagem não só porque possui determinados conhecimentos, mas porque existe a figura do professor e é exatamente na dimensão dessa figura e na estrutura dessa ajuda é que entram as explicações de Vygotsky sobre a Zona de Desenvolvimento Proximal. (Antunes, 2002, p. 22)

Desenvolvemos, portanto, nossos conhecimentos passando por ciclos de *performance* **assistida**, nos quais um suporte temporário é oferecido para que o aprendizado seja co-construído colaborativamente. Vamos ver a seguir como funciona:

» **Princípio da mediação do outro** – antes de se tornar independente, o aprendiz experimenta a mediação de um outro "mais--capaz" (que pode ser um pai, um professor ou um colega). Essa mediação chama-se *performance assistida*, ocasião em que o "mais-capaz" interage como o aprendiz para prover um suporte estrutural temporário (chamado *scaffold*[11]). Por meio dessa atividade compartilhada, os novos conhecimentos são construídos em conjunto, até que o aprendiz esteja em condições de se apropriar deles. Ao melhor estado para que isso aconteça Vygotsky deu o nome de *Zona de Desenvolvimento Proximal* (ZPD). "Em outras palavras, essa ZDP seria o espaço no qual, graças à interação e à ajuda de outros, uma determinada pessoa pode realizar uma tarefa de uma maneira e em um nível que não seria capaz de alcançar individualmente" (Antunes, 2002, p. 28).

» **Princípio da apropriação** – quando nos apropriamos de algo, passamos a possuir esse objeto. Ao nos apropriarmos de uma habilidade comunicativa, construímos esse conhecimento em colaboração com alguém mais hábil até conseguirmos controlá-la por nós mesmos.

» **Princípio da autonomia** – quando o aprendiz chega a esse estágio, "os andaimes" ou suportes já foram gradativamente sendo retirados e ele, agora, é capaz de "trabalhar" independentemente, pois passou para o estágio de autorregulação, ou autonomia.

1.2.4 A aprendizagem de acordo com Feuerstein

Reuven Feuerstein é um médico romeno nascido em 1921 que hoje mora em Israel. Foi discípulo de Piaget e seguidor de Vygotsky. Num artigo sobre sua teoria, Silva expõe o seguinte:

> *O trabalho de Feuerstein permitiu a formulação de uma pedagogia que considera o desenvolvimento da "utoplasticidade" do ser humano, ou seja, da modificabilidade que lhe permite estar aberto a aprender o novo que se apresenta, entre outros aspectos, nos avanços tecnológicos e nas diferentes formas de comunicação que organizam o viver dos homens na sociedade atual. A Teoria da Modificabilidade Cognitiva Estrutural compreende a inteligência como adaptação à realidade em movimento, em contínuo processo de construção, resultante das experiências de aprendizagem mediadas – EAM, que procuram tornar o sujeito equipado com modalidades de aprendizagem que produzem nele um alto grau de modificabilidade, de sensibilidade e de disponibilidade a utilizar as suas experiências de maneira mais ampla e menos episódica.* (Silva, 2006, p. 1)

De acordo com Feuerstein, portanto, a inteligência pode ser desenvolvida em um ambiente de aprendizagem mediada, o mediador é a pessoa que trabalha interagindo com o aprendiz, estimulando suas funções cognitivas, organizando seu pensamento e melhorando seus processos de aprendizagem.

Na experiência da aprendizagem mediada (EAM) – *mediated learning experience* (MLE), em inglês – os conceitos de "mediador" e de "mediação" são tratados de forma específica, e não em seu sentido amplo. E para que haja **mediação**, são necessários pelo menos estes três critérios:

1. **Intencionalidade por parte do mediador e reciprocidade por parte do mediado** – mediação de intencionalidade e de reciprocidade.
2. **Construção (incitada pelo mediador) de significados** – mediação de significado.
3. **Transcendência da realidade concreta, "do aqui-e-agora", para posterior aplicação da compreensão de um fenômeno apreendido em outras situações e contextos** – mediação de transcendência.

Para Feurerstein, esses critérios

são condições necessárias para qualificar uma EAM. As mesmas são de natureza universal e podem ser encontradas em todas as raças, grupos étnicos, entidades culturais e estratos socioeconômicos. [...] São consideradas responsáveis por aquilo que todos os seres humanos têm em comum: a modificabilidade estrutural. (Feuerstein, citado por Silva, 2006, p. 11)

Portanto, a teoria da modificabilidade cognitiva estrutural tenta explicar como ocorre a aprendizagem de forma mais efetiva com a mediação do outro.

1.2.5 A aprendizagem significativa
Na década de 1960, David Ausubel desenvolveu a teoria da aprendizagem significativa, na qual defende que "o aprendizado acontece no organismo humano através de um processo significativo de relacionar [ou **ancorar**[11]] eventos ou itens novos a conceitos ou proposições cognitivas já existentes" (Brown, 1994, p. 79).

Neste processo [o aprendiz] não só modifica o que já possuía, mas também interpreta o novo de forma peculiar, se apropriando do mesmo [o novo conceito ou conhecimento].

Quando ocorre tal processo, dizemos que a criança aprendeu significativamente, construindo um sentido próprio e pessoal para um objeto do conhecimento já existente. Fica assim evidente que os saberes não se acumulam, não constitui estoque que se agrega à mente, e sim a integração, modificação, estabelecimento de relações e coordenação entre esquemas de conhecimento que já possuíamos em novos vínculos e relações a cada nova aprendizagem conquistada.
(Antunes, 2002, p. 21)

Portanto, "aprendizagem significativa é aquela que ocorre a partir do surgimento de um sentido pessoal por parte de quem aprende, o que desencadeia uma atitude proativa que tenta desvendar o novo e (re)construir conceitos que ampliam cada vez mais a habilidade de aprender" (Santos, 2008, p. 62). Entre os princípios para a aprendizagem significativa encontramos:

1. Nossos conhecimentos anteriores servem de base, de **ancoragem** para o novo a ser aprendido.
2. Esse "novo" conhecimento precisa "fazer sentido", ser significativo – seja para "ancorar", para causar interesse ou para desencadear a intenção de aprender.
3. Só aprendemos se estivermos motivados e se tivermos a intenção de aprender.
4. Aprendemos a aprender, aprendendo*.

A seguir, transcrevemos o pensamento de Santos (2008, p. 62, grifo nosso), que nos fornece as diretrizes de como proceder:

---

* No caso da aprendizagem de idiomas, significa "usar a língua", e não "falar sobre a língua" = "**aprender a se comunicar comunicando-se**".

A promoção da aprendizagem significativa se fundamenta num modelo dinâmico, no qual o aluno é levado em conta, com todos os seus saberes e interconexões mentais. A verdadeira aprendizagem se dá quando o aluno (re)constrói o conhecimento e forma conceitos sólidos sobre o mundo, o que vai possibilitar-lhe agir e reagir diante da realidade. [...] A concretização do nosso papel pode se dar por meio do que chamamos de sete passos da (re)construção do conhecimento. São na verdade, sete atitudes que, na ordem que serão apresentadas, podem compor a ação docente que visa promover aprendizagens significativas.

1. **Dar sentido ao conteúdo** – *Toda aprendizagem parte de um significado contextual e emocional.*
2. **Especificar** – *Após contextualizar o educando, ele precisa ser levado a perceber as características específicas do que está sendo estudado.*
3. **Compreender** – *É quando se dá a construção de um conceito, que garante a possibilidade de utilização do conhecimento em diversos contextos.*
4. **Definir** – *Significa esclarecer um conceito. O aluno deve definir com suas palavras, de forma que o conceito lhe seja claro.*
5. **Argumentar** – *Após definir, o aluno precisa relacionar logicamente vários conceitos e isto ocorre através de texto falado, escrito, verbal e não verbal. (*)*
6. **Discutir** – *Nesse passo, o aluno deve formular uma cadeia de raciocínio pela argumentação.*
7. **Levar para a vida** – *O sétimo e último passo da (re)construção do conhecimento é a transformação. O fim último da aprendizagem significativa é a intervenção na realidade. Sem esse propósito, qualquer aprendizagem é inócua.*

E ainda:

As sete etapas da reconstrução do conhecimento ou da facilitação da aprendizagem significativa podem ser aplicadas a qualquer nível de ensino, já que as tarefas a serem desenvolvidas em cada uma delas devem respeitar a faixa etária dos alunos e a natureza do objeto de aprendizagem. [no nosso caso, a língua inglesa] (Santos, 2008, p. 73-74, 81)

1.2.6 Esses princípios e a mudança de papéis

Vocês podem observar o quanto as teorias apresentadas têm em comum. Os princípios que vimos há pouco certamente vão "interferir" na nossa prática se os levarmos ao nosso planejamento de aulas e para dentro de nossas salas. Precisamos considerar a mudança de papéis que essas ideias têm gerado.

O ensino e o papel do professor

Se nos pedirem para lembrar de nossos melhores professores, facilmente recordaremos daqueles que nos propiciaram o aprendizado de forma interessante, envolvente e, por isso, inesquecível. Se nos disserem para lembrarmos daqueles que se tornaram nossos modelos para o que fazer ou não fazer em sala de aula, recordaremos também daqueles que não nos propiciaram aprendizado algum – pois nossos maus professores também nos servem de (não) modelo! Nosso papel tem mudado no decorrer dos tempos, de "conhecedores" simples e puramente que "derramavam" os conteúdos nos recipientes vazios (a mente dos alunos), passamos a ter papéis mais complexos como de **mediadores, facilitadores, capacitadores,** entre muitos outros.

Sabemos que nossas crenças e nossos pressupostos, além de nossos conhecimentos teóricos sobre todo esse processo, vão influenciar extremamente naquilo que preparamos, planejamos e colocamos em prática em sala de aula. Vimos que, dentro desse contexto, devemos parar de "dar" aulas e passar a "construir" aulas com os nossos alunos e que nosso papel mudou; por isso, tornamo-nos "mediadores" e "facilitadores" de sua aprendizagem. Portanto, nossas aulas devem ser centradas nos alunos e, para tal, devemos criar um ambiente acolhedor, no qual possam florir sua autoestima e sua autoconfiança – o que acontece quando promovemos interação, cooperação e colaboração nas tarefas – e no qual eles possam assumir riscos para enfrentar os novos desafios e sair à "procura" de respostas. Nesse ambiente, nosso papel também é de "desconstruir", "abalar" as "velhas estruturas", os "velhos" esquemas de conhecimento, criando nos alunos a necessidade, a motivação e o interesse para que eles mesmos procurem as respostas, "Causando sede" de saber (Santos, 2008, p. 67).

Para nós, professores, é importante ter em mente que devemos criar condições e ambiente favoráveis que propiciem a **aprendizagem significativa**, além da independência de nossos alunos. Para isso, temos dois papéis primordiais:

> *o de **arquitetar**, isto é, planejar a construção, conexão, consolidação e conforto das experiências em sala de aula; e o de **mediar**, isto é, guiar os alunos a observar, ativar conhecimentos prévios, representar informações, selecionar estratégias, construir significados, monitorar a compreensão, assessar o uso de estratégias, organizar e "estender" o aprendizado.* (Galloway; Labarca, citados por Omaggio Hadley, 1993, p. 67, grifo do original)

Ao realizarmos isso em sala de aula, estaremos promovendo a sua aprendizagem, não nos esquecendo, ao mesmo tempo, de nosso papel de aprendizes nesses processos!

O aprendizado e o papel do aluno

Vimos que as mudanças em nossos comportamentos são geradas pelas novas aprendizagens que adquirimos. Nascemos com uma predisposição para aprender. Temos uma curiosidade inata de querer conhecer o mundo; por isso, somos motivados a procurar saciar nossa sede de saber e necessitamos estar disponíveis, abertos a percorrer os novos caminhos. Porém, esses caminhos precisam ser "significativos", precisam fazer sentido para nós. E, para não nos sentirmos sobrepujados, esses novos conhecimentos devem ser construídos sobre conhecimentos adquiridos anteriormente. Só aprendemos se formos ativos, se descobrimos por nós mesmos, se experimentamos e tantas outras formas de aprendizado. Como alunos, nosso novo papel é o de "aprender a pensar, a refletir, a permitir-se perguntar e em saber estar bem no grupo e para o grupo" (Parolin; Ferreira, 2008, p. 27-28).

Esses conceitos sobre aprendizagem significativa, somados aos princípios sobre o desenvolvimento das habilidades e estratégias comunicativas, que apresentaremos nos próximos capítulos, dão-nos subsídios para construirmos a nossa própria abordagem significativa de ensino.

para refletir 4
» Você sabe qual é a diferença entre habilidade e competência?
» O que você entende por *competência comunicativa*? O que é ser competente em um idioma?

1.3 Teorias sobre a aquisição de linguagem

Já vimos alguns princípios gerais sobre o processo de ensino-aprendizagem. É importante agora apresentarmos estudos sobre como aprendemos a falar e nos tornamos competentes comunicadores em língua materna. Questões como: "Como aprendemos a falar? O que significa saber falar bem um idioma? O que significa ser proficiente? Como acontece o aprendizado de uma segunda língua?" têm preocupado os teóricos da linguagem há muito tempo. Não vamos aqui abordar esses temas profundamente porque não são o escopo deste livro, mas vamos nos ater à explicação de um de seus termos mais importantes e mais controversos, o de **competência**, que definiremos abaixo pela perspectiva pedagógica, assim como linguística, isto é, de aquisição de linguagem.

1.3.1 A competência na visão pedagógica

Mesmo na área da educação, os significados da noção de competência são múltiplos, e vamos adotar para esta obra o apresentado pelo educador Perrenoud (1999, p. 7):

> *Competência é uma capacidade de agir eficazmente em um determinado tipo de situação, apoiada em conhecimentos, mas sem limitar-se a eles. Para enfrentar uma situação da melhor maneira possível, deve-se, via de regra, por em ação e em sinergia vários recursos cognitivos complementares, entre os quais estão os conhecimentos. No sentido comum da expressão, estes são representações da realidade, que construímos e armazenamos ao sabor de nossa experiência e de nossa formação.*

Ele acredita também que nossas competências podem ser construídas e que estão no fundamento da flexibilidade dos sistemas e das relações sociais, além de serem importantes metas para a formação dos educandos, se quisermos deixá-los aptos a enfrentarem o mundo de hoje e o de amanhã.

1.3.2 A competência na visão da linguística

A introdução do conceito de competência nos estudos de aquisição de linguagem é atribuída a Noam Chomsky (1978), que, no seu livro *Aspectos da teoria da sintaxe*, apresentou a distinção (hoje considerada clássica), entre **competência** e **performance**.

» **competência** é o conhecimento intuitivo dos sistemas de uma língua para que o falante seja capaz de usá-la;
» ***performance*** ou **desempenho** refere-se à produção e à compreensão dos sistemas dessa língua com todas as suas imperfeições em situações reais.*

---

* De acordo com muitos linguistas, a distinção de Chomsky entre **competência** e *performance* está baseada na distinção apresentada por Saussure entre *langue* e *parole*.
Mais recentemente, esses termos foram rebatizados como *I-language* (língua internalizada) e *E-language* (a forma como essa língua internalizada é executada).

Essas definições serviram de base para posteriores estudos e pesquisas sobre a natureza da aquisição da linguagem, pois muitos estudiosos achavam que essa distinção não conseguia explicar tudo o que acontecia quando as pessoas interagiam.

Em 1972, o antropólogo Dell Hymes apresentou uma alternativa mais realista e mais ampla para a noção de competência, a qual para ele compreende tudo que sabemos para podermos nos comunicar efetivamente. Essa definição deu origem à expressão *competência comunicativa*, que contrasta com o termo proposto por Chomsky, que é hoje conhecido como competência linguística, e que significa simplesmente "o conhecimento que nos habilita a criar sentenças gramaticalmente bem construídas" (Thornbury, 2006, p. 37).

Para Hymes, **competência comunicativa** engloba não só o conhecimento sobre os sistemas da língua (competência linguística), como "também saber quando falar ou ficar quieto, saber o que falar, com quem, quando, onde e de que maneira" (Thornbury, 2006, p. 37). Dessa forma, Hymes introduziu a noção de pertinência (*appropriacy*), a qual significa saber usar a linguagem de acordo com o contexto cultural, levando em conta as variáveis da comunicação, chamada de *competência sociolinguística*.*

Outro a se preocupar em descrever como adquirimos e manifestamos a linguagem foi Widdowson, que foi o primeiro a dar mais atenção à **performance** (desempenho), isto é, ao uso da linguagem em situações reais por falante-ouvinte real. Nos seus estudos, ele trouxe *insights* da análise do discurso e da pragmática para definir e distinguir as noções de competência e de capacidade.

» **Competência**, i.e., competência comunicativa, é estabelecida em termos dos conhecimentos linguísticos e convenções sociolinguísticas.

» **Capacidade**, também chamada de *processual* ou *capacidade comunicativa*, é entendida como a habilidade de usar os conhecimentos como meio para criar significados na língua. Essa habilidade não é um componente da competência e não se

---

* Hymes acrescentou, portanto, a **perspectiva sociolinguística** sobre a visão de **competência linguística** de Chomsky.

torna competência, mas permanece uma força a ativar e dar continuidade a nossa criatividade (Widdowson, citado por Bagaric; Djigunovic, 2007).

Outro estudo sobre aquisição de linguagem que tem influenciado o ensino-aprendizagem de idiomas foi o de Canale e Swain, o qual apontou a importância de diferenciarmos a **competência** proposta por Chomsky da **competência comunicativa**, definida como um "sistema de conhecimentos e habilidades exigidos para a comunicação"* (Martins, 2007, p. 200). No início de 1980, Canale e Swain propuseram um modelo teórico para as habilidades comunicativas que é destaque no campo da linguística aplicada até hoje. Esse modelo era composto primeiramente por três elementos; em estudos posteriores, Canale e Swain (1980) propôs uma versão final que integrasse as habilidades de ouvir, ler, falar e escrever em quatro componentes:

» **Competência gramatical ou linguística** – refere-se ao conhecimento do código linguístico – vocabulário, à formação de palavras, à formação de frases, ao significado literal de enunciados.

» **Competência sociolinguística** – refere-se ao conhecimento do papel do falante no contexto e à sua escolha de registro e estilo.

» **Competência discursiva** – considera a questão da coesão e da coerência relevantes num determinado texto.

» **Competência estratégica** – refere-se ao "domínio de estratégias verbais e não verbais para (a) compensar rupturas na comunicação devidas à competência insuficiente ou a limitações de desempenho e (b) aperfeiçoar o efeito retórico dos enunciados" (Canale, citado por Bachman, 2003, p. 109). Algumas formas usadas para compensar quebras na comunicação são a paráfrase, circunlocução, repetição, abstenção de palavras ou temas, mudança de registro ou estilo e outras.

---

* É importante observar que, para Canale e Swain, "competência comunicativa" é usada para se referir tanto a conhecimento quanto a habilidade em usar o conhecimento (Martins, 2007, p. 200).

Ainda para entender o que significa **competência comunicativa**, Bachman (2003) propôs um modelo teórico chamado de *habilidade linguístico-comunicativa* (*communicative language ability*), o qual é formado por três componentes: a competência linguística, a competência estratégica e os mecanismos psicofisiológicos.

A primeira dessas competências, a linguística, é formada por conhecimentos agrupados em duas áreas abrangentes:

Competência organizacional – *Abrange as habilidades envolvidas no controle das estruturas formais da língua para a produção ou reconhecimento de frases gramaticalmente corretas, para a compreensão de seu conteúdo proposicional e para sua ordenação tendo em vista a formação de textos. Essas habilidades são de dois tipos: gramatical e textual.* (Bachman, 2003, p. 89 grifo nosso).

Competência pragmática – *Inclui a competência ilocucionária ou o conhecimento das convenções pragmáticas para a realização aceitável de funções linguísticas e a competência sociolinguística ou o conhecimento das convenções sociolinguísticas para a realização de funções da linguagem de forma adequada num contexto dado.* (Bachman, 2003, p. 93 grifo nosso).

E os outros dois componentes dos conhecimentos são a:

Competência estratégica – *Caracteriza a capacidade mental de implementar os componentes da competência linguística no uso comunicativo e contextualização da língua, que é subdivida em avaliação, planejamento e execução. E os mecanismos psicofisiológicos, que se referem aos processos neurológicos e psicológicos envolvidos na execução real da língua, como luz, som, etc.* (Martins, 2007, p. 201, grifo nosso)

Todas essas teorias e muitas outras têm buscado compreender como acontece a aquisição da linguagem e têm influenciado na busca dos métodos mais eficientes para o ensino-aprendizagem de idiomas que contemplem o desenvolvimento da competência comunicativa em sala de aula.

> **para refletir 5**
> » Você conhece algum princípio da abordagem comunicativa? Qual?
> » Cite alguma outra abordagem que você conhece. O que você sabe sobre seus princípios?

1.4 A abordagem comunicativa no ensino de língua inglesa

Desde o início do século XX até os nossos dias surgiram diversos métodos e diversas abordagens de ensino-aprendizagem de língua estrangeira que têm como objetivo o sucesso no aprendizado de idiomas. Conhecer a metodologia de ensino-aprendizagem em língua inglesa é saber um pouco sobre cada um dos métodos e cada uma das abordagens que foram elaborados. Cada um deles nos oferece uma gama de "especificações" (princípios, técnicas, atividades e tarefas) das quais podemos retirar subsídios para formarmos a nossa própria abordagem. Por exemplo: um dos princípios do *Total Physical Response* (TPR) diz que podemos aprender por meio da observação e da imitação de ações realizadas por outros; tirado da abordagem do Modo Silencioso (*the silent way*), diz que o silêncio do professor é uma ferramenta, pois os alunos ficam responsáveis pelo seu próprio aprendizado, e que erros são importantes e necessários ao aprendizado; ou, ainda, o princípio da abordagem da aprendizagem de idioma em comunidade (CLL) diz que criar um ótimo relacionamento com os alunos e entre eles é muito importante para construir um senso de comunidade e de segurança, entre outras contribuições.

Com os conhecimentos teóricos sobre a aquisição da linguagem e a constatação de que os métodos utilizados não preparavam os alunos para se comunicarem verdadeiramente na "vida real" fora de sala de aula, foi desenvolvida a Abordagem

Comunicativa. Essa abordagem se tornou a base para todas as que lhe seguiram, entre elas a instrução baseada no conteúdo (CBI), o aprendizado através de tarefas (TBL), a instrução baseada em temas (TBI) ou a abordagem comunicativa de ensino de línguas (CLT)*, entre outras. Todas elas apresentam uma abrangência maior do que sua "mãe", a abordagem comunicativa, e todas continuam tendo como seu maior objetivo o desenvolvimento da competência comunicativa, cada uma delas com sua prioridade e seus princípios.

Entre os princípios da CLT, selecionamos os que veremos a seguir, os quais são do nosso interesse para o enfoque de aprendizagem significativa:

» **Princípio comunicativo 1** – qualquer atividade que envolva comunicação promove o aprendizado do idioma.

» **Princípio comunicativo 2** – a aquisição da linguagem acontece mais facilmente quando o aprendiz está tentando se comunicar, quer explicando o que tem em mente, quer negociando o significado de suas elocuções nas interações com os outros participantes. Ele "aprende a se comunicar, comunicando-se".

A meta primordial da abordagem comunicativa (como o nome diz) está no processo comunicativo, sendo a linguagem o veículo dessa comunicação, não somente seu objeto de estudo (como nos métodos anteriores). Devemos, portanto, enfocar todos os aspectos da competência comunicativa – a linguística, a sociocultural, a organizacional e a estratégica.

» **Princípio da significância** (*the meaningfulness principle*): os alunos devem estar engajados no uso autêntico e significativo da língua para o aprendizado acontecer. Quer dizer, tudo o que os aprendizes ouvem, falam ou praticam precisa lhes fazer sentido**.

---

* CLT: *Communicative Language Teaching*.
** Em oposição às repetições sem sentido do método audiolingual.

» **Princípio da contextualização:** como ser significativo é imprescindível, a contextualização é um dos princípios básicos da CLT.

» **Princípio das tarefas comunicativas:** somente as atividades que envolvam a realização de tarefas comunicativas semelhantes às da vida real é que promovem o aprendizado do idioma. As técnicas utilizadas em sala de aula devem promover o uso real do idioma. Isto é, devemos criar nos aprendizes a vontade de se comunicar, dando-lhes uma razão para tal. Uma atividade verdadeiramente comunicativa deve conter os seguintes elementos: lacuna informacional, escolha e *feedback*.

» **Princípio da criatividade:** os alunos aprendem melhor e mais rapidamente se puderem usar a linguagem de forma criativa.

» **Princípio da autonomia:** os aprendizes devem ter oportunidades de focar no seu próprio processo de aprendizagem, sabendo quais são suas modalidades de aprendizagem, assim como devem desenvolver estratégias apropriadas para atingirem o aprendizado autônomo.

O papel do professor é o de mediador, facilitador, guia e conselheiro. Os aprendizes são, acima de tudo, comunicadores e devem se tornar responsáveis por gerenciar seu próprio aprendizado (construindo seu conhecimento do idioma por meio da da interação com os outros quer oralmente ou por escrito).

Percebemos aqui as semelhanças entre os princípios de ensino-aprendizagem e os princípios da abordagem comunicativa. A compreensão desses princípios, assim como de que forma eles serão aplicados na nossa prática de ensino, impactam nas escolhas sobre o que fazer ou não fazer em sala de aula.

Responda se algum deses casos, às vezes, acontece com você:

» Em algum momento de seu dia você lê uma notícia intrigante no jornal e faz um comentário com alguém que está por perto.

» Você escuta uma mensagem na secretária eletrônica em que sua mãe pede um número de telefone. Você o procura no seu celular ou na sua agenda, lê esse número e informa para sua mãe.

para refletir 6

» Você faz um bolo simples e gostoso e o leva para seu trabalho. Todos pedem a receita. Você a transcreve, manda por *e-mail* ou fotocopia e entrega a quem lhe pediu.

» Você lê sua conta de telefone e verifica que houve cobrança indevida. Telefona para a companhia para resolver o problema (e boa sorte!).

» Você consegue lembrar de outras situações? Conte para nós!

1.5 As habilidades comunicativas* e sua integração

No nosso dia a dia usamos todas as nossas habilidades comunicativas integradamente, isto é, lemos ou ouvimos uma notícia e a comentamos ou discutimos; gostamos de uma comida e pedimos a receita, que lemos para executar o prato; escutamos uma música e cantamos acompanhando a melodia; recebemos uma mensagem por *e-mail* e, depois de lê-la, nós a respondemos, comentamos ou a reenviamos porque a achamos interessante.

Durante esses milhares de anos em que vivemos em sociedade, temos aprimorado formas de nos comunicarmos para que

---

*Usaremos os termos das **habilidades comunicativas**: *ler, ouvir, falar* e *escrever* por serem a tradução do jargão em inglês e por efeito da organização deste livro em capítulos. A nova terminologia sugere as seguintes expressões: *comunicação oral*, que envolve escutar e falar, *leitura* e *prática escrita*. (Brasil, 2006, p. 109-110)

nossa mensagem seja compreendida completamente pelo outro. Desenvolvemos a escrita para podermos "guardar" nossa história e passá-la para outras gerações. Antes da era do telefone, as comunicações a distância eram feitas por extensas cartas, pois precisávamos aproveitar e contar tudo o que havia ocorrido, que demoravam muito tempo para chegar ao seu destino; líamos essa carta e a respondíamos.

Nós, seres humanos, desenvolvemos duas formas de **performance produtiva**, a fala e a escrita, e duas formas de **performance receptiva**, ouvir e ler. Além dessas, outras formas de comunicação podem ser encontradas na linguagem não verbal, como gestos, expressões faciais etc. e nas artes gráficas. Como podemos ver, a comunicação humana sempre foi integrada, pois as habilidades de ouvir e falar e de ler e escrever, respectivamente, representam os dois lados de uma mesma moeda, uma não existe sem a outra!

1.5.1 As habilidades comunicativas e a sala de aula

Cada um dos métodos e abordagens de ensino-aprendizagem de língua estrangeira tem dado atenção especial a uma ou a outra das habilidades comunicativas no decorrer dos últimos 60 anos. Por exemplo: no **método de tradução e gramática**, o enfoque ficava exclusivamente na leitura, porém não na sua compreensão, mas sim na sua tradução e no estudo das regras gramaticais; no **método audiolingual**, o enfoque maior estava no ouvir e falar, e na **abordagem comunicativa de ensino de línguas**, na comunicação em geral, tanto oral quanto escrita. Depois, com o surgimento de necessidades mais específicas e com o desenvolvimento de cursos de inglês instrumental (ESP)* para estudos acadêmicos ou para formação de garçons, guias, intérpretes etc., passou-se a planejar cursos com enfoque maior em somente uma das habilidades comunicativas.

Nas últimas décadas, convencionou-se "ensinar" cada uma das habilidades separadamente, apesar da integração existente

---

* ESP: *English for Specific Purpose*.

na "vida real", como vimos anteriormente. Felizmente, tem havido uma tomada de consciência e uma atualização mais de acordo com as descobertas na área de ensino-aprendizagem e, atualmente, estamos reformulando currículos e integrando as habilidades num processo de recontextualização mais próximo da realidade.

Todas as habilidades comunicativas devem ser trabalhadas em sala de aula. Nenhuma delas é mais importante que a outra, e desenvolver as quatro é fundamental para o completo preparo dos alunos, já que não sabemos qual delas lhes será necessária no futuro. E é de responsabilidade da escola preparar o cidadão da melhor e mais abrangente forma possível.

1.6 Abordagens de ensino e a integração das habilidades comunicativas

Algumas abordagens favorecem de forma mais completa a **integração** das habilidades comunicativas; são elas: a *abordagem holística*, a *aprendizagem por experiência*, o *aprendizado baseado em tarefas* (TBI), o *aprendizado por projetos*, a *aprendizagem baseada em conteúdo* (CBI), a *instrução baseada em temas* (temas transversais), a *instrução com ênfase na linguagem* e a *abordagem participativa* de Paulo Freire.

Em todas essas abordagens o foco maior está no conteúdo e no processo, e não no estudo da forma; está em ensinar a língua por meio da comunicação imediata e não em aprender sobre a língua para então se comunicar; está "em usar o idioma para aprender o idioma"* (Larsen-Freeman, 2000, p. 137).

Todas elas possuem diversos dos princípios de ensino- -aprendizagem que apresentamos, porém focados especificamente no aprendizado de língua estrangeira. Fizemos um apanhado dos princípios que são importantes para o planejamento das atividades

---

* *Use English to learn English.*

e técnicas para o ensino-aprendizagem da competência comunicativa em inglês (como veremos nos capítulos seguintes).

1.6.1 A abordagem holística de língua
(Whole Language Education)

A proposta da abordagem holística de língua surgiu em contraponto a ensinar-aprender por partes desconexas. Na realidade, segundo Douglas Brown, a abordagem holística de língua "é um modo de vida educacional. [Essa abordagem ajuda] as pessoas a construírem **conexões significativas** entre o aprendizado do dia a dia e o aprendizado escolar" (Brown, 2001a, p. 49, grifo nosso). E entre suas premissas encontramos:

» A linguagem é vista como **um todo** e não deve ser estudada em "pedaços", fragmentadamente, por exemplo, olhando só o vocabulário, a gramática ou a estrutura de um texto.

» Os alunos aprendem melhor quando tentam compreender o significado dos textos como um todo, por inteiro.

» O processo de aprendizagem acontece quando os alunos estão engajados no uso da língua com um objetivo, com um propósito.

» Os erros fazem parte do aprendizado, os alunos devem experimentar ler e escrever por prazer e para promover sua "apropriação" dos conteúdos.

» Uma abordagem que está centrada no aluno (*student-centered learning*).

» Uma abordagem que encampa as ideias de Vygotsky sobre a **natureza social da linguagem** – isto é, "como um processo social, assume-se que o aprendizado se desenvolve melhor com a colaboração (e a cooperação) entre professor e alunos e entre alunos" (Larsen-Freeman, 2000, p. 143).

» Uma abordagem que acredita na interação e interconexão entre a linguagem oral (ouvir e falar) e a escrita (ler e escrever).

Como essa abordagem defende a ideia de que os alunos venham a construir **conexões significativas** entre o que acontece no seu dia a dia e o que acontece em sala de aula, espera-se que essas interconexões gerem um aprendizado mais profundo e continuo.

1.6.2 A abordagem baseada em conteúdo (*Content-Based Instruction* – CBI)

A CBI possui muitas faces, dependendo do enfoque que é dado ao que se está apresentando. A primeira e mais abrangente dessas "faces" apresenta as seguintes premissas:

» O CBI utiliza o conteúdo de outras disciplinas integradas ao aprendizado do idioma. Os objetivos linguísticos a serem estudados são determinados pelos textos utilizados (interdisciplinaridade, transdisciplinaridade e transversalidade).

» O processo de ensino-aprendizagem deve ser construído com base nas experiências prévias dos alunos.

» O professor que trabalha com o CBI "coloca andaimes" (*scaffolds*), quer dizer, "constrói em etapas" junto com os alunos o conteúdo linguístico, aquilo que será falado posteriormente.

» O material e as tarefas devem ser autênticos e significativos, isto é, semelhantes ao que os alunos virão a utilizar na vida real.

» Espera-se que haja um aumento de motivação intrínseca e de **empoderamento** (*empowerment*) dos alunos, pois trabalham com assuntos que lhes são pertinentes.

» As atividades e tarefas facilitam o estudo de conteúdo específico e as habilidades linguísticas relacionadas.

» Há a completa integração das habilidades comunicativas (ouvir, falar, ler e escrever), pois os alunos leem, discutem, solucionam problemas, analisam dados e outras atividades.

Nessa primeira "versão" do CBI, a ênfase maior se encontra no conteúdo das matérias estudades em lingua estrangeira (LE), vejamos agora sua segunda "face".

1.6.3 **A instrução baseada em temas: outra face do CBI**
Segundo Brown (2001a, p. 236), o **ensino baseado em temas** é uma forma mais "fraca" da abordagem por conteúdo. "Fraca" porque dá menos atenção ao conteúdo e mais atenção à língua a ser aprendida. Seus princípios formam a base metodológica dos livros didáticos de língua estrangeira. O CBI por temas:
» Tem como foco de atenção o tópico a ser abordado; as estruturas linguísticas só são ensinadas quando estão interferindo na compreensão ou na produção de textos orais ou escritos.
» Coloca em ação alguns princípios efetivos de aprendizagem:
  › automaticidade;
  › aprendizagem significativa;
  › motivação intrínseca;
  › competência comunicativa.
» Apresenta tópicos desafiantes e interessantes que ativam a curiosidade e aumentam a motivação dos alunos.
» Utiliza técnicas que integram as habilidades comunicativas (pesquisas, discussão e debate, e escrita).
» Trabalha com projetos e experiências com a linguagem.

Portanto, a "face" do CBI com base em temas gera uma maior integração entre as quatro habilidades, estando mais próxima a realidade fora de sala de aula. Vejamos agora sua mais recente "face".

1.6.4 **A instrução com ênfase na linguagem (LEI):**
a mais nova face do CBI
Donna Brinton (2007) propõe uma nova versão do CBI, chamada de *language enhanced instruction* (LEI) – *instrução com base no conteúdo com ênfase na linguagem*, ou seja, com enfoque maior no desenvolvimento das habilidades comunicativas (ouvir, falar, ler e escrever) em contextos nos quais o inglês é "língua franca" (ELF) e nos quais o conteúdo é apresentado em língua materna. "Nesta abordagem, as metas tanto de conteúdo como de linguagem estão equilibradas, e todas as atividades focam o desenvolvimento não só da competência comunicativa dos alunos, mas também a

ampliação de seus conhecimentos sobre aquele conteúdo" (Brinton, 2007, p. 6).

Características da versão CBI – LEI:
» As metas curriculares para língua e conteúdo têm o mesmo peso.
» Todas as atividades objetivam desenvolver não só a competência linguística, como também o conhecimento sobre o conteúdo (assunto).
» As habilidades comunicativas – ler, ouvir, falar e escrever – são integradas nas aulas.
» Material autêntico é a alma das unidades (lições).

As três versões da CBI priorizam a integração das habilidades comunicativas num processo interessante e motivador que leva os alunos a desenvolverem suas competências.

1.6.5 O aprendizado por experiência aplicado ao aprendizado de idiomas

Relacionada tanto à abordagem por conteúdo como à instrução por temas, essa abordagem oferece aos alunos **experiências concretas**, através das quais os alunos "descobrem os princípios linguísticos por tentativa e erro, ao processar *feedback*, ao construir hipóteses sobre a linguagem e ao revisar estes pressupostos para tornarem-se mais fluentes" (Eyring, citado por Brown, 2001a, p. 238).

» Aprende-se melhor fazendo e experimentando ativamente.
» A aprendizagem indutiva pela descoberta ativa estratégias que capacitam os alunos a tomarem conta do seu próprio processo de aprendizagem.
» Por natureza as técnicas são centradas nos alunos.

1.6.6 O aprendizado baseado em tarefas (TBL)

O TBL vê o processo de aprendizado como a realização de um conjunto de tarefas comunicativas. Segundo Jane Willis, que desenvolveu a abordagem de **aprendizado por tarefas**:

O objetivo das tarefas é criar uma razão real para o uso do idioma, assim como prover um contexto natural para o estudo do mesmo. Os alunos se preparam para a tarefa, fazem um relatório sobre o processo após terminá-la, e finalmente, estudam a linguagem que surgiu naturalmente de todo o processo. [Desta forma], a "estrutura"* do TBL oferece aos alunos uma exposição abrangente e muito rica da língua em uso, através das habilidades de ouvir e ler, assim como lhes oferece oportunidades de produção oral e escrita espontâneas como também planejadas. Finalmente, aumenta a motivação para melhorarem e construírem sobre seus conhecimentos do idioma estudado.* (Willis, 1996, p. 1)

Outras premissas são as seguintes:
» Os alunos aprendem a língua usando-a para realizar as tarefas. Os objetivos curriculares são centrados na competência pragmática da língua (seu uso), e não na prática da língua por si só.
» Engloba um conjunto de tarefas equivalentes às atividades que realizamos no mundo-real.
» Essas atividades são realizadas por meio das habilidades comunicativas integradas e essa integração se faz necessária para a finalização da tarefa.
» A interação entre os alunos é autêntica e significativa.
» **Tarefa** é uma atividade em que:
  › o significado é fundamental;
  › há algum problema de comunicação a ser resolvido;
  › há algum tipo de relacionamento com atividades semelhantes no mundo-real;
  › a finalização da tarefa é a prioridade;
  › "O *assessment* ⁽¹¹⁾ da tarefa é feito em termos de seu resultado (*outcome*)" (Skehan, citado por Brown, 2001a, p. 50).
» Segundo Dianne Larsen-Freeman (2000, p. 148), existem três tipos de tarefas:

---

* *Framework*: estrutura, armação, esqueleto; sistema, padrão.

> **Atividades de lacuna informacional** (*information-gap activity*) – em que há uma troca de informação entre os participantes para a realização da tarefa.

> **Atividades de lacuna de opinião** (*opinion-gap activity*) – em que os participantes falam de suas preferências, seus sentimentos ou suas atitudes.

> **Atividades de lacuna de argumentação** (*reasoning-gap activity*) – em que os alunos retiram informações novas, inferindo-as do conteúdo que lhes foi apresentado.

» A análise das necessidades e interesses dos alunos é imprescindível.

» O professor procura meios de envolver os alunos no processo para que continuem motivados.

» Ele planeja as tarefas em partes, e prepara os alunos (pré-atividades) para que se saiam bem no processo de execução até a conclusão da tarefa.

1.6.7 A aprendizagem através da realização de projetos (*project work*)

Também relacionado às atividades concernentes ao mundo real, na **aprendizagem por projetos**, a necessidade do idioma advém da natureza do projeto e do assunto escolhido pelo grupo. Essa ligação com o mundo fora da sala de aula apresenta aos alunos uma necessidade verdadeira de usarem a língua e não só o de estudar a língua, "estudar gramática", como se diz. Portanto, o fato de precisarem se comunicar na língua estrangeira para alcançar o fim almejado torna todo o processo muito motivante. Novamente, segundo Larsen-Freeman, (2000, p. 149), os projetos são normalmente compostos por três estágios:

» Durante o **primeiro estágio** – os alunos trabalham em sala de aula, planejando, em colaboração com o professor, o conteúdo e o escopo do projeto, além de prever a preparação necessária em termos de vocabulário, estruturas e outros itens que possam precisar. Nessa fase pode-se também elencar as estratégias que serão necessárias para que possam realizar as tarefas (determinando papéis, por exemplo).

» O **segundo estágio** normalmente acontece fora da sala de aula e envolve a coleta de material. Nesse estágio, os alunos usam as quatro competências (**ouvir, falar, ler** e **escrever**) de forma natural e integrada.

» No **terceiro estágio** – os alunos reveem o projeto, monitoram o que foi realizado e recebem *feedback* do professor. Este age como conselheiro e consultor durante as três fases.

para refletir

» Você já tinha ouvido falar dos princípios e conceitos de que falamos?

» De acordo com suas ideias, examine novamente suas crenças e pressupostos.

» O que você acha importante levar em conta quando for fazer o seu planejamento de aula?

» Que outras informações você gostaria de saber?

» O que você acha mais difícil?

Fizemos uma retrospectiva das abordagens que, além de demonstrarem muitos dos princípios que enfatizam a aprendizagem significativa, defendem a integração das habilidades comunicativas, mas como devemos proceder para fazer essa integração?

1.7 Como integrar as habilidades em sala de aula?

Vimos que o aprender acontece mais facilmente quando os alunos estão engajados em usar a língua com um propósito, uma razão; vimos também que se aprende o idioma utilizando-o, e não falando sobre ele, pois a linguagem é o **meio** utilizado para transferir conteúdos, e não para se falar sobre eles; que desenvolvemos de forma mais eficiente cada uma das habilidades e suas estratégias se elas estiverem integradas a outras habilidades e que isso torna as atividades interessantes e altamente motivadoras. Mas como podemos fazer essa integração?

O professor pode, por exemplo, usar um recorte de jornal sobre um assunto de interesse dos alunos, para ser lido e discutido para ativar conhecimentos ou checar a falta deles (*gaps*). Numa segunda fase, o professor pode passar um vídeo (sem imagem e legenda) para que os alunos ouçam, com enfoque em alguma das estratégias de compreensão oral, os alunos passam em seguida escrever sobre o tema apresentado. É muito simples fazer a integração das competências em sala de aula, pois ela é muito semelhante à que ocorre na vida real.

Vimos aqui um pequeno exemplo. Ao propiciarmos a integração das competências comunicativas, trazemos para a sala de aula um componente motivador e muito interessante, que fornece muita flexibilidade às aulas. Essa é a maior vantagem da integração! Brown afirma o seguinte: "tenha sempre em mente que [...] as abordagens de ensino de línguas que são integradas e interativas enfatizam o inter-relacionamento das habilidades [*skills*]. A habilidade de ler se desenvolverá melhor quando estiver associada às outras habilidades: *escrever, escutar e falar*" (Brown, 2001a, p. 298, grifo nosso).

Vimos diversas razões para introduzirmos e integrarmos as habilidades comunicativas em nossas aulas. Nos capítulos seguintes, mostraremos o que cada uma delas é especificamente e quais estratégias de comunicação precisamos ajudar os alunos a desenvolver. Veremos também o que precisamos saber para planejar nossas aulas dentro dos princípios apresentados.

Síntese

Nossas escolhas sobre o que fazer ou não em sala de aula podem e devem ser baseadas nos princípios fundamentais de ensino-aprendizagem especialmente voltados para idiomas. Neste capítulo inicial, tratamos primeiramente dos conceitos básicos sobre o processo de ensino-aprendizagem e apresentamos algumas das principais correntes teóricas que oferecem fundamentos para a aprendizagem significativa. Em seguida, apresentamos a abordagem comunicativa de ensino de idioma (CLT), seus princípios e outras abordagens a ela associada ou dela derivadas que defendem a integração das competências comunicativas. Encerramos o capítulo demonstrando a importância de ensinar as habilidades comunicativas integradamente.

Indicações culturais

Filmes

O ESPELHO tem duas faces. Direção: Barbra Streisand. EUA: Columbia TriStar Film Distributors International/Sony Pictures Entertainment, 1996. 126 min.
MATILDA. Direção: Danny DeVito. EUA: Columbia TriStar Film Distributors International, 1996. 102 min.
MENTES perigosas. Direção: John N. Smith. EUA: Buena Vista, 1995. 99 min.
ENTRE os muros da escola. Direção: Laurent Cantet. França: Imovision, 2008. 128 min.

Entre muitos filmes que se passam na escola, escolhi os três primeiros porque mostram como o relacionamento entre professor e alunos afeta a aprendizagem. E o último, por retratar uma situação bem atual, na qual o professor procura ajudar, mas não possui as ferramentas adequadas para fazê-lo.

Livros

ABRAMOVICH, F. (Org.). Meu professor inesquecível. São Paulo: Gente, 1997.

ZIRALDO. Uma professora muito maluquinha. 2. ed. São Paulo: Melhoramentos, 1995.

Sites

KOLB. Learning and teaching. Disponível em: <http://www.learningandteaching.info/learning/experience.htm>. Acesso em: 26 maio 2010.

ICELP. Structural cognitive modifiability. Disponível em: <http://www.icelp.org/asp/Basic_Theory.shtm>. Acesso em: 26 maio 2010.

OXFORD, R. Language learning strategies: an update. Disponível em: <http://www.cal.org/resources/digest/oxford01.html>. Acesso em: 26 maio 2010.

ORWIG, C. Language learning strategies. Disponível em: <http://www.sil.org/lingualinks/LANGUAGELEARNING/LanguageLearningStrategies/Contents.htm>. Acesso em: 26 maio 2010.

CHAMOT, A. U. Issues in language learning strategy research and teaching. Disponível em: <http://e-flt.nus.edu.sg/v1n12004/chamot.htm>. Acesso em: 26 maio 2010.

FREE ENCYCLOPEDIA. Cognitive Development – overview of Cognitive Development. Disponível em: <http://social.jrank.org/pages/140/Cognitive-Development-Overview-Cognitive-Development.html#ixzz0QeziPUV4>. Acesso em: 26 maio 2010.

FREE ENCYCLOPEDIA. Cognitive Development – overview of Cognitive Development, Piaget's Theory of Cognitive Development, Vygotsky's Sociocultural Theory. Disponivel em: <http://social.jrank.org/pages/145/Cognitive-Development.html#ixzz0qrbqt91s>. Acesso em: 26 maio 2010.

BUSSINESS BALLS. Bloom's taxonomy of learning domains. Disponível em: <http://www.businessballs.com/bloomstaxonomyoflearningdomains.htm>. Acesso em: 26 maio 2010.

FERNANDES, A. Estilos de aprendizagem. Disponível em:

<http://www.authorstream.com/Presentation/psicotema-web-61983-Estilos-de-aprendizagem-que-s-o-Podem-modificar-se-Modelo-Felder-apre-Entertainment-ppt-powerpoint/>. Acesso em: 26 maio 2010.

Atividades de autoavaliação

1. Assinale (V) para verdadeiro ou (F) para falso nas assertivas a seguir, a respeito da descrição de alguns dos papéis que o professor deve assumir para que a aprendizagem ocorra de forma significativa. Depois, indique a sequência correta. O papel do professor é de...

   ( ) criar ambiente acolhedor que estimule a vontade de aprender, a cooperação e a colaboração, onde os alunos possam se arriscar a enfrentar os desafios apresentados.

   ( ) propiciar atividades nas quais os alunos relacionem os novos conhecimentos apresentados a conhecimentos prévios.

   ( ) fazer com os alunos repitam as atividades diversas vezes até que suas respostas se tornem automáticas.

   a. V, F, V.

   b. F, V, V.

   c. F, F, V.

   d. V, V, F.

2. Assinale (V) para verdadeiro ou (F) para falso nas assertivas a seguir, a respeito das condições básicas para que a aprendizagem significativa ocorra. Depois, indique a sequência correta:

   ( ) Intencionalidade, mediação do outro, apropriação e autonomia.

   ( ) Conscientização, controle praticado, processualização e automaticidade.

   ( ) Motivação, interesse, transferência de experiências e interação com contextos diferentes.

a. F, V, F.

b. V, F, F.

c. F, F, V.

d. F, F, F.

3. Assinale (V) para verdadeiro ou (F) para falso nas assertivas a seguir e, depois, indique a sequência correta. Segundo Feuerstein (Selva, 2006), para que haja **mediação** são necessários os seguintes critérios:

( ) O fazer, o rever ou relembrar o que aconteceu, o refletir sobre o que aconteceu, o concluir e o colocar em prática.

( ) De intencionalidade e reciprocidade, construção de significados e transferência para outros contextos.

( ) Performance assistida com suporte estrutural temporário, apropriação de conteúdos, e estágio de autonomia.

a. V, F, V.

b. F, V, F.

c. V, V, V.

d. F, F, V.

4. Assinale a alternativa incorreta em relação ao aprendizado por experiência:

a. A aprendizagem pela descoberta ativa estratégias e capacita os alunos a cuidarem do seu próprio processo de aprendizagem.

b. Aprende-se melhor fazendo, experimentando ativamente.

c. Por natureza, as técnicas são centradas nos alunos.

d. A apropriação acontece por meio da construção de conhecimentos em colaboração com alguém "mais-hábil".

5. Sobre os princípios da abordagem comunicativa de aquisição da linguagem, qual das alternativas a seguir está correta?

   a. A aquisição da linguagem acontece mais facilmente quando o aprendiz tem a linguagem como seu objeto de estudos.

   b. A aquisição da linguagem acontece mais facilmente quando há a contextualização na apresentação de gramática.

   c. A aquisição da linguagem acontece mais facilmente quando as atividades envolvem a comunicação.

   d. A aquisição da linguagem acontece mais facilmente quando a linguagem é estudada "aos pedaços".

Atividades de aprendizagem

Questões para reflexão

1. Vamos voltar para a seção **Para Refletir 1**! O que significa, agora, *ensinar* para você? Suas crenças (*beliefs*) e pressupostos (*assumptions*) sobre o processo de ensino-aprendizagem mudaram? Como? Explique. Faça uma lista dos pontos que você pretende incluir na sua abordagem de ensino. Em grupos, compare sua lista com a de outros alunos e discuta sobre o que será mais fácil ou mais difícil incorporar ao seu dia a dia em sala de aula.

2. Vimos que a teoria da aprendizagem significativa tem muito a ver com as novas correntes de ensino-aprendizagem. Você concorda com o papel do professor nesse processo? Por quê? Quais podem ser as consequências se todos os professores de todas as matérias trabalhassem baseados nos princípios dessa teoria? Explique.

Atividade aplicada: prática

Na seção 1.6 "Abordagens de ensino e a integração das habilidades comunicativas" foram apresentadas muito resumidamente algumas das abordagens mais atuais na área de ensino de língua estrangeira. Escolha a que mais lhe agradou e pesquise mais sobre ela. Em seguida, selecione uma ou duas técnicas que você possa incorporar ao seu dia a dia de sala de aula. Verifique também quais os princípios de ensino-aprendizagem que estão por trás dessas técnicas e explique por que você as usaria.

Capítulo 2

O planejamento e a competência comunicativa

> *"I just wanted to ask you which way I ought to go', [asks Alice]*
> *'Well, that depends on where you want to get to',*
> *[answers the Cheshire Cat]*
> *'I don't know... I don't much care where I go...*
> *It really doesn't matter...'*
> *'Then it really doesn't matter which way you go!'" [says the Cat]**
> Lewis Carroll, in Alice's Adventures in Wonderland

Planejar! Palavra-chave para qualquer atividade que exercemos em nossas vidas. E mesmo que formalmente não sentemos e escrevamos um "plano", um roteiro, não quer dizer que não tenhamos planejado. Pense no seu dia a dia, por exemplo, antes de sair de casa; pense se você não analisou se iria chover, se faria muito calor ou frio, se você iria encontrar alguém para almoçar e teria de andar um pouco mais e precisaria de um calçado mais confortável... Essa análise nos leva a selecionar e a definir qual a vestimenta que vamos usar, não é? Isso é planejamento!

---

* Alice está perdida e não sabe quais dos caminhos deve tomar. Ao encontrar o Cheshire Cat, ela lhe pergunta: "[...] eu só queria saber qual caminho eu devo tomar?" "Bem... Depende muito de onde você quer chegar", responde o Gato. "Ah! Não sei... Não sei onde quero ir... Não importa muito...", diz Alice. "Então, não importa muito qual dos dois caminhos você tome", fala o Gato. Lewis Carroll, em *Alice's Adventures in Wonderland* (1994, p. 75).

Antes de começarmos a planejar* qualquer coisa em nossas vidas, precisamos levar em conta vários aspectos. A mesma coisa acontece em sala de aula: para darmos uma boa aula, precisamos analisar muitos aspectos antes de entrarmos em sala, durante nossa aula e depois de sairmos de sala. De acordo com a definição apresentada por Woodward, "**planejar** engloba tudo que um professor faz quando **diz** que está planejando! Por exemplo, ouvir os alunos, lembrar, visualizar, procurar material em revistas, anotar ideias, tomar chá enquanto tem os olhos perdidos na distância, e tomar decisões [entre outras tantas!]" (Woodward, 2001, p. 180, grifo do original). Dentro dessa visão abrangente, abordaremos neste capítulo o que precisamos saber para fazermos um bom planejamento, considerando os princípios e conceitos apresentados no capítulo anterior.

para refletir 1

» Pense em algum acontecimento no seu dia de hoje. Você fez alguma escolha?

» Relembre os passos que você tomou: você definiu o que queria ou o que necessitava?

» O que você analisou (hora, lugares, duração etc.)?

» Que ações você realizou para atingir seu objetivo?

» O que você modificou no decorrer do dia, descartando ou acrescentando?

» Quais outros fatores que você levou em conta?

---

* Planejar significa "elaborar um plano, organizar plano ou roteiro, programar; deriva do latim *planus, a, um* que quer dizer chato, liso, fácil, claro, evidente, e por extensão é usado para referir-se ao esboço ou desenho de uma obra qualquer, o que originou o sentido figurado, um projeto elaborado" (Houaiss; Villar, 2001, p. 2232-2233).

2.1 O ciclo de planejamento para atingir um bom resultado

Sempre tive um pouco de dificuldade em **escrever** um plano de aula ou de curso que fosse formalizado, completo e tradicional. E descobri ao longo desses anos que a maioria dos professores também não o faz! Mas isso não significa que não planejo ou não preparo minhas aulas, tomo notas em forma de itens, pesquiso, tiro minhas dúvidas, preparo o material antes de finalizar. Descobri que sempre utilizei um modelo de "planejamento em busca de uma meta" (Woodward, 2001, p. 187), quer dizer, sempre soube aonde queria chegar, tomava decisões de mudar de rota de acordo com as circunstâncias e sabia que todo e qualquer dos caminhos que tomava me remetiam invariavelmente àquela meta. Além do que apresentei anteriormente, acredito que o processo de aprendizado de uma língua é lento e acontece em etapas à medida que o conhecimento e as competências se desenvolvem e se aprimoram. Acredito também que é muito importante motivar os alunos e manter seu interesse executando atividades que sejam importantes para o desenvolvimento de suas habilidades e estratégias, porque só assim o aprendizado acontece. Por isso venho sugerir a seguir um modelo de planejamento menos formal e mais flexível.

Mas, afinal, por que planejar? São diversas as razões. Em primeiro lugar, o planejamento nos deixa **preparados**. *Preparar*, segundo o *Dicionário Houaiss*, significa "aparelhar-se antecipadamente, planejar de antemão, premeditar, munir-se do necessário para enfrentar (alguma coisa). É formado de *pre-* = antes e *paro* → *parare* que significa intensivo, esforçar-se para obter, aparelhar--se" (Houaiss; Villar, 2001, p. 2289, 2125). Então, planejamos para ficarmos preparados, porque descobrimos "antes" o quanto e o que precisamos pesquisar e estudar. A segunda razão é porque o produto de nosso "preparo" nos deixa confiantes e seguros. Em terceiro lugar, ele nos fornece uma visualização de como deve ser a progressão das atividades e se há coerência e fluidez entre as partes. E, finalmente, qualquer planejamento é um ótimo recurso que nos auxilia a analisar o nosso "percurso" para fazermos correções necessárias na rota, assim como nos auxilia a analisar, ao seu término, o que deu certo ou errado para fazermos adendos, cortes ou inovações. Como disse Woods, "O curso é o caminho construído pelas decisões que foram tomadas" * (Woods, citado por Woodward, 2001, p. 192).

Há alguns anos, tive a oportunidade de participar de um encontro que influenciou muito minha maneira de planejar e de organizar minha vida pessoal, bem como me auxiliou a ter em mãos uma forma mais simples de preparar minhas aulas. Sabemos que, para realizarmos uma tarefa que nos traga os resultados adequados, precisamos passar por diferentes estágios de planejamento. Um empreendimento, um programa ou um projeto de vida podem ser organizados em quatro etapas: 1) investigação, 2) iniciativa, 3) verificação e 4) reação. Qualquer projeto, atividade ou aula é objeto de um ciclo semelhante, composto dessas etapas, tendo cada uma delas um objetivo específico.

Outro modelo é o ciclo de planejamento contínuo, sugerido por Brown (citado por Richards; Renandya, 2002, p. 9-18), o qual é composto por três fases: diagnóstico, tratamento e *assessment*[1]. São termos distintos dos primeiros, porém de ações semelhantes. No ciclo de Brown (ver ilustração a seguir), o diagnóstico equivale à investigação e aos seus cinco passos, o tratamento é semelhante à iniciativa e o *assessment*** à verificação que nos leva a um novo diagnóstico que pode levar a um novo tratamento após a aula, ou a uma mudança de tratamento, ainda durante a aula, chamado de *reação*

---

* "*The course is the trail made by the decisions that were taken.*"
** Vamos utilizar o termo *assessment* em inglês porque consideramos que as definições encontradas em português não o traduzem a contento, por não serem técnicas da área de linguística.

no outro modelo. A Figura 1 ilustra o ciclo do planejamento contínuo, que é muito dinâmico e adequado ao que estamos propondo: um planejamento com flexibilidade e fluidez.

Figura 1 – O ciclo de planejamento contínuo de Brown

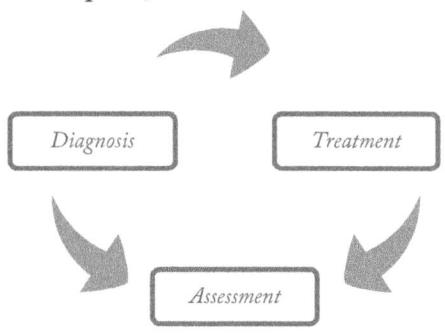

```
        Diagnosis  →  Treatment
             ↘         ↙
              Assessment
```

Fonte: Brown, 2001b.

Esse ciclo pode ser adotado em qualquer momento de nossa aula ou de nosso curso. São os planejamentos instantâneos que ocorrem enquanto a aula flui e o planejamento contínuo que acontece durante todo o tempo de um curso. Brown, em oficina na Quarta Conferência do Southern Cone TESOL, em Curitiba, explica:

> *Hoje em dia a tarefa de ensinar um idioma está mais apropriadamente caracterizada por uma abordagem de ensino mais unificada e abrangente do que aquela que se limitava a aceitação de um único método. Essa abordagem de ensino de língua estrangeira é composta de um ciclo de componentes que auxiliam no processo de desenhar (ou planejar) um curso ou uma aula. Em primeiro lugar, o diagnóstico, necessário para descobrir e entender as necessidades dos alunos em um contexto definido. Em segundo, o tratamento, que é a seleção de diferentes técnicas, atividades e tarefas de qualquer um dos métodos de ensino conhecidos que estejam em harmonia com o diagnóstico feito. E em terceiro, o "assessment" quando se avalia a eficácia do tratamento dado aos alunos de acordo com o diagnóstico feito.* (Brown, 2001b)

Utilizaremos um *mix* de termos para nos referirmos às etapas do ciclo de planejamento contínuo: o *diagnóstico* e seus cinco passos; a *iniciativa*; o *assessment*; e a *reação*. Vejamos, portanto, o que se exige em cada uma das quatro etapas para elaborarmos um bom plano que resulte em uma ótima aula na qual a aprendizagem ocorra de forma muito significativa.

para refletir 2

» Você alguma vez elaborou uma lista (mental ou por escrito) de objetivos a alcançar?

» Com certeza existiam muitas variáveis para atingir estes objetivos. Havia muitos caminhos que você poderia tomar para alcançar a sua meta. Você sabe dizer por que fez uma escolha e não outra? O que levou você a tomar essa ou aquela decisão?*

2.2 O diagnóstico

É a primeira etapa do ciclo e é composta por cinco passos: 1) **definição**, 2) **investigação**, 3) **relação** ou **rol das opções**, 4) **seleção das técnicas** e 5) **preparo**.

2.2.1 A definição da meta

Você sabia que um piloto e avião de qualquer porte não pode levantar voo sem ter apresentado à torre de comando o seu destino final e a provável rota que vai tomar? Ele precisa definir precisamente aonde quer chegar e como vai fazer isso! Veja a resposta do Gato Cheshire para Alice, na introdução deste capítulo. Precisamos definir o que queremos, aonde queremos ir, senão, como fala o Gato na citação do início, "não importa qual dos caminhos tomamos!".

Usaremos o termo *meta(s)* para identificar o propósito maior, mais abrangente que pretendemos alcançar ao final de um curso

---

* Se nunca pensou sobre isso, que tal escrever agora um objetivo a alcançar, por exemplo, "terminar este curso" e pensar no que você precisa fazer para atingir sua meta?

ou de uma aula. A meta é o seu tema unificador. Um exemplo de definição de meta para um curso é a encontrada nas Orientações Curriculares do Ministério da Educação:

"O objetivo primordial do professor de língua estrangeira deve ser o de tornar possível ao seu aluno atribuir significados, meta última do ato de linguagem. [...] o foco do aprendizado deve centrar-se na função comunicativa por excelência, visando prioritariamente a leitura e a compreensão de textos verbais, orais e escritos – portanto, a comunicação em diferentes situações da vida cotidiana" (Brasil, 1999, p. 93-94).

Para entendermos melhor, vamos pensar que somos um caminhante que pretende chegar, ao final de um dia de caminhada, a uma cabana para o pernoite, ou seja, o propósito principal, a nossa meta, é chegar à cabana. Achei interessante e muito explicativa a forma como Scrivener rotula o termo *metas*: **intended student achievements**, traduzido literalmente por "**aptidões propostas aos alunos**", melhor explicada como "as aptidões, conhecimentos e resultados propostos previamente pelo professor e alcançados ao final do percurso pelos aprendizes: coisas que terão aprendido, competências que terão desenvolvido, ou um ponto que terão atingido ao final da aula" (Scrivener, 1994 p. 50). Por exemplo: se elaboramos como meta "compreender conversas telefônicas", ela vai identificar o propósito a ser atingido ao final da lição, já como chegaremos a ela são os caminhos alternativos que podemos tomar.*

Woodward explica que a maioria dos professores intuitivamente planeja tendo em mente a meta final porque "veem o aprendizado da linguagem de forma orgânica que ocorre num processo lento, na medida em que o conhecimento e as competências vão se aprimorando" (Woodward, 2001 p. 187). Se planejamos para termos flexibilidade, estaremos com aquela meta em mente e criaremos

---

* Quando utilizamos um livro-texto, normalmente essa meta é anunciada no início do capítulo no livro do professor e/ou do aluno.

condições para os alunos desenvolverem competências e estratégias que lhes serão úteis para atingi-la. Além disso, como estamos bem informados, não teremos medo de arriscar e mudar de rumo, caso sintamos que as coisas não correm bem! Mantendo nosso foco no aprendizado do aluno – coisas que eles aprenderão, habilidades que desenvolverão, pontos que atingirão ao final da lição – poderemos selecionar melhor os caminhos a percorrer. Scrivener complementa:

> *os professores que preparam previamente as metas a serem alcançadas, sabem o porquê de suas escolhas por essa ou aquela técnica. Esses professores, provavelmente, estão mais preparados para usar seus conhecimentos para decidir entre duas opções que surjam de repente, selecionando aquela que certamente vai ajudá-los a chegar ao resultado final.* (Scrivener, 1994, p. 50)

Portanto, para sermos bem-sucedidos antes de sairmos na empreitada rumo à cabana, devemos fazer uma análise das diversas opções que podem nos impedir de chegar ou atrapalhar o nosso caminho, precisamos nos preparar fisicamente, assim como fazer as provisões necessárias para a jornada. Sabemos, contudo, que durante o percurso também precisaremos tomar outras pequenas decisões para definirmos a melhor forma de chegar: a velocidade da caminhada, a rota a ser tomada, o mapa a ser usado, quando descansar, quando comer, quais materiais de apoio precisaremos, entre outras. Se não tivermos a nossa meta muito bem definida, poderemos ter problemas, como não passar por algum lugar interessante ou ir por um caminho menos perigoso, ou pior que tudo, poderemos nos perder no caminho!

Nunca tive dúvidas sobre quais eram as metas que almejava alcançar no semestre ou em cada uma de minhas aulas. E hoje não me sinto mais envergonhada de não ter feito planejamentos extensivos, pois vim a descobrir, ao escrever este capítulo, que não estava tão errada assim e que planejar pensando na meta final é bom também (cada um tem o seu estilo). É claro que há muitas outras ações que precisam ser realizadas, pois, para cada uma das lições e para cada uma das técnicas que compõem uma aula, devemos ser capazes de definir o que esperamos alcançar, assim como o porquê da meta e como fazer para chegar.

Para termos variedade em nossas, aulas propomos um planejamento sob **diferentes enfoques** (Woodward, 2001, p. 187-191). Podemos nos preparar começando ora enfocando o aluno (seus interesses, conhecimento etc.), ora o conteúdo, ou as estratégias de aprendizado, ou ainda o material. Não importa com qual deles iniciamos ou se durante a aula mudamos de um para outro enfoque; o importante é que tenhamos esboçado o que será feito antes de começarmos. Um bom professor se prepara muito bem antes de sua aula, decide a qual destino seus alunos devem chegar e sabe como conduzi-los até lá. Assim, um bom planejamento nos dá a estrutura, o esqueleto do que devemos fazer, mas devemos estar preparados para responder com criatividade e de forma flexível ao que acontece em sala, mudando de caminho, quando necessário, para facilitar a aprendizagem. "Na aula devemos ensinar os aprendizes, não o plano de aula" (Scrivener, 1994, p. 44).

2.2.2 A investigação

Creio que a aula mais difícil de planejar seja sempre a primeira do semestre, a do início do curso, porque não temos a menor ideia de quem são nossos alunos, não sabemos quase nada sobre como será reação destes ao material que apresentaremos, qual será a inter-relação dos aprendizes com o material; se a sala de aula será confortável, iluminada, fresca; se o material de apoio estará funcionando e se poderemos utilizá-lo; e muitos outros quesitos... Para descobrirmos tudo isso, precisamos investigar ou diagnosticar.

A **investigação** ou o **diagnóstico** pode ser comparado àquele que o profissional da saúde realiza (a anamnese[11]) para poder definir qual o tratamento a ser aplicado após as informações colhidas. É na fase da investigação que recolhemos todas as informações possíveis para que possamos fazer as escolhas certas e possamos obter os melhores resultados. Vejamos o que podemos saber e por quê.

para refletir 3

» O que você poderia fazer, **antes de entrar em sala** de aula, para descobrir coisas sobre seus alunos (a situação de ensino destes)?

» Escreva uma lista **do que** seria interessante você descobrir sobre seus alunos. Formule algumas perguntas.

No nosso caso, **diagnosticar** envolve uma investigação e uma compreensão de basicamente quatro áreas: 1) o aluno/aprendiz 2) o professor, 3) o meio ambiente e 4) o material.

Os alunos

Os alunos são a razão de estarmos em sala de aula. Por isso, precisamos descobrir o máximo sobre eles. Existem diversas maneiras de obtermos essas informações. Antes de iniciarmos o curso, podemos perguntar para antigos professores e para a própria escola ou, durante o curso, podemos elaborar questionários e atividades que ao serem completados* nos forneçam os dados que precisamos; podemos também aproveitar todas as oportunidades que temos para ouvir os alunos e para observá-los. E para simplificar, podemos usar o sistema **5W 1H**** ("**quem**", "**o que**", "**onde**", "**quando**", "**por que**", "**quanto**" e "**como**"). Não existe forma mais simples! Mãos à obra! Vamos investigar!

A seguir estão algumas perguntas que podemos formular para obtermos informações sobre os alunos:

---

* Existem muitos questionários ou inventários sobre tipos de inteligência, estilo e estratégias de aprendizagem já prontos grátis e de fácil acesso. Veja mais nas Indicações Culturais no final do capítulo.

** Em inglês: *who, what, where, when, why e how* e suas combinações, e.g.: *how much, how long* etc. (perguntas da área de planejamento estratégico).

1. Quem são meus alunos (faixa etária, porcentagem de meninos e meninas, quantos em sala, profissão, formação educacional, ocupação e outros fatores)?
2. O que gostam de fazer no seu tempo livre?
3. O que gostam de ouvir e de ler (se é que gostam!)?
4. Quais seus interesses? Que assuntos lhes interessam?
5. Quais suas necessidades específicas?
6. Quais são suas expectativas do curso/aprendizado?
7. Por que estão estudando? Estão motivados?
8. Que tipos de inteligência predominam (linguística, sonora, espacial etc.) no grupo?
9. Que modalidade de aprendizado predomina no grupo (visual, auditivo, cinestésico)?
10. Que estratégias de aprendizado eles possuem (eles sabem estudar)?

E muitas outras informações que você vai descobrir que precisa saber...

para refletir 4

» Em para rafletir 3, você formulou alguma pergunta diferente dessas que apresentamos?

» Marque (✓) aquelas em que você nunca havia pensado.

» Pense numa de suas turmas e procure responder a todas as perguntas para "investigar" seus alunos.

Mas por que nos importa saber tudo isso? Bom, se vamos preparar nossa aula para que o aprendizado ocorra de forma significativa, necessitamos estar muito bem preparados para construir a melhor aula possível. E, sem essas informações, não podemos definir a meta a ser alcançada nem os caminhos a serem percorridos.

O professor e os seus conhecimentos

Cada um de nós possui uma formação, um acervo de conhecimentos, o nosso *background*. E precisamos estar cientes de quem somos, do que sabemos, quais são nossas estratégias de aprendizagem, quais são as nossas crenças e pressupostos sobre o processo de ensino/aprendizagem, entre outros saberes. Vejamos algumas perguntas que auxiliam a busca pelas nossas potencialidades:

1. Gosto de escrever? Sobre o quê?
2. Que outras áreas me interessam?
3. Quais são o meu tipo de inteligência e a minha modalidade de aprendizado*?
4. Que estratégias de aprendizado possuo?
5. Por que estou dando aula? Estou motivado(a)?
6. Tenho conhecimento das minhas crenças e dos pressupostos quanto ao processo de ensino-aprendizagem de idiomas?
7. Quais são os princípios de ensino-aprendizagem de idiomas de que tenho conhecimento? De que forma eles influenciam a minha prática de ensino?
8. Que abordagens e métodos de ensino-aprendizagem de língua inglesa existem e o que conheço deles? Quais são os seus princípios e as suas técnicas? Como esse conhecimento me ajuda na preparação das aulas?
9. A **minha abordagem** é baseada nesses princípios e conhecimentos? Em quais?
10. Com qual das habilidades comunicativas (ouvir, falar, ler e escrever) prefiro trabalhar? O que sei sobre elas e sobre como ensiná-las?
11. Como faço o planejamento de minhas aulas? O que levo em conta?
12. O que tenho feito para me atualizar (profissionalizar)?
13. O que gosto de fazer no meu tempo livre?
14. O que gosto de ouvir e de ler?

---

* Nossa modalidade e nosso estilo de aprendizagem (visual, auditiva, sinestésica etc.) se refletem no estilo de ensino adotado em sala de aula.

para refletir 5

» Que tal você responder a essas perguntas?
» Você tem mais alguma a acrescentar? Acrescente.

Gostaríamos de chamar novamente a atenção sobre como nossas crenças e nossos pressupostos sobre **língua, linguagem, língua estrangeira** (LE) e o **processo de ensino-aprendizagem** influenciam na nossa prática em sala de aula. Quando conhecemos os princípios que norteiam esse processo, passamos a nos tornar conscientes e começamos a refletir e a realizar as mudanças necessárias na nossa prática. Com esse conhecimento, a **nossa abordagem** se torna muito mais "iluminada" e nossas escolhas mais bem "informadas", porque saberemos **o que, quando, como** e principalmente **por que** estamos utilizando essa ou aquela técnica.

Almeida Filho propôs em 1993 um modelo teórico para esse processo de conhecimento, reflexão e realização, chamado *modelo de operação global do ensino de línguas*, demonstrado na figura a seguir:

Figura 2 – Modelo de operação global do ensino de línguas

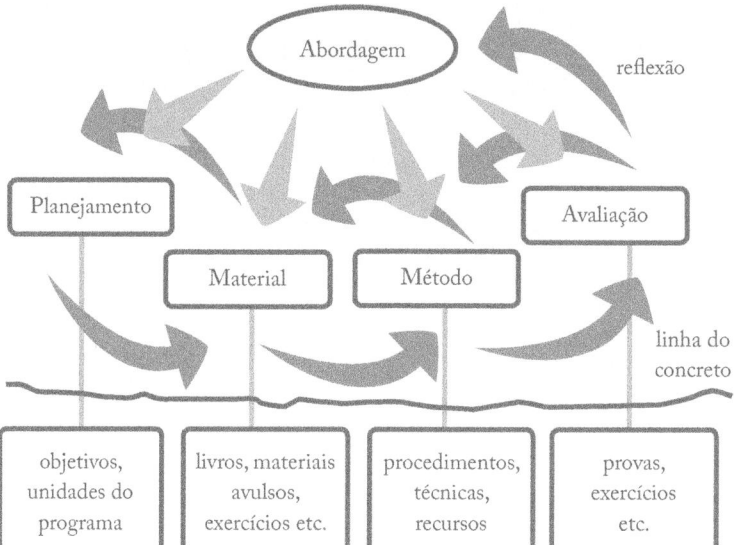

Fonte: Almeida Filho, 1993, p. 22, citado por Silva, 2007, p. 254.

Nesse modelo, "as crenças ou cultura/abordagem de aprender é umas das forças operantes capaz de influenciar [...] positivamente ou negativamente todo o processo de ensino/aprendizagem de uma LE" [Lingua Estrangeira] (Silva, 2007, p. 254).

"O meio ambiente": a escola e o ambiente "fora" da escola
Vamos utilizar aqui a expressão *meio ambiente* por ser abrangente, pois gostaríamos de enfocar os ambientes dentro e fora de sala que influenciam em algumas das escolhas que todo professor faz ao planejar suas aulas.

1. Quanto tempo de aula e qual a frequência?
2. Como é a escola e a sala de aula (quadro, cadeiras móveis ou fixas, paredes, iluminação etc.)?
3. O que a escola disponibiliza: livro do professor e outros materiais de apoio: banco de fotos, atlas, mapas, pôsteres, jogos etc.?
4. A escola disponibiliza equipamentos como CD player, TV e vídeo/DVD player, retroprojetor, e-board, multimídia etc?
5. Que equipamentos estão disponíveis ou em funcionamento?
6. Existe uma biblioteca (livros como graded readers, enciclopédias, material de referência, revistas)? Sala de computação e acesso a internet?
7. Quais são os interesses da comunidade na qual a escola está inserida?
8. Qual o envolvimento das famílias?
9. Como os alunos vão à escola? Quanto tempo demoram para chegar, em média?
10. Há segurança?

O material

Outro foco do nosso diagnóstico deve ser o material que aqui abrange não só o didático, mas todo aquele utilizado em sala para uma boa aula. Perguntas que podemos formular para termos noções do material, entre outras, são:

1. Existe um livro-texto ou o material precisa ser preparado? Qual é o material didático adotado? Em não havendo material pronto, qual é o programa de ensino e o que preciso elaborar? Quais as vantagens e desvantagens de cada uma das alternativas?
2. Sendo adotado um livro-texto, ele é acompanhado de livro do professor, CD/fita K7, vídeo e outros materiais de apoio? Os alunos possuem o livro ou não?
3. Que material de apoio (*realia*, cartazes, mapas etc.) estão disponíveis?

Uma aula e seu conteúdo

Nosso programa de ensino normalmente é composto de unidades temáticas (sejam elas do livro-texto, sejam por nós elaboradas) que são subdivididas em lições (normalmente quatro para cada unidade). Quando falamos em "preparar uma aula", analisamos os componentes de uma unidade e suas lições, examinando mais detalhadamente conteúdos. Elaboramos um grupo de perguntas que nos ajudam a fazer essa investigação:

1. Quantas unidades há no livro e quantas lições em cada unidade? Qual a unidade/lição a ser apresentada? Por que trabalhar com essa unidade?
2. Qual a meta e os objetivos finais e capacitadores dessa lição em particular?
3. Que itens serão estudados ou usados na lição? Que tópicos ou contextos serão usados? Qual é o programa de estudos?
4. O que conheço da matéria a ser apresentada? Estou confiante que conheço bem esse ponto? Que preparação ou estudo preciso fazer?

5. Quanto tempo durará cada atividade? Qual será a sequência das atividades?
6. Quais técnicas serão utilizadas? Que atividades ajudarão os alunos a atingirem os objetivos?
7. Quais das habilidades comunicativas são encontradas? Elas estão integradas? Como são apresentadas? Por que trabalhar com essa habilidade comunicativa?
8. Que material de apoio (*realia*, músicas, cartazes, mapas etc.) será usado para cada atividade?
9. O que preciso confeccionar, fotocopiar, emprestar etc.?
10. Que dificuldades podemos antecipar que os alunos podem vir a encontrar em termos de vocabulário, estrutura, pronúncia, significado etc. nesta unidade?

As respostas para várias das perguntas feitas serão sempre individuais porque têm como referência a realidade de ensino de cada um de nós. Já outras vão exigir um pouco de pesquisa e de estudo por estarem baseadas em pressupostos teóricos ou, ainda, em listas de sugestões ou ideias das quais você poderá selecionar atividades para cada uma de suas aulas. As escolhas, para cada uma das pequenas coisas que vamos fazer, devem ser baseadas em conhecimentos dos princípios que regem o ensino-aprendizado de idiomas. Devem, portanto, ser "justificadas", isto é, devem estar fundamentadas nos conhecimentos teóricos disponíveis.

2.2.3 O rol de opções

Das cinco etapas do diagnóstico, iniciamos pela definição de metas, na qual fizemos uma completa investigação, como vimos enteriormente, e chegamos à terceira etapa, que consiste em relacionar todas as opções disponíveis, para que possamos fazer as escolhas certas e possamos obter os melhores resultados.

As técnicas disponíveis

Antes de começarmos o planejamento propriamente dito, precisamos dispor de todas as informações que temos, desde a investigação feita aqui até a relação das opções disponíveis em relação ao que fazer em sala de aula. Existem hoje centenas de livros, *sites* e outras fontes nas quais podemos encontrar milhares de ideias e sugestões* sobre **técnicas, atividades** e **tarefas** para o desenvolvimento da leitura, da compreensão oral, da fala e da escrita em língua estrangeira. Não vamos nos ater a fazer listagens que podem ser acessadas a qualquer hora e em qualquer lugar, mas, sim, em como fazemos para escolher esta ou aquela atividade, ou seja, quais são os critérios que devemos levar em conta na hora do nosso planejamento. Antes de mais nada, precisamos definir o que entendemos por **técnicas, atividades** e **tarefas**.

Brown (2004) define da seguinte forma:

» **Técnicas** (*Techniques*) – refere-se às várias atividades que tanto o **professor** como os **aprendizes** realizam em sala de aula (exercícios, atividades, procedimentos). Incluem atividades e tarefas e são o resultado de uma escolha por parte do professor.

» **Atividades** (*Activities*) – diz respeito a qualquer coisa que o **aprendiz** faz em sala de aula.

» **Tarefas** (*Tasks*) – conjunto de técnicas especializadas com enfoque comunicativo, isto é, seu foco principal é o uso autêntico da língua com propósitos comunicativos.

Os Parâmetros Curriculares Nacionais (PCN) defendem o aprendizado com o uso de tarefas e definem esse termo da forma que se segue: "**Tarefas** são experiências de aprendizagem relacionadas a uma meta ou atividade específicas realizadas pelo uso da linguagem, com algum tipo de relação com o mundo fora da escola ou com alguma atividade de significado real na sala de aula" (Brasil, 1998, p. 88, grifo nosso).

---

* Veja Indicações Culturais ao final do capítulo.

Segundo Willis, em muitos casos, uma tarefa inclui diversas técnicas*, como explicações, perguntas e trabalhos em grupo, transferências de informações, soluções de problemas, uso do princípio do quebra-cabeça (Willis, 1996, p. 149-154).

Precisamos também apresentar a diferença entre técnicas manipulativas e técnicas comunicativas. Nos primórdios do ensino de língua inglesa, os métodos e as abordagens existentes apresentavam muitas **técnicas** que eram exclusivamente manipulativas, ou seja, as atividades eram totalmente controladas pelo professor e exigiam dos alunos somente respostas previsíveis e não comunicativas. Nessas atividades, os alunos ou só repetiam (oralmente ou escrevendo um ditado) ou liam em voz alta, sem muitas vezes entender o que estavam dizendo. Vimos no capítulo 1 que o aprendizado no mundo moderno requer muito mais do aluno do que a repetição. Esperamos que os alunos pensem, experimentem e, principalmente, comuniquem-se! Portanto, no outro extremo do grupo de atividades, existem as técnicas comunicativas, como a **narração de histórias**, o *brainstorming*, os **jogos** ou *sketches*, os quais são pequenas peças teatrais. Nessas atividades os alunos produzem livremente, sem interferência por parte do professor.

Na atualidade, nossa meta, como professores de língua estrangeira, é que nossos alunos atinjam um grau de comunicabilidade que lhes seja útil na vida real. Então, as **técnicas** a serem utilizadas necessitam capacitar nossos educandos para serem **comunicadores competentes** de acordo com seu nível de proficiência. Mesmo um aluno iniciante tem a capacidade de se

---

* Reveja no capítulo 1 a definição de *tarefa* dada pelo *task-based learning* (TBL). Os seis tipos de tarefas sugeridos pelo TBL são: **listagem** (e.g. *brainstorming* = "tempestade cerebral"; coleta de dados), **ordenação e triagem** (sequenciamento, ordenação, categorização e classificação), **comparação** (seleção, encontrar semelhanças e diferenças), **resolução de problemas** (raciocínio e tomada de decisão), **compartilhamento de experiências pessoais** (narração, descrição, lembranças pessoais etc.), **tarefas criativas** (Willis, 1996, p. 149-154).

comunicar através de estruturas básicas, de ler pequenos textos e até de produzir textos escritos. Ele está, dessa forma, comunicando-se dentro do que é esperado para seu nível de proficiência e, por conseguinte, quanto mais avançado ele estiver, mais livremente poderá produzir.

No ensino focado no aluno, devemos elaborar **técnicas**, **atividades** e **tarefas** que lhes deem controle sobre o que estão aprendendo, que lhes permitam usar de sua criatividade e de seu poder de escolha (como nas atividades em pares ou grupos). Lembrando que hoje o papel do professor é o de facilitador e mediador desses conhecimentos e que os aprendizes devem gradativamente se tornar responsáveis por gerenciar seu próprio aprendizado, construindo significados por meio da interação com os outros quer oralmente ou por escrito.

Por isso, entre as escolhas que fizermos, precisamos optar entre *técnicas controladas, semicontroladas* e *livres*[*], assim chamadas dependendo do grau de "**controle**" que o professor tem sobre a atividade e do grau de liberdade expressiva que os aprendizes têm ao se comunicar. Devemos ter sempre em mente que qualquer **técnica** selecionada deve promover o **uso autêntico** do idioma, tendo os alunos um **propósito**, uma **razão** clara para se comunicarem e que a atividade precisa conter os seguintes elementos comunicativos: **lacuna informacional** (*information gap*), **escolha do que dizer** (*choice*) e **retroalimentação** (*feedback*)[**]. Apresentamos aqui, como exemplo, uma lista não abrangente de **técnicas**, **atividades** e **tarefas** de cada um dos grupos:

» Exemplos de **técnicas controladas**:
  › **Explicação de conteúdo** – o professor é o centro das atenções.
  › **Perguntas/respostas previsíveis** – sobre o conteúdo – respostas dadas pelos alunos, mas que todos conhecem.

---

[*] Brown apresenta uma lista extensa – *Taxonomy of language-teaching techniques*, adaptada de Crookes e Chaudron (Brown, 2001a, 134-135.).
[**] Mais explicações são encontradas no capítulo 1.

> **Ditados** – professor lê e os alunos escrevem o texto.
> **Músicas e canções** – os alunos escutam, preenchem lacunas e cantam juntos.

» Exemplos de **técnicas semicontroladas**:
> *Warm-up* (aquecimento) – as atividades de aquecimento estimulam, motivam e cativam os aprendizes e os deixam preparados e "ligados" para começar.
> *Brainstorming* (tempestade cerebral) – também é uma forma de preparação para atividades que pedem contribuição livre dos alunos, gerando associações de ideias. Útil também para ativar esquemas de conhecimentos (*schema e schemata*).
> *Eliciting* (extração, trazer à tona) – significa obter dos alunos informações, conhecimentos de gramática da língua, ideias, significados, sentimentos etc. Todos nós sabemos muito, e essa técnica nos auxilia a trazer à tona esses conhecimentos para podermos elaborar sobre eles, (*ancoragem*) para só apresentarmos o que é "novo", além disso, é uma ótima forma de envolver e motivar, já que ao fazer com que os alunos se conscientizem do que não sabem, criamos uma lacuna de informação que irá lhes dar um propósito para se engajarem na atividade ou seja, um motivo para vir a saber!).
> **Perguntas/Respostas referenciais** – atividade em que os alunos respondem livremente (o professor não sabe qual será a resposta!).

» Exemplos de **técnicas livres**:
> *Role-plays* (dramatização, encenação) – os alunos executam diálogos desempenhando papéis específicos (brincam de teatro sem *script*!).
> **Entrevistas** (*interview*) – Os alunos entrevistam uns aos outros para obter informações.
> **Resolução de problemas** (*problem solving*) – em pequenos grupos, os alunos colaborativamente solucionam um desafio.
> **Redação** (*composition*) – desenvolvimento livre de ideias, histórias e outros.

para refletir 6

» Quais outras técnicas você conhece? Liste três diferentes. Em qual das categorias elas se encaixam?

» Que tipos de técnicas você normalmente usa em suas aulas?

» Você já chegou a participar de alguma técnica livre nas suas aulas de inglês?

» Como você se sentiu? E com professor, você já as utilizou? Como foi?

Todas essas técnicas, atividades e tarefas podem compor uma aula ou uma lição. A seguir vamos apresentar o que entendemos por esses termos.

Aula e sua organização

Entendemos o termo *aula* como um conjunto unificado de atividades que cobrem um período em sala de aula, usualmente entre 50 e 100 minutos. "Essas unidades de tempo em sala de aula são significativas [...] porque representam 'passos' ao longo do currículo, antes e depois dos quais [...] temos tempo para verificar, avaliar, assim como, preparar para a próxima lição [aula*]" (Brown, 2001a, p. 149).

Podemos comparar uma aula a uma apresentação de escola de samba. A escola define um tópico, ou um **tema central**, que é o **fio condutor** de toda a apresentação. A letra e a música explicitam esse tema e cada ala ilustra esse tópico ou apresenta novos aspectos a ele relacionados. E em 103 minutos de apresentação, desfilam as diversas alas: primeiro a comissão de frente, seguida por outras de muita beleza, terminando com a bateria encerrando o desfile.

---

*Em inglês, o termo *lesson* possui duas conotações: 1) aquilo que chamamos de *aula* e 2) aquilo que chamamos de *lição*, ou seja, uma das partes de uma unidade de ensino.

Nossas aulas também têm um **início**, um **meio** e um **fim**: o começo, o **desenvolvimento** e a finalização. É muito importante termos bem claro o que deve conter cada uma dessas fases para elaborarmos as técnicas específicas para cada uma e para que possamos atingir a meta e os objetivos definidos inicialmente.

O começo

No **início**, realizamos o **aquecimento** (*warm-up*). São aqueles cinco primeiro minutos importantíssimos quando utilizamos atividades estimulantes para que os alunos "esqueçam" a língua materna, o assunto da aula anterior à nossa e outros pessoais, para que "sintonizem" (*tune-in*) na aula em inglês e se engajem nas atividades seguintes. Existe uma gama de sugestões de atividades e técnicas a serem usadas especialmente para esses minutos.*

O desenvolvimento

O **início** e o **fim** devem tomar por volta de 15 minutos de nossa aula. Mas o que fazemos no restante do tempo? Bom, se tivermos sorte, teremos ainda 35 minutos para facilitar o aprendizado de nossos alunos. O **meio** é período no qual as atividades de aprendizagem acontecem.

A finalização

O **fim** tem início bem antes de o sinal tocar! É interessante alocar por volta de dez minutos para **terminarmos** a aula. Nesse período, podemos entregar lições corrigidas, definir as tarefas para a próxima aula e checar se foram compreendidas. Porém, além dessas atividades, devemos deixar um tempo para fazer um *round-off* (**revisão** ou **arredondamento**) do que foi feito ou fazer uma atividade interessante e curta na qual os alunos possam usar algumas das coisas que aprenderam. Podemos utilizar aqui as mesmas

---

* Fica uma sugestão: montar um "banco de dados" com atividades que sejam interessantes, motivantes e especialmente curtas! Em colaboração com seus colegas. *Vide* sugestões nas **indicações culturais**.

ideias do nosso banco de dados para atividades de **aquecimento**. Podemos pedir aos alunos que relembrem as palavras ou expressões novas que aprenderam durante a aula. Isso faz com que eles "tomem posse" do que aprenderam. O que não devemos é finalizar a aula sem fazer um "alongamento", que pode ter como objetivo o interesse e a motivação para que os alunos queiram voltar para a próxima aula.

para refletir 7

» O que você acha que devemos fazer para "aquecer" a turma que seja diferente das atividades propostas?

» Você concorda com os cinco minutos que essa atividade deve durar?

» Você já organizou um banco de dados com atividades de *warm-up*?

Aula e suas outras etapas

Cada uma dessas fases gira em torno de um **tema central** (família, lugar em que moramos, usos e costumes etc.) que é o seu fio condutor do início ao fim. As aulas são compostas por **blocos**, cada um formado por uma combinação de técnicas e atividades que **compreendem** as seguintes etapas: o **disparador**, o **estudo**, a **personalização**, a **alteração** a **transferência** e a **criação**:

» **O disparador** – são as atividades que estimulam a curiosidade e o interesse dos alunos, motivando-os e envolvendo-os. Esse disparador (*trigger*) pode ser uma gravura, o trecho de um vídeo, uma música, uma pergunta e milhares de outras coisas.

» **O estudo** – é o estágio da análise do disparador, a busca da resposta do que não se sabe, do que se ficou em dúvida.

» **A personalização** – é a etapa em que os alunos relacionam o material novo aos seus **esquemas de conhecimento** (como vimos no capítulo 1). O "novo" se torna mais significativo e interessante e, portanto, mais fácil de ser lembrado. Por exemplo: quando os alunos verificam as semelhanças e diferenças entre o novo e sua vida pessoal.

» **A alteração e a transferência de experiências** – como vimos anteriormente, aprender é construir novos significados, é alterar o que sabemos transferindo (e acrescentando) o novo ao nosso acervo de conhecimentos.

» **Criação ou interação com diferentes contextos** – nesse estágio, os alunos utilizam o resultado da nova construção em outros contextos, como relatando uma história ou escrevendo uma carta.

Essas etapas não são sequenciais e nem todas precisam ser incluídas em uma única aula. Muitas vezes já iniciei o meu **meio** com a personalização, usando os conhecimentos dos alunos como disparadores. Em outras ocasiões achei melhor iniciar com o estudo e passar para a alteração e para a transferência. Outras vezes, na primeira aula percorremos "a", "b", e "c" e na aula seguinte continuamos a sequência, mas começando com outro disparador para estimular novamente os alunos. Não importa a ordem nem o número de blocos; o que importa é sabermos por que estamos usando esta ou aquela sequência. É importante sabermos manter o fio condutor e termos a criatividade de elaborar as técnicas apropriadas para cada bloco.

E, aproveitando para falar sobre criatividade, já dizia Chacrinha: "[No mundo], nada se cria, tudo se copia!"* (isso é só para mostrar como se recria em cima do já existente! Comprovando o quanto é verdadeiro). Parece engraçado mencionar esse "ditado" quando procuramos sempre incentivar a criatividade de professores e alunos. Contudo, acredito que esse "princípio" é muito válido e está embasado nas ideias apresentadas anteriormente. Explico...

Na nossa profissão, encontramos muita inspiração participando de oficinas em conferências, seminários e treinamentos

---

* **José Abelardo Barbosa de Medeiros**, o **Chacrinha**, foi um grande comunicador de rádio e um dos maiores nomes da televisão no Brasil, como apresentador de programas de auditório, enorme sucesso dos anos 1950 aos 1980. Foi o autor da célebre frase: "*Na televisão, nada se cria, tudo se copia*". Talvez até ele mesmo tenha "copiado" essa frase de alguém. Porém, foi ele quem a tornou famosa.

in-service (no decorrer do ano letivo), nos quais trocamos ideias com colegas ou entramos em contato com novas técnicas e atividades, buscamos inspiração para atividades, pesquisando em *sites* e livros de ELT. O fato de também sermos ou já termos sidos alunos nos ajuda a lembrar de atividades que gostamos de ter participado como aprendizes.

Nós copiamos, sim! Porém, cada uma das atividades que escolhemos utilizar precisa ser adaptada à nossa realidade de ensino, ser adequada aos nossos alunos (por isso diagnosticamos e descobrimos quem eles são!), ao tópico e aos outros itens que já abordamos anteriormente. Portanto, recriamos! Ou seja, como professores, adaptamos e transferimos para outros contextos, usando de toda nossa criatividade!

O "meio" e o desenvolvimento das habilidades

Sendo o enfoque deste livro o desenvolvimento das habilidades comunicativas (falar, ouvir, ler e escrever), apresentaremos agora o modo como devemos organizar as técnicas selecionadas para integrar as habilidades comunicativas e desenvolvê-las a contento. Sabemos por experiência própria que, ao trabalharmos cada uma das competências, fica muito mais fácil se dividirmos as atividades a elas relacionadas em três fases: o que será feito **antes** da atividade em si, o que será feito **durante** a atividade e o que será feito **após** a atividade.

O antes: as pré-atividades

Vimos no capítulo 1 que, na vida real, quando procuramos ouvir algo ou procuramos um texto para ler é porque temos uma razão, seja para encontrar uma informação que não temos, seja por puro prazer, como ouvir uma música ou rir com as histórias nos gibis. O mesmo acontece quando vamos falar ou escrever: só o fazemos porque temos uma intenção, um propósito, seja dizer "bom dia!", seja escrever um bilhete dizendo que vamos chegar tarde.

Na vida real, em português, temos consciência (oculta, é claro!) de muitos aspectos do evento comunicativo. Por exemplo: sabemos para quem escrever o bilhete (mãe, cônjuge) ou dizer "bom dia" (colega ou supervisor). Quando ligamos o rádio na nossa estação preferida, já prevemos o tipo de programa e o tipo de música que ouviremos; se queremos ir ao cinema, buscamos o jornal ou um *site* para confirmarmos o horário do filme; se encontramos um velho amigo, antecipamos os assuntos que vamos conversar, as lembranças que trocaremos. Inconscientemente, prevemos, temos expectativas, conhecemos algo do assunto, conhecemos o contexto em que a ação está acontecendo, estamos emocionalmente envolvidos, temos uma boa razão para agir – ler, ouvir, falar e escrever.

Por isso, o papel do professor de transformar os saberes culturais em saber escolar é tão importante. Ele faz essa transposição didática, escolhendo os caminhos, facilitando o percurso, servindo de ponte. E o seu papel é preponderante nessa fase de "aquecimento", de "estimulação". É quando o disparador é colocado em prática, com as atividades que estimulam a curiosidade e o interesse dos alunos, motivando-os, envolvendo-os e preparando esses alunos ao lhes dar um propósito. Algumas coisas que devemos fazer nessa fase:

> » Dar aos alunos um propósito para ouvir, ler, falar e escrever.
> » Motivar os alunos a querer ouvir ou ler, falar ou escrever.
> » Interessar, intrigar, instigar e desafiar os aprendizes.
> » Envolver os aprendizes perguntando sobre suas ideias ou conhecimentos sobre o assunto (*eliciting*).
> » Descobrir o que os alunos já conhecem e apresentar informações que desconhecem, mas que são importantes para a realização da atividade.
> » Fazer ligações entre o tema e a vida e as experiências dos alunos (personalizar).
> » Criar expectativas sobre as estruturas linguísticas a serem encontradas.

> » Apresentar vocabulário ou estruturas que possam atrapalhar a compreensão ou a produção Fazer com que os alunos conversem sobre o assunto.
> » Preparar os alunos com estruturas que possam utilizar durante a atividade em si.
> » Preparar os alunos com as estratégias para realizarem as habilidades comunicativas.

O durante: trabalhando com a habilidade em si
Veremos nos próximos capítulos atividades que objetivam desenvolver cada uma das habilidades comunicativas separadamente. Lembrando que esse é o estágio em que buscamos a resposta para nossas dúvidas (o estudo), assim como da alteração e da transferência – quando alteramos e transferimos os novos aprendizados.

O depois: as pós-atividades
Nessa fase, é interessante fazer uma "amarração", unindo tudo o que foi trabalhado nas fases anteriores, revisando e refletindo sobre o que foi estudado e o que foi aprendido. Houve alteração, os alunos construíram novos significados? Foi possível fazer a transferência de conhecimentos? É também a fase na qual podemos fazê-los criar, para que haja a interação com outros contextos. Portanto, é a etapa em que as técnicas devem propiciar novamente a integração das habilidades comunicativas.

Essa integração é algo muito natural na vida real, como quando lemos os horários do cinema: logo trocamos uma ideia com a pessoa que irá nos acompanhar, verificando qual a melhor opção, não é? Algumas atividades que propiciam a integração são os debates, os *role-plays*, a escrita de uma carta-resposta, a narração de uma história, o assistir a um filme sobre o tema, a cantoria de uma música e muitas outras.

Existem muitas técnicas que podem ser utilizadas na fase pós-atividade para *assessar* (*assess* 🕮) e verificar se houve alteração e transferência. Essas técnicas podem ser organizadas em dois tipos: as **pós-atividades receptivas** e as **pós-atividades produtivas**.

Pós-atividades para as habilidades receptivas

No desenvolvimento das habilidades receptivas – ouvir e ler –, não é possível verificar se houve realmente compreensão por parte dos alunos, porque ela não é observável externamente. Só conseguimos *inferir* se a mensagem foi realmente entendida através de respostas verbais e não verbais em que os alunos demonstrem que a mensagem foi entendida. Segundo Brown (2001a, p. 259 – 316), são nas chamadas *respostas abertas* que os alunos demonstram que entenderam ao realizarem uma ação observável. Entre outras coisas que indicam compreensão, eles podem:

> » realizar uma ação (respondendo fisicamente);
> » escolher entre alternativas;
> » transferir oralmente (na leitura) ou por escrito (na compreensão oral);
> » responder;
> » resumir (ou condensar);
> » complementar (por exemplo: completar uma história ouvida ou lida);
> » seguir um modelo;
> » conversar sobre o assunto;
> » narrar um fato pessoal.

Pós-atividades para as competências produtivas

Nas competências produtivas – falar e escrever –, os resultados por si só são os demonstrativos do aprendizado. Os alunos podem, por exemplo, exibir (*display*) seus trabalhos para serem lidos ou apresentarem uma reportagem por escrito sobre uma entrevista feita, entre outras atividades.

2.2.4 A seleção das opções: o que podemos escolher e por quê?

Finalmente chegou a hora de tomarmos as decisões sobre o que vai fazer parte do nosso curso ou da nossa aula. Na primeira etapa, precisamos saber o que queremos e aonde queremos chegar para começar nosso planejamento. As nossas escolhas estão vinculadas ao diagnóstico feito com o auxílio de todos os itens vistos acima. Só assim, com todos nos dados em mãos, tornamo-nos seletores do tratamento a ser realizado. Devemos saber que essa seleção deve estar embasada nos princípios que norteiam o processo de ensino-aprendizagem. Esses princípios são nossos balizadores para a análise das técnicas que serão selecionadas para comporem a aula.

Tendo em mente que nosso objeto de estudos é a aprendizagem do idioma estrangeiro e que nossa meta maior é o desenvolvimento das habilidades comunicativas (falar, ouvir, ler e escrever), **em resumo**, sabemos melhor que aprendemos uma língua quando:

» estamos motivados a aprender, com o propósito de aprender para nos comunicarmos;
» somos expostos à linguagem que está um pouco acima de nosso nível de proficiência, mas que nos faz sentido, isto é, que nos é significativa;
» temos diversas chances de usar e experimentar o que aprendemos (controlamos e automatizamos); e esse uso deve ser autêntico, isto é, semelhantes aos da vida real;
» conseguimos transferir o que aprendemos para outras situações;
» estamos engajados em atividades colaborativas e cooperativas num ambiente acolhedor, onde baixamos nossas defesas e não nos sentimos "ameaçados" ou "julgados" se erramos;
» somos criativos na produção da linguagem, isto é, temos a oportunidade de acrescentar informações próprias.

Esses conhecimentos vão nos levar a fazer "boas escolhas" e nos ajudarão a dar forma ao nosso planejamento.

2.2.5 O preparo: a composição do plano final

Estamos prontos então para "desenhar", para "projetar" nossa aula, já temos todas as informações de que necessitamos: os conhecimentos teóricos, a meta e os objetivos, o resultado do diagnóstico, o rol das técnicas e as opções de seleção. Já temos as respostas para os 5W (*who, what, where, when e why*) de todos e tudo que o processo envolve:

» Quem vai aprender e quem vai ensinar?
» O que vai ser ensinado?
» Por que será ensinado (que metas e objetivos serão atingidos)?
» Onde se processará o ensino-aprendizagem?
» Quando e por quanto tempo?
» Que material e equipamento serão necessários?
» O que pode dar errado (suposições e previsões – E se...)?

Falta definirmos **como** procederemos, falta o 1H (*how*). Para o planejamento de uma aula, uma lição, seja do livro-texto, seja elaborada pelo professor, baseados nos resultados anteriores, precisamos levar em conta alguns pontos específicos que irão nos ajudar a definir como proceder. Vejamos os pontos a seguir:

1. Como criar um ambiente amigável e propício à aprendizagem?
2. Como criar interesse nos tópicos? Que disparadores (*triggers*) serão usados?
3. As técnicas escolhidas apresentam um desafio à altura dos conhecimentos dos alunos? Essas técnicas vão motivá-los e interessá-los pelo assunto? Vão estimulá-los a buscar informações?

4. Como manter o interesse e a motivação dos alunos? As atividades são previsíveis e sempre iguais ou são variadas? Os alunos estão cientes do propósito de cada atividade? Elas enfatizam as experiências pessoais dos aprendizes como um elemento importante em aula?
5. Como o conteúdo será sequenciado para manter essa variedade? Qual será o andamento e o ritmo (*timing*) da aula? Há um equilíbrio?
6. Como as atividades irão se interligar para constituir um todo? Uma prepara o caminho para a seguinte? Qual é o fio condutor? Existe uma coerência interna entre as atividades?
7. Como estimulá-los a buscar informações? As técnicas auxiliam os alunos a construírem novos aprendizados, vinculando o que sabem aos novos conhecimentos? As técnicas usadas provocam os alunos a "irem atrás" do conhecimento e a tentarem descobrir por si mesmos?
8. As atividades são autênticas, isto é, podem ser encontradas na vida real? Quais técnicas conduzem os aprendizes para o uso das formas linguísticas aprendidas em contextos da vida real?
9. Como e o que fazer para atender às diferenças de modalidades, estilos e estratégias de aprendizagem?
10. Como organizar os grupos para criar um senso de comunidade e para que haja interação, cooperação e colaboração? Mas que também propicie trabalho individual?
11. O objetivo é fazer com que os alunos falem sobre a língua ou é fazer com que usem a língua para se comunicarem? As técnicas promovem a comunicação tendo uma razão real e escolhas de qual linguagem produzir (negociação de significado, lacuna de informação, escolha etc.)?
12. O que mudar, pular, adicionar, substituir para manter a variedade e atender às metas e aos interesses dos alunos?
13. Qual atividade usar, caso termine o planejado antes do final da aula? O que posso deixar de fazer se não houver tempo?

14. Como integrar as habilidades comunicativas? Como e quando introduzir atividades focando: vocabulário, itens gramaticais, pronúncia etc.?
15. Os objetivos estão bem especificados para que se possa analisar se a atividade foi bem-sucedida?
16. O que pode dar errado? Qual é o plano B?

Tendo pensado sobre todas essas questões e feito a seleção do que será feito e da forma como vamos proceder, estamos prontos para entrar em sala de aula e iniciar a lição.

2.3 A iniciativa, o tratamento: a ação em si

Para cada uma das lições que preparamos, devemos passar por todo o ciclo novamente: diagnóstico com definição de metas, investigação, elaboração do rol de opções, seleção de material e planejamento final. "O planejamento dá ao professor um *framework* (uma formatação) e demonstra profissionalismo e comprometimento" (Harmer, 1998, p. 121).

Devemos nos preparar intensamente, mas em sala de aula devemos focar o aluno e o seu aprendizado, e não o "plano de aula" elaborado. Um plano de aula é só um plano – ajuda-nos a lembrar o que pretendemos fazer, apresenta o rumo, a diretriz para onde conduzir os alunos. Porém, devemos nos dar a oportunidade de fazermos tantas mudanças de rota quantas forem necessárias durante o "percurso" da lição. Para cada minuto em sala de aula, muitos são os caminhos que podemos escolher para que o aprendizado aconteça. Que estejamos sempre atentos para não perdermos a beleza da paisagem ou nos perdermos no caminho.

para refletir 8

» O que você acha que podemos fazer para verificar os resultados obtidos?

2.4 A verificação: o *assessment* – que resultados estamos obtendo

Essa é uma fase muito importante do planejamento global, em **verificamos** (*assess*) e **avaliamos** (*evaluate*) os resultados (*outcomes*) que os **alunos** apresentam conforme o **tratamento** que receberam durante a aula. Essa verificação ocorre tanto no decorrer como no término da ação em si, ou seja, **durante** e **após** a aula.

Um dos nossos instrumentos é nosso plano de aula, o mapa que nos mostra o rumo que devemos ir e os caminhos que devemos ter tomado. Sem o plano, não podemos verificar os resultados para fazermos as correções de rota, ou melhor, fazer a troca de "remédios" para o tratamento aplicado. Então, com o planejamento global em mãos, somado a todos os questionamentos apresentados anteriormente, podemos verificar e avaliar se os resultados propostos foram atingidos, perguntando-nos:

1. Que metas e objetivos foram alcançados com sucesso? Que atividades ajudaram os alunos a atingirem os objetivos? Houve aprendizado?
2. Minha aula foi interessante e motivadora? Os desafios estavam de acordo com os conhecimentos dos alunos?
3. Minha aula foi equilibrada, coerente e variada? Houve integração entre as atividades?
4. O que devo mudar na aula, para manter a variedade e atender às metas e aos interesses dos alunos?
5. As diferenças de estilos e de estratégias de aprendizagem foram contempladas?

6. Consegui construir novos aprendizados, vinculando novos conhecimentos?
7. Consegui criar um ambiente amigável e propício a aprendizagem?
8. Consegui utilizar técnicas em que os alunos tentaram descobrir por si mesmos?
9. Utilizei técnicas verdadeiramente comunicativas?
10. Consegui criar um senso de comunidade? Houve interação, cooperação e colaboração?
11. Quais as dificuldades que os alunos ainda encontraram (vocabulário, estruturas, outras)? O que não previ? O que preciso levar em conta nas próximas vezes?
12. O que deu errado? O que devo ainda mudar, pular (*skip*), adicionar, substituir, manter?

2.5 A reação: fazer correções de rota se necessário

E começa tudo novamente! Se alguma coisa "deu errado", precisamos fazer novo diagnóstico que nos leve a um novo tratamento e a um novo *assessment*, e o ciclo continua. Se "deu certo", também precisamos saber! Não existem fórmulas nem receitas prontas para uma boa aula. Existem, sim, princípios de ensino-aprendizagem, que são os fundamentos de nossa prática. Se estivermos "bem informados", vamos fazer as escolhas certas, mudando ou não a rota. Qualquer projeto, atividade ou aula é objeto de um ciclo semelhante, composto dessas cinco fases. De forma alguma podemos iniciar o planejamento das atividades que serão feitas em sala de aula sem termos considerado todos esses fatores que preparam nosso caminho. Pelo número de perguntas que mostramos (e que não abrangem toda a gama!) verificamos o quanto precisamos saber para poder planejar uma só aula. Se realizarmos todos os passos desse ciclo, com certeza a ação advinda de nosso planejamento terá ótimos resultados.

Figura 3 - O ciclo de Brown revisto e ampliado

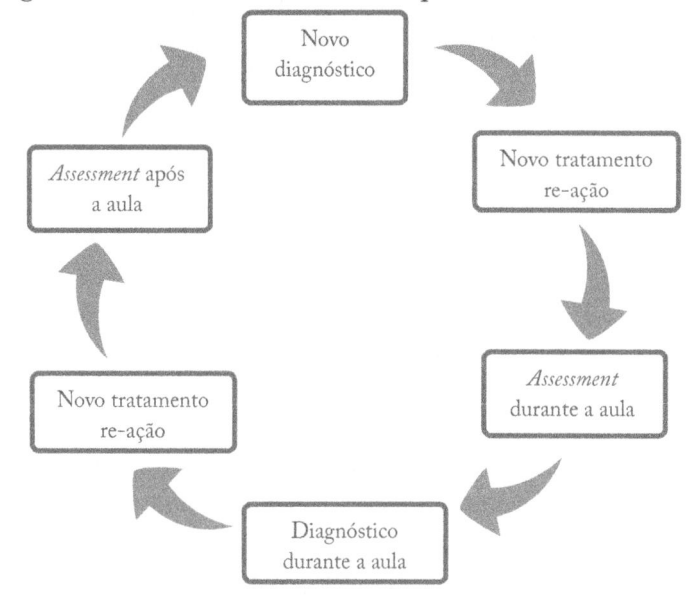

Novo diagnóstico → Novo tratamento re-ação → *Assessment* durante a aula → Diagnóstico durante a aula → *Assessment* após a aula → Novo tratamento re-ação → (Novo diagnóstico)

Fonte: Elaborado com base em Brown, 2001b.

Síntese

Cada professor deve desenvolver a sua própria abordagem (seu *approach*), a qual consiste de conhecimentos sobre os princípios que regem o processo ensino-aprendizagem, sobre os métodos e abordagens e o que eles podem oferecer. Esses conhecimentos devem também envolver a compreensão dos componentes desse ciclo de planejamento contínuo e de alguns conceitos quando da preparação das aulas:
» Conhecer os alunos, seus interesses, motivações, tipos de inteligência, estilos e estratégias de aprendizagem, entre outros.
» Explorar o seu acervo de conhecimentos e seus esquemas cognitivos. O que os alunos já sabem deve ser suficiente para receber o novo a ser aprendido.
» Auxiliar os alunos para que construam novos aprendizados, vinculando o que sabem aos novos conhecimentos. Ao relacionarem "um material novo", e significativo, ao que já sabem,

mais facilmente este novo será incorporado às estruturas cognitivas já existentes.

» Sequenciar o "novo material" a ser apresentado de forma a lhe dar sentido para que possa ser incorporado ao que já conhecem.
» Modificar ou ampliar os esquemas cognitivos dos alunos, provocando discordância ou conflitos cognitivos, fazendo com que o aluno "vá atrás" do conhecimento para se re-equilibrar.
» Criar ambiente acolhedor de cooperação e colaboração, onde o aluno sinta que faz parte do grupo, é respeitado como e pelo que é, e onde ele possa se sentir confiante para enfrentar os desafios apresentados.

Esperamos que, ao terminarem, nossos alunos pensem: "Foi uma boa aula!". Uma boa aula é aquela em que sentimos que aprendemos, que interagimos bastante com os colegas, que usamos o idioma para nos comunicarmos. É aquela na qual nos sentimos estimulados a participar e contribuir e na qual também sentimos que há coerência e propósito naquilo que estamos fazendo.

Indicações culturais

Sites

SINCLAIR. Barsch learning style inventory. Disponível em: <http://www.sinclair.edu/support/sss/pub/Barsch%20learning%20Style%20inventory.doc>. Acesso em: 26 maio 2010.

CONNER, M. L. Ageless learner learning style inventory. Disponível em: <http://agelesslearner.com/assess/learningstyle.html>. Acesso em: 26 maio 2010

BUSINESSBALLS. Learning style inventory. Disponível em: <http://www.businessballs.com/vaklearningstylestest.htm>. Acesso em: 26 maio 2010.

CAROLYN Hopper's Practicing College Study Skills. Learning styles. Middle Tennessee State University, EUA. Disponível em: <http://frank.mtsu.edu/~studskl/hd/learn.html>. Acesso em: 26 maio 2010.

INTELIGEM INC. Hemispheric dominance inventory test. Disponível em: <http://www.web-us.com/BRAIN/braindominance.htm>. Acesso em: 26 maio 2010.
LITERACY WORKS. Assessment: find your strengths. Disponível em: <http://literacyworks.org/mi/assessment/findyourstrengths.html>. Acesso em: 26 maio 2010.
BGFL – Birmingham Grid for Learning. Multiple intelligences. Birmingham City Council, UK. Disponível em: <http://www.bgfl.org/custom/resources_ftp/client_ftp/ks3/ict/multiple_int/questions/choose_lang.cfm>. Acesso em: 26 maio 2010.
CARLA – Center for Advanced Research in Language Acquisition Language-learning strategies. University o Minnesotta, EUA. Disponível em: <http://www.carla.umn.edu/maxsa/samples/ig_goodlanglearner.pdf>. Acesso em: 26 maio 2010.
OXFORD, R. learning strategy inventory for language learners. Disponível em: <http://ell.phil.tu-chemnitz.de/cing/frontend/questionnaires/oxford_quest.php>. Acesso em: 26 maio 2010.

Livros

AMORIM, V.; MAGALHÃES, V. Cem aulas sem tédio. Santa Cruz: Pe. Reus, 1998.
ANTUNES, C. As inteligências múltiplas e seus estímulos. 12. ed. Campinas: Papirus, 2005.
FRANK, C.; RINVOLUCRI; M.; BERER, M. Challenge to think. Oxford: Oxford University Press, 1982.
LAGO, A. Tasks that work. Barueri: Disal, 2007.
LINDSTROMBERG, S. (Ed.). The standby book: activities for language classroom. Cambridge: Cambridge University Press, 1997. (Cambridge Handbooks for Teachers Series).
PUCHTA, H.; RINVOLUCRI, M. Multiple inteligences. In: EFL: exercises for secondary and adult students. Crawley, England: Helbling Languages, 2006.
SEYMOUR, D.; POPOVA, M. 700 classroom activities. Oxford: Macmillan Education, 2003.
UR, P.; WRIGHT, A. Five-minute activity: a resource book of short activities. Cambridge: Cambridge University Press, 1992.

Atividades de autoavaliação

1. Assinale (V) para verdadeiro ou (F) para falso a respeito das **técnicas em sala de aula** e, depois, indique a sequência correta.
   ( ) O *brainstorming* é utilizado para gerar o máximo possível de associações de ideias sobre um tema.
   ( ) A técnica *eliciting* é utilizada para trazer a tona os conhecimentos, ideias e sentimentos do acervo de conhecimentos dos alunos.
   ( ) O *warm-up* é composto de muitas técnicas que estimulam, motivam e cativam os alunos.

   a. V, F, V.

   b. V, V, V.

   c. F, F, V.

   d. V, V, F.

2. Assinale V (verdadeiro) ou F (falso) para as afirmações a seguir sobre **planejamento** e, depois, indique a sequência correta:
   ( ) Ao planejarmos uma aula devemos levar em conta as metas e objetivos, os conhecimentos sobre alunos, professor, material e técnicas existentes.
   ( ) O planejamento é composto por três fases, sendo a primeira subdividida em cinco etapas: A definição, a investigação, a relação das opções, a seleção das técnicas e o preparo.
   ( ) Em sala de aula, devemos nos ater ao planejamento elaborado, não levando em conta o andamento da aula, o interesse e a motivação dos alunos.

   a. V, F, F.

   b. F, V, F.

   c. F, F, F.

   d. F, F, V.

3. Assinale V (verdadeiro) ou F (falso) para as afirmações sobre tipos de técnicas e, depois, indique a sequência correta.

( ) *Role-plays* são considerados técnicas manipulativas.
( ) *Warm-ups* são considerados técnicas semi-controladas.
( ) Drills são considerados técnicas comunicativas.

a. V – V – F.

b. V – F – F.

c. V – V – V.

d. F – V – F.

4. Assinale V (verdadeiro) ou F (falso) para as afirmações sobre as fases de apresentação de uma aula e indique a seqüência correta

( ) As etapas de atividades de uma aula são predeterminadas e não podem sofrer alteração na sua seqüência;
( ) Esta sequência predeterminada é a seguinte: disparador, personalização, estudo, alteração e transferência, e criação ou interação.
( ) Na fase da personalização, os alunos relacionam o material novo aos seus esquemas de conhecimentos

a. V, F, V

b. F, F, V

c. V, V, V

d. F, V, F

5. Assinale a alternativa incorreta

a. O último estágio do planejamento é o *Assessment*, no qual verificamos e avaliamos se os resultados foram atingidos.

b. Para executarmos o *Assessment* utilizamos três instrumentos: o plano de aula, os acontecimentos da aula em si e as perguntas pós-aula.

c. Técnicas Comunicativas são completamente controladas pelo professor, sem a possibilidade de criação por parte do aluno.

Atividades de aprendizagem

Questões para reflexão

1. No **Para Refletir 5**, você respondeu a algumas perguntas sobre o que o professor sabe ou deve saber, entre elas:
   › Quais são os princípios de ensino-aprendizagem de idiomas de que tenho conhecimento?
   › De que forma eles influenciam a minha prática de ensino?

   Sabemos que3, existem 12 princípios para o processo ensino-aprendizagem, agrupados em três áreas: cognitivos, afetivos e linguísticos. Escolha uma das três e pesquise mais profundamente a respeito. Em grupos, discutam e comparem o que vocês encontraram.

2. Escolha um livro didático de ensino de língua inglesa (se você conseguir também o livro do professor, melhor).
   › Selecione uma das unidades e a analise. Procure determinar a meta e os objetivos terminais e viabilizadores. Qual é seu tópico, o fio condutor?
   › Escolha uma das lições desta unidade. Verifique e anote as atividades relacionadas ao desenvolvimento das habilidades comunicativas (leitura, escritura, fala e escuta).
   › Verifique e anote as atividades que fazem a integração de uma ou mais das competências. Se não há integração, pense e anote uma atividade que introduza uma delas na fase das pré-atividades.
   › Em grupo, discuta e compare com seus colegas o que vocês encontraram e desenvolveram.

Atividade aplicada: prática
Procure na internet os inventários (testes, questionários etc.) para definir modalidades de aprendizagem, estilos cognitivos e sociais de aprendizagem e as múltiplas inteligências. Faça os testes e descubra quais são suas características pessoais. Depois, peça a alguns amigos ou familiares que façam esse mesmo teste. Verifique como cada pessoa é diferente! Reflita sobre o que isso significa para a preparação de suas aulas.

Capítulo 3

Desenvolvendo a habilidade de produção oral: a fala como processo

> "Os limites da minha linguagem denotam os limites do meu mundo."
> Ludwig Wittgenstein*

Enquanto aprendiz de língua inglesa, não tive muitas oportunidades de me engajar efetivamente em eventos comunicativos interacionais, tanto em sala de aula como fora dela. E, quando fui ao exterior pela primeira vez, comunicando-me em inglês com falantes de outros idiomas e de outras culturas, enfrentei algumas situações em que não sabia **o que fazer** (Dou a mão? Vale um beijo de cumprimento? (!)) e, principalmente, o que devia dizer (*How do you do?* ou *How are you?*; *Nice to meet you* ou *Nice to have met you*!). Eram situações muito comuns que eu "manjava" bem em português, mas que não tinha sido preparada para enfrentar quando falasse inglês fora de meu país. Na época em que estudei, fui preparada para ter conhecimentos **sobre** a língua, mas não sabia **como usar** a língua para me comunicar.

Como professora, fiquei muito feliz quando a abordagem comunicativa começou a ser implantada, pois percebi que, com suas técnicas e atividades, conseguiria preparar melhor meus alunos para situações para as quais eu não tinha sido preparada. Atualmente, existe uma preocupação muito grande em conhecermos como as estratégias e habilidades se realizam para podermos reproduzir esses processos em sala de aula e capacitarmos nossos

---

* Wittgenstein, em Houaiss e Villar, (2001, p.56).

alunos (darmos ferramentas a eles) para enfrentarem qualquer situação nova sem cometerem gafes linguísticas ou sociais.

Neste capítulo veremos o que significa comunicar-se efetivamente em um idioma e que conhecimentos e estratégias um falante deve desenvolver. Veremos a habilidade produtiva oral* como um processo comunicativo e decorrentemente criativo – e não como mera prática de estruturas gramaticais. Apresentaremos também técnicas a serem utilizadas para que essa habilidade seja desenvolvida da melhor forma possível.

para refletir 1

» Responda: O que significa, para você, "falar bem" um idioma?

» Você acha que falantes de L2 conseguem chegar a falar como um falantenativo?

3.1 O que entendemos por habilidade de produção oral: a fala

Porque achamos que sabemos nos comunicar em língua materna (L1), deduzimos que saberemos discorrer sobre qualquer assunto em outra língua (L2) quando nos é dada a oportunidade. O falar bem, ser fluente em outra língua, é um desafio para os novos falantes devido a duas características da linguagem oral: em primeiro lugar, porque **a fala acontece em tempo real**, quer dizer, no "exato momento" em que emitimos os nossos pensamentos, isto é, pensamos e falamos! O que nos disponibiliza pouquíssimo tempo para planejarmos o que vamos dizer! E para complicar essa situação, em muitas ocasiões o planejamento do que diremos a seguir acontece

---

* Como mencionado anteriormente, manteremos a terminologia já existente e abordaremos em dois capítulos separados a habilidade de produção oral (*speaking skill*) e a habilidade de compreensão oral (*listening*).

paralelamente, ou seja, ao mesmo tempo que emitimos nossa próxima elocução. Em segundo, porque **o ato de falar é interativo e exige do falante a habilidade de cooperar com o ouvinte**, seu interlocutor, no gerenciamento dos turnos da fala, além da habilidade de negociar significados, isto é, a explicação e compreensão do que se falou.

Vimos no capítulo 1 que existem muitos estudiosos da linguagem pesquisando e elaborando teorias sobre como acontece a aquisição da linguagem e como nos tornamos falantes competentes. Esses estudos têm sido enriquecidos e seus postulados têm sido comprovados por pesquisa prática, pela colaboração de teóricos de outras áreas, filósofos, psicólogos, antropólogos, sociólogos como Grice, Wittegenstein, Piaget, Vygotsky, Labov, Hymes, entre outros. Serão apresentados a seguir diversos desses princípios que procuram explicar como se processa a nossa comunicação oral.

para refletir 2

» Você tem ideia de como se processa a fala?
» E quanto tempo leva entre a intenção de se falar algo e sua enunciação final?

3.2 Como se processa a fala?

Se analisarmos qualquer evento comunicativo, oral ou escrito, verificaremos que nunca falamos ou escrevemos algo se não tivermos **uma razão** para tal. Esse propósito pode ser o de transmitir alguma informação, uma ideia, um fato, ou um sentimento, ou pela simples razão de possuirmos uma carência, uma **lacuna informacional**, que nos move a pedir ou a perguntar sobre aquilo que estamos em dúvida. Em milésimos de segundos, passamos da intenção da fala à enunciação final. Esse processo de produção pode ser resumido no seguinte esquema:

Figura 3 – O processo de produção da linguagem oral

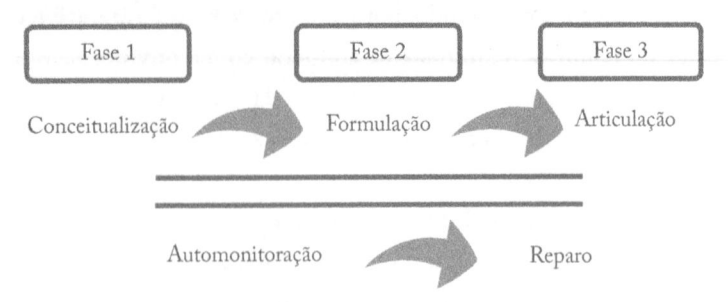

```
    Fase 1              Fase 2              Fase 3

Conceitualização  →  Formulação  →     Articulação
    ═══════════════════════════════════════════
              Automonitoração   →    Reparo
```

Fonte: Elaborado com base em Thornbury, 2006, capítulo 1. (Ver também o modelo apresentado em Gomes, 2007, p. 103).

» No primeiro momento, conceitualizamos, isto é, planejamos o conteúdo da mensagem em termos do tipo de texto (uma estória, uma piada, um pedido etc.), do seu tópico (com busca no léxico semântico) e do seu propósito ou função (entreter, convidar etc.).

» Na segunda fase, a mensagem-ideia precisa ser planejada minuciosamente, ou seja, formulada, o que envolve fazer algumas escolhas estratégicas em nível de discurso (texto), sintaxe e informações fonológicas:

  › Em nível de discurso (texto), verificando qual é a estrutura típica do que será enunciado e o seu *script**;
  › Para cada estágio do *script*, uma sintaxe específica precisa ser selecionada para que o conteúdo apresentado esteja de acordo com a intenção do falante. Por exemplo: em contos de fadas, iniciamos por "Era uma vez..." e terminamos por "... E viveram felizes para sempre!";
  › Ainda nessa fase, as estruturas selecionadas precisam receber a sua pronúncia, que inclui não somente os sons, mas também a altura, a tonicidade (*stress*) e a entonação vocal (direção do tom de voz: para cima ou para baixo).

» Finalmente, o que foi formulado, precisa ser articulado. Essa

---

* Sobre *script*, você encontra mais informações no capítulo 4, sobre compreensão auditiva/oral (*listening*).

articulação ocorre através dos órgãos produtores da fala*.

Esse complexo e rapidíssimo processo é, nas suas três fases, constantemente monitorado. Esse automonitoramento acarreta, muitas vezes, em **mudanças**, isto é, em "reparos" no que se disse ou se pretendia dizer. Esses "**reparos recorrentes**" (*running repairs*) podem também ser causados pelas enunciações do interlocutor que fazem com que o falante "mude de ideia" no meio do caminho. De acordo com Thornbury (2005), as habilidades de **automonitoração** e de **reparo** andam sempre juntas e são concomitantes ao processo de enunciação (como mostrado na figura 1):

> *Um repensar na etapa de planejamento [conceitualização] pode resultar na desistência de emitir a mensagem como quando alguém começa a fazer uma fofoca e percebe que o sujeito-tema da fofoca está por perto e pode ouvir! A automonitoração na fase da formulação pode resultar numa diminuição na velocidade de enunciação, ou numa pausa e subsequente retroceder e reformulação da enunciação. A auto-monitoração na [fase da] articulação resulta nos tipos de correções que até mesmo falantes fluentes precisam fazer quando surge uma palavra não apropriada ou quando a pronúncia sai errada.* (Thornbury, 2005, p. 5-6)

para refletir 3

» Que conhecimentos você, como falante de português, imagina ter?

3.3 O que os falantes sabem: tipos de conhecimentos

Falar faz tão intensamente parte de nosso dia a dia que nem prestamos atenção nessa habilidade. E os atos de ouvir e de falar estão tão interligados que não podemos falar de um sem mencionarmos

---

* Procure obter informações sobre como a pronúncia se processa e como ensiná-la.

o outro! Eles são tão relacionados que compartilham da maioria das habilidades subjacentes e estratégias que serão mencionadas no próximo capítulo, por isso costuma-se falar em *comunicação oral* mencionando tanto a audição como a fala.

Veremos nos próximos capítulos como se processa a decodificação de um texto e o papel importantíssimo do leitor e do ouvinte no processo de construir significados. Por outro lado, falante e escritor também têm um papel muito importante em codificar sua mensagem adequadament, para que represente o mais fielmente possível a intenção que tinha em sua mente (como vimos no modelo do processo comunicativo anteriormente demonstrado). Como ouvintes, quanto mais dominarmos o processo de decodificação da linguagem oral, melhores falantes iremos nos tornar, pois saberemos das dificuldades que enfrentamos como ouvintes e tentaremos minimizar os possíveis problemas de enunciação, utilizando estratégias de produção adequadas para que a mensagem chegue ao nosso interlocutor clara e bem inteligível.

Então nos perguntamos: O que **falante** e **escritor** devem saber para bem codificar sua mensagem? E o que **leitor** e **ouvinte** devem saber para poder reconstruir o sentido deste mesmo texto? Na verdade, existem certos tipos de conhecimentos que são compartilhados pelos quatro "personagens" da comunicação e outros que são exclusivos a cada uma das habilidades comunicativas, como por exemplo, os conhecimentos das estratégias de produção oral são diferentes das estratégias de produção escrita. Fazem parte do acervo de conhecimentos* de um "bom falante", os seguintes itens:

» **O conhecimento de mundo** ou **extralinguístico** – afetam nossas enunciações e incluem itens como conhecimento sobre o tópico abordado, conhecimento cultural, conhecimento do contexto, grau de familiaridade entre os falantes e outros.

---

* Alguns autores apresentam um modelo com **três áreas** de **conhecimento**, que por alguns também são denominadas por *competências* (comparem com os modelos teóricos propostos no capítulo 1).

- » **O conhecimento sociolinguístico** – alguns autores subdividem esses conhecimentos em duas áreas interligadas: *conhecimentos sobre discurso* (organização textual) e *sobre pragmática* (uso).
  - › **Conhecimento da organização textual** – compreeende o conhecimento dos diferentes tipos de gênero: palestras, discursos, anúncios, conversações e outros, além do conhecimento de como se organizam internamente.
  - › **Conhecimento da pragmática** (de uso) – significa saber usar a linguagem com um propósito nos contextos apropriados. Significa também ter conhecimento das funções dos eventos linguísticos, dos princípios cooperativos, das regras da boa educação e do registro.
- » **O conhecimento do código linguístico** – significa conhecer o vocabulário relacionado ao tópico, as relações sintáticas, as regras de pronúncia, a formação de palavras.
- » **O conhecimento das estratégias de produção oral** – existe uma gama de estratégias que utilizamos para tornar nossa comunicação mais efetiva, ou para compensar mal-entendidos (especialmente quando estamos aprendendo a falar um segundo idioma). Envolve o uso de estratégias de comunicação verbais e não verbais quando da negociação de significados.

Vamos abordar os três últimos mais detalhadamente a seguir, demonstrando a enorme influência de cada um no resultado final das nossas enunciações.

3.3.1 Os conhecimentos sociolinguísticos: conhecimentos da pragmática

Esses conhecimentos estão relacionados à compreensão do contexto social no qual o idioma está sendo usado: os papéis dos participantes, as informações que compartilham e o propósito de sua interação. Referem-se também aos conhecimentos: de registro, dos atos de fala, dos diferentes tipos de gênero, dos princípios de cooperação e polidez.

O registro

A linguagem oral é altamente dependente do contexto no qual está inserida, e os participantes de um evento comunicativo para se comunicarem efetivamente precisam ser capazes de perceber o contexto ao seu redor, além de algumas **variáveis de contexto** que influenciam sobremaneira no que vão dizer. **Registro** é a forma como a língua se altera de acordo com essas variações no contexto. O linguista Michael Halliday identificou três dimensões que impactam nas escolhas linguísticas de um falante:

» **"Tenor"** – refere-se aos **participantes** e o seu **relacionamento**, o que inclui seu grau de familiaridade, *status*, e propósitos.

» **Campo** – refere-se ao **assunto**, isto é, **sobre o que se está falando** ou escrevendo.

» **Modo** – refere-se ao **canal**, a **como**, isto é, por que meio: por telefone, cara a cara, gravação ou em tempo real. (Halliday, citado por Thornbury, 2006, p. 52, grifo nosso)

Como falantes de língua materna, possuimos esses conhecimentos e ao aprendermos um novo idioma, precisamos saber como esses fatores contextuais se correlacionam com as escolhas linguísticas existentes para que possamos produzir a linguagem apropriada ao contexto em que estamos.

As funções ou atos de fala

Todo evento comunicativo se inicia com uma intenção, com uma razão. Em muitas ocasiões, "quando **falamos** alguma coisa, também estamos **fazendo** alguma coisa". Por exemplo: quando dizemos "Eu sugiro que vocês deem uma olhada nos livros no final do capítulo", eu estou ao mesmo tempo **falando** e **sugerindo**! Nossos **propósitos** comunicativos podem "**funcionar**" como **elogio, sugestão, pedido** e muitos outros propósitos, por isso são chamados por alguns de *funções* e por outros de *atos de fala*, que quer dizer **realizar alguma coisa com palavras**. Por exemplo: quando alguém diz "*I promise to be true.*"*, a própria enunciação é uma **promessa**.

* "*Prometo ser fiel*".

Existem diversas intenções comunicativas, como **perguntar, pedir informações, apresentar-se, convidar, oferecer, desculpar-se**, entre muitas outras que fazem parte dos conhecimentos pragmáticos do falante. Todavia, nem sempre os atos verbais são enunciados explicitamente através de **verbos performativos,** como **prometer, sugerir, acusar, jurar** etc. Na maioria dos casos, a **intenção comunicativa** ou **força ilocucional** precisa ser inferida pelo receptor, pois vem implícita no que está sendo falado, como em "Que tal vocês lerem os livros indicados no final do capítulo?". Nessa oração, existe a mesma intenção de sugestão do exemplo anterior, sem que ela seja explicitada por um verbo como *sugerir*. É com os atos verbais indiretos que o falante comunica ao ouvinte muito mais do que está sendo articulado. Nossa **intenção comunicativa,** isto é, o **propósito** que temos para nos comunicarmos que nos direciona a escolher um tipo de **evento comunicativo** ou **gênero.**

Tipos de eventos comunicativos: os gêneros
A linguagem humana desenvolveu-se para que os homens pudessem interagir. Esses eventos comunicativos, com o passar do tempo, passaram a ter um "formato" convencionalizado em tipos distintos, evoluindo para gêneros específicos.

Existe alguma controvérsia na definição do termo e neste trabalho vamos adotar a de Thornbury:

Gênero refere-se a qualquer tipo de discurso falado ou escrito que é usado e reconhecido pelos membros de uma cultura ou sub-cultura em particular. Quando um gênero se define como tal, ele adquire uma estrutura preestabelecida e, frequentemente, uma gramática e vocabulários específicos [...] consistentes com a função do texto [...].
(Thornbury, 2006, p. 91)

Baseados nessa definição, podemos dizer, então, que cada gênero segue uma **estrutura** e um *script*[1] previsíveis, por exemplo, quando vamos a uma loja fazer compras ou agendamos uma consulta médica. Apesar de esses exemplos apresentarem uma organização e um *script* predefinidos, existe a possibilidade de variações naquilo que enunciamos. Usaremos, portanto, o termo *gênero* para nos referirmos a um tipo de evento comunicativo com estrutura e vocabulário específicos que os falantes de uma comunidade conhecem e compartilham, como um bate-papo, um telefonema para pedir uma *pizza*, uma apresentação de projeto, uma palestra ou um anúncio.

Esses **eventos comunicativos orais** podem ser classificados em dois grandes grupos:

» Os **textos planejados**, textos pensados e escritos antes de serem enunciados, e que podem ser subdivididos em:
   › **interativos**, também chamados de *diálogos**, como *scripts* de filmes, peças de teatro e outros "diálogos" planejados;
   › **não interativos** ou **monólogos**, como palestras, discursos, e outros.
» Os **textos não planejados interativos**, que acontecem em todos os momentos da vida e são compostos somente de **diálogos**.

Outra forma de classificarmos os textos encontra-se no seu **propósito**. Existem basicamente **duas razões** para interagirmos com outras pessoas, e esses dois propósitos geram uma gama de tipos diferentes de eventos comunicativos que são estruturados de acordo com os processos sociais e mentais a eles característicos.

» Os diálogos **interpessoais**, também chamados de *interacionais*, que promovem relacionamentos sociais familiares e não familiares: conversas sobre assuntos de família, bate–papos, fofocas, discussões de trabalho etc.
» E os **diálogos transacionais**, em que se tem como propósito fazer uma proposição ou fornecer uma informação efetiva e real: conversar com profissionais (médico, dentista etc.) para obter conselhos, fazer entrevistas, exames orais, encontros de serviço (pedir informações, fazer compras etc.) e muitas outras.

---

* Alguns autores utilizam o termo *diálogo* para se referir tanto a interações entre dois como entre mais falantes. Talvez um termo mais abrangente fosse *conversação*, porque infere um número indeterminado de falantes.

> **Resumindo:** podemos classificar os gêneros da linguagem falada em termos do seu **propósito**, do **tipo de participação dos falantes** (interativos e não interativos) e do **grau de planejamento prévio** que estão sujeitos (planejado e não planejado).

Os gêneros sob a visão bakhtiniana

Tem havido muita controvérsia em torno da definição de *gênero*. Uma outra tentativa de compreensão e definição é a apresentada pelas teorias da análise do discurso (AD) da escola bakhtiniana, segundo Rosângela Rodrigues:

> *[Bakhtin] define gêneros como **tipos** de enunciados relativamente estáveis e normativos, que estão vinculados a situações típicas de comunicação social. Essa natureza verbal comum dos gêneros a que o autor se refere: a relação intrínseca dos gêneros com os enunciados [...]; isto é, a natureza sócio-ideológica e discursiva dos gêneros. Como **tipos temáticos, estilísticos e composicionais** dos enunciados individuais, os gêneros se constituem historicamente a partir de novas situações de interação verbal (ou outro material semiótico) da vida social que vão (relativamente) se estabilizando, no interior das diferentes esferas sociais. Desta forma, os gêneros estão ligados às situações sociais da interação: qualquer mudança nessa interação gerará mudanças no gênero. Em síntese, os gêneros estão vinculados à situação social de interação e, por isso, como os enunciados individuais, são constituídos de duas partes inextricáveis, a sua dimensão linguístico-textual e a sua dimensão social: cada gênero está vinculado a uma situação social de interação típica, dentro de uma esfera social, tem sua finalidade discursiva, sua própria concepção de autor e destinatário.* (Rodrigues, 2004, p. 423, grifo do original)

Portanto, para Bakhtin, o **gênero** só existe no **curso das relações sociais**, nas **interações entre as pessoas** e nos **enunciados produzidos**.

O princípio de cooperação

Saber interpretar as intenções expressas pelos atos verbais e saber como usar a linguagem de acordo com esses propósitos requer dos participantes de um evento comunicativo o conhecimento das regras sobre a natureza e os objetivos da comunicação. "Quando dois falantes conversam, a comunicação se dá porque os dois se engajam em um esforço cooperativo para atingir um objetivo" (Kato, 2005, p. 43). Portanto, pressupomos que num evento comunicativo, seja ele oral ou escrito, trabalhamos em conjunto com o outro falante sob o **princípio cooperativo**, proposto pelo filósofo Paul Grice* por meio das seguintes máximas ou postulados que guiam a operação desta cooperação na comunicação:

» **Máxima da quantidade** – "Faça com que sua contribuição seja tão informativa quanto o que lhe foi pedido, quer dizer, seja informativa na medida certa".
Sugere que os falantes contribuam com a informação que foi requisitada/pedida, nunca adicionam mais do é que necessário.

» **Máxima da qualidade** – "Faça com que sua contribuição seja verdadeira. Seja sincero".
Sugere que os falantes não digam o que acreditam ser falso, ou algo que possui falta de evidência adequada, ou seja "não mintam".

» **Máxima da relação** – "Faça com que sua contribuição seja relevante. Seja relevante".
Sugere que os falantes digam somente o que é relevante.

» **Máxima do modo** – "Evite que sua contribuição seja prolixa, obscura ou ambígua. Seja claro".
Sugere que os falantes evitem expressões obscuras e ambíguas e que sejam breves (sem proselitismo) e coerentes no que dizem.

Violações dessas máximas são aceitas desde que não prejudiquem a interpretação da intenção do falante ou do autor na escrita. "A violação intencional de um desses postulados leva a uma

---

* Postulados encontrados em: Buck (2001, p. 24); Kato (2005, p. 43); Richards (1983, p. 222); Thornbury (2005, p. 18; 2006, p. 55); Wilson (2008, p. 94).

mensagem indireta, nas entrelinhas (= implicaturas)" (Kato, 2005, p. 43). **Implicaturas** acontecem quando inferimos daquilo que **foi falado** o que **não foi dito**. Observe o seguinte exemplo:

Maria: "Que tal meu novo corte de cabelo?"
Joana: "É bem moderno."

O que você acha que Joana quis dizer?

Nesse exemplo, temos dois caminhos: ou entendemos que Joana não gostou do corte de cabelo ou que ela acha que esse corte não ficou muito bem para Maria. Falando dessa forma Joana estaria quebrando pelo menos uma das máximas, a da **qualidade**, pois não está sendo sincera (veja, porém, sobre o princípio da polidez a seguir).

Outras violações, como algumas propagandas e alguns discursos políticos que levam o receptor a acreditar em mensagens subliminares, não deveriam ter "autorização" de se realizarem, pois têm o propósito de enganar, indo contra uma ou mais das quatro máximas citadas. Há, ainda, outras violações que não são intencionais e nas quais o receptor, de uma forma ou de outra, dentro do princípio de cooperação no qual está imbuído, esforça-se para recuperar a mensagem perdida ou não entendida completamente. É o caso de professores que procuram entender um texto e o que os alunos queriam dizer com ele ou de uma mãe que tenta compreender o que seu filho pequeno quis dizer!

O princípio da polidez

O conhecimento dos princípios de polidez, ou da boa educação, de um idioma é um dos componentes mais importantes na arte de bem falar qualquer idioma, pois sabemos que se tivermos de escolher entre "dizer a verdade" e "não ferir os sentimentos de alguém" sempre optaremos pela segunda alternativa, como no exemplo anterior e neste a seguir:

Julia: "O que você achou da minha festa?"
Luiza: "Achei muito bem organizada."

Ao falar, Luiza foi contra a primeira das máximas – "seja informativo na medida certa". Sua resposta se ateve a um aspecto que a pergunta não requeria. Isso porque não quis ferir os sentimentos de Julia, "ameaçando a sua **face**"*. **Face**, nesse caso, quer dizer sua posição social e seu senso de autovalorização ou a "autoimagem pública do indivíduo".

Empregamos diversas formas para sermos polidos e evitarmos ameaçar o prestígio de nosso interlocutor, como dizer "*thank you*" ou "*please*", elocuções comuns a todos os idiomas. Ou quando empregamos em português tempos verbais como o uso do imperfeito para sugerir polidez ("Eu **queria** mais um copo d'água"). Segundo J. J. Wilson:

> *[todo o princípio de polidez] está orientado em direção ao bem-estar do outro. [...] O que as teorias da polidez estabelecem é, na verdade, um ideal de conduta humana centrado na cooperação. Por isso, não se pode confundir polidez com cordialidade. Aquela está fundamentada em princípios racionais, reguladores; esta, na expressão dos sentimentos, sejam eles positivos ou negativos.* (Wilson, 2008, p. 105, grifo nosso)

Resumindo, fazem parte de nossos conhecimentos de pragmática o saber como usar a língua. Isso quer dizer que somente depois de analisar todas as variáveis apresentadas aqui é que o falante determinará a quantidade de informação a ser fornecida ao seu interlocutor e fará suas escolhas linguísticas em termos de vocabulário e sintaxe, para que sejam apropriadas para aquele evento comunicativo. E, para a compreensão do que foi falado, o emissor confia que tanto seus conhecimentos linguísticos como os não linguísticos sejam compartilhados pelo ouvinte, esperando que este tenha a capacidade de inferir a mensagem baseado em seus conhecimentos das variáveis da comunicação, do seu relacionamento com o emissor, da entonação usada, entre outros.

---

* Termo empregado pela primeira vez pelo filósofo da linguagem Erving Goffman, em 1967 (em inglês *to lose face* = perder o prestígio; *to save one's face* = salvar as aparências).

3.3.2 Os conhecimentos da organização textual

Tanto o conhecimento de como usar a linguagem num contexto em particular como o conhecimento de como o texto deve se organizar (organização textual) é importante no momento da articulação de uma mensagem. Os conhecimentos sobre organização textual dizem respeito a como um texto é produzido e organizado em termos de **coesão** e **coerência**.

Sobre coerência

Um texto é coerente se "faz sentido". Essa coerência é alcançada quando, entre outras coisas, o texto segue certas convenções textuais (gêneros), é pertinente ao seu próprio contexto, é apropriado a outros textos (intertextualidade), há uma relação lógica entre suas orações e quando o assunto é consistente, isto é, quando o texto trata de um tópico do início ao fim. Uma grande contribuição para que o texto seja coerente acontece quando há uma boa ligação entre suas partes; quando, em outras palavras, ele é coeso.

Sobre coesão

Como já vimos aqui, cada gênero possui uma estrutura específica. Saber como organizar suas partes e conectar as elocuções para formar um todo coeso, além de saber como indicar as trocas de turno da fala, são conhecimentos sobre organização textual. Se um texto é coeso, seus elementos estão conectados. Conseguimos a coesão de um texto por meio do uso de termos lexicais e gramaticais, utilizando os recursos de coesão (*discourse markers*) para fazer essas indicações e ligar uma elocução à outra. Esses recursos têm a função de orientar o ouvinte sobre o que será dito em seguida ou de indicar as ligações com o que foi dito anteriormente. Além disso, esses elementos também sinalizam a intenção do falante, mostram que direção a conversa tomará, demonstram a troca e a manutenção do turno da fala e demarcam quando uma elocução terminou.

"Os pronomes, a elipse, a repetição e as relações semântico-lexicais, embora sejam recursos formais (da forma), são semanticamente elementos asseguradores de coerência temática, pois, através deles, mantém-se o tópico da comunicação" (Kato, 2005, p. 57). Mas a coesão também é estabelecida por meio de recursos paralinguísticos, como gestos, expressões faciais, linguagem corporal etc., e suprassegmentais, como ritmo, tom e altura de voz, ênfase e entonação.

para refletir 4

» Você tem **20 segundos** para memorizar a seguinte sequência de números: 973814207518. Conseguiu? Parabéns!

3.3.3 Os conhecimentos do código linguístico

A linguagem oral apresenta muitas características que a diferenciam da linguagem escrita*. Porém, por influência dos métodos tradicionais de aprendizagem de línguas, como o de gramática e tradução, acostumou-se a estudar uma língua somente através da gramática de sua forma escrita que é muito diferente das estruturas da língua falada. Isso faz com que os aprendizes acabem não conhecendo como se processa a linguagem coloquial espontânea, isto é, não planejada**, rica em "traços" próprios da língua falada que lhe dão o colorido e fazem com que a fala e a compreensão oral em outro idioma sejam tão difíceis.

Quando lemos a transcrição de um texto falado, temos a profunda impressão que o falante é muito confuso e que não expressa muito claramente seus pensamentos. Porém, se o estivéssemos **ouvindo**, não teríamos essa impressão, porque, ao falar, o emissor utiliza de muitos recursos próprios da linguagem oral que fazem com que sua mensagem seja entendida. De acordo com Thornbury (2005, p. 21), as características da linguagem oral que a diferenciam da escrita são encontradas nas relações sintáticas, na escolha de vocabulário e na fonologia.

---

* Veremos mais detalhes sobre as diferenças entre língua falada e escrita no capítulo Sobre escrita.

** Textos planejados, como uma peça de teatro, tentam reproduzir a linguagem espontânea.

Na língua falada, as **relações sintáticas** (que comumente chamamos de *a gramática*) são muito mais simples do que na forma escrita. Essa simplicidade é causada pelo espaço de tempo disponível que temos entre o planejamento e a enunciação (*vide* o processo da fala explicados anterior). Nossa fala é caracterizada pela rapidez e pela fluidez e, para que isso aconteça, quando falamos usamos orações curtas, ligadas por conjunções coordenadas (*e*, *mas*, *ou*, e *assim*), preferimos o discurso direto, usamos formas vagas e variamos nosso desempenho por meio de pausas, apagamentos, acréscimos, repetições, retrocessos, autocorreções, interrupções, entre outras.

para refletir 5

» Agora memorize esta sequência: 973 814 207 518
Não ficou bem mais fácil? Você sabe por quê? Veja a seguir.

Um ato de comunicação verbal é caracterizado por envolver uma relação cooperativa entre o falante e o ouvinte. Sendo um evento comunicativo, caracteriza-se por transmitir as intenções e os conteúdos codificados em uma forma adequada à intenção do emissor. O sucesso da comunicação está na capacidade do falante em revelar essa intenção, codificando sua mensagem de forma clara, relevante, sincera e informativa*. O falante deve estar sempre atento ao seu interlocutor, adequando sua fala ao seu entendimento. Nesse **processo interativo**, o ouvinte tem papel importante como decodificador, passando da captação à memorização dos enunciados**. Esse processo pode ser resumido como segue:

» O ouvinte recebe (através da **memória sensorial** = **ouvir**) o discurso "bruto" e armazena uma imagem desse discurso na memória de média duração.

---

* Ver os princípios de cooperação de Grice e o da polidez apresentados anteriormente.
** Como veremos em mais detalhes no próximo capítulo.

» **A memória de média duração** pode armazenar uma informação pelo tempo em que se pensa ativamente sobre ela. Por exemplo: ela é usada quando procuramos e discamos um certo número de telefone. No entanto, um minuto após pararmos de repetir a informação para nós mesmos, ela começa a se perder, a não ser que seja transferida para a **memória de longa duração** (Santos, 2008, p. 24 grifo nosso).

Quando a sequência de palavras ou números forma um todo significativo, esse significado pode reduzir a carga nessa memória [de média-duração], podendo ela, então, operar com novos itens. Assim, se temos uma sequência de doze números, é quase impossível decorá-la, isto é, remetê-la para a memória de longa-duração; mas, se agrupamos os números para formar unidades maiores, teremos maior capacidade de retenção (Kato, 2005, p. 49 grifo nosso)

Tudo isso para dizermos que o falante produz sua elocução do **tamanho exato** que o ouvinte consegue armazenar na memória de média duração. Para tal, ele segmenta sua fala, empregando **blocos*** (*chunks*⌨). **Blocos** podem ser definidos como **qualquer combinação de palavras que ocorrem frequentemente juntas**, como "Era uma vez...", "Por falar nisso...", "escovar os dentes", "fazer uma viagem" e "assim por diante". Essas "expressões pré-fabricadas" são facilmente memorizadas porque estão **agrupadas** (em **blocos**), o que facilita a sua **recuperação**, seu resgate da memória de longa duração quando precisamos usá-las novamente.

Finalmente, é o último nível de conhecimento linguístico no qual o falante faz as suas escolhas é o da **fonologia**. Ele precisa não só conhecer e saber utilizar os sons da língua, como tem a oportunidade de fazer escolhas bem significativas na área da entonação. A nossa entonação, através do ritmo, das pausas e da tonicidade indica se vamos começar ou terminar uma elocução, se o que falamos é informação nova ou não; assim como indicamos os blocos de informação, também chamados de *unidades de tonicidade,*

---

* Veja mais sobre *chunks* em Lewis (2002).

que funcionam de modo semelhante à segmentação dos números mostrados na atividade Para Refletir 5.

3.3.4 Os conhecimentos das estratégias de produção oral

Além de todos os conhecimentos abordados anteriormente, os falantes de uma língua dominam e utilizam uma série de estratégias que lhes permite comunicar-se mais efetivamente. Entre essas estratégias de comunicação, encontramos os conhecimentos de como gerenciar as mudanças de turnos da fala, isto é, saber como e quando assumir, manter ou dispensar nosso turno da fala, saber como iniciar e discorrer sobre assuntos diversos, saber usar os **preenchedores de pausas*** para ganhar tempo para pensar, pedir ajuda para a compreensão de algo dito ou na negociação de significados, saber reformular, isto é, reparar mal-entendidos, entre outras estratégias.

> **Resumindo**, o processo de produção da fala é muito rápido e entre a **conceitualização**, a **formulação** e a **articulação** os falantes precisam ter muitos conhecimentos e fazer diversas escolhas. Vimos também que esse processo é constantemente monitorado para que possamos transmitir nossas intenções da melhor forma possível. Portanto, ao mesmo tempo em que enunciamos nossas ideias, automonitoramos nosso discurso, dentro do princípio de cooperação, para que nosso interlocutor capte nossa intenção na nossa mensagem. Por isso, procuramos construir orações curtas e simples, utilizando vocabulário próprio ao assunto e agrupados em blocos. Realizamos, também, ao longo de nosso discurso, *reparos recorrentes*, o que torna nossa enunciação aparentemente redundante e por vezes truncada. São as **reformulações**, as **repetições**, os **acréscimos de detalhes**, as **elaborações** e **inserções de preenchedores de pausas** (como "*You know*" ou "*I mean*") que auxiliam o ouvinte a compreender a mensagem.

---

* **Preenchedores de pausas**: servem para preenchermos o silêncio (que é o tempo em que estamos pensando) com sons, para não darmos a chance de nosso interlocutor "roubar" a nossa vez de falar.

para refletir 6

» O que você sabe sobre "barreado"? O que você acha que é?

3.3.5 Os conhecimentos (com)partilhados

Quanto menor for nosso acervo de conhecimentos "compartilhados"* com nosso interlocutor, tanto mais difícil será nosso entendimento de um texto falado ou escrito. Esses **conhecimentos compartilhados** incluem nossos **conhecimentos de mundo, sociolinguísticos** e da **organização textual**, assim como nossas **atitudes, crenças, nossos valores** e **toda a gama de regras socioculturais** que aprendemos no local em que somos criados e que trazemos conosco (por exemplo: o conhecimento sobre **barreado**** da questão anterior!). Quanto maior a área de conhecimentos que partilharmos com nosso interlocutor, mais tempo de planejamento, formulação e articulação ganhamos e menos explicações precisaremos dar, ou menos reparos ou reformulações sobre o que dissemos precisaremos fazer. Da mesma forma, a tarefa do nosso ouvinte/interlocutor de decodificar a mensagem também ficará mais fácil, pois rapidamente ele infere a razão, o tópico, o *script* e as outras variáveis que selecionamos.

Contudo, não devemos nos esquecer de que em toda e qualquer interação podem ainda surgir mal-entendidos, porque nunca haverá, em lugar e em tempo algum, duas pessoas que tenham tido os mesmos tipos de experiências de vida e possuam os mesmos conhecimentos que uma outra. Na ilustração a seguir, a área em azul representa o acervo de conhecimentos provavelmente compartilhados por interlocutores numa interação ideal; existe, porém, uma área muito extensa de conhecimentos não compartilhados, que

---

* Acervo de conhecimentos "compartilhados" = *shared background knowledge*.

** **Barreado**: prato típico do litoral paranaense feito de carne bovina cozida por longas horas, em panela de barro vedada com massa de farinha de mandioca. Acompanha farinha de mandioca branca, arroz, banana e laranja.

pertencem única e exclusivamente a cada um dos interlocutores. Portanto, sempre haverá alguma coisa que não será bem entendida e que vai exigir do falante uma explicação a mais ou uma reformulação, assim como da parte do ouvinte-interlocutor, uma **negociação de significados** ou uma interrupção!

Figura 4 - Área de conhecimentos compartilhados – em azul

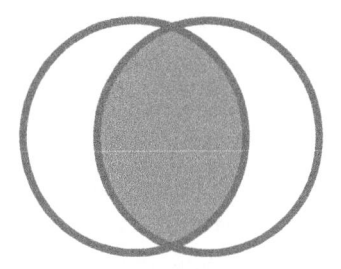

O grau de conhecimentos compartilhados entre os falantes, seu nível de familiaridade, o fato das interações ocorrerem "aqui e agora" com a possibilidade de fazermos referências imediatas ao contexto fazem com que o processo de produção oral apresente características especiais que influenciam na escolha das técnicas e atividades a serem usadas em sala de aula e que serão objeto de nosso estudo a partir de agora.

3.4 A habilidade de produção oral e a sala de aula

"Our task as teachers is to find the key that unlocks the students' need to communicate."*
Cris Sion

Há alguns anos decidi estudar italiano e fiquei muito frustrada porque, durante um ano inteiro de curso intensivo, estudamos somente gramática e estruturas da língua, e não tivemos quase

* "Nossa tarefa, como professores, é descobrir a chave que destranca o motivo (a necessidade) dos alunos de se comunicarem." Cris Sion (citado por Nuttal, 2005)

nenhuma oportunidade de falarmos realmente, de conversarmos sobre assuntos diversos, para experimentarmos, criarmos e testarmos **o que** havíamos aprendido. Em muitas ocasiões, pedíamos à professora para termos aulas de conversação até que, em uma dada aula, ela disse (em italiano!): "Sobre o que vocês querem conversar?". Fomos pegos de surpresa e não tínhamos a mínima ideia do que falar! Em outra ocasião, de tanto insistirmos pela "conversação", ela tentou introduzir uma atividade em que deveríamos criar uma situação problemática e simularmos uma defesa como em um júri. Mas ficamos todos mudos, não tínhamos recebido nenhum suporte para o que deveríamos fazer! E isso "provou" a ela que ainda não estávamos preparados para **falar**! Desistimos de pedir e continuamos com a "gramática"! E até hoje entendo, mas tenho muita dificuldade em me comunicar em italiano!

para refletir 7

» Por que você acha que a turma não conseguiu "conversar"?

» O que a professora deveria ter feito para que a atividade fosse bem-sucedida?

Dentro do apresentado desde o primeiro capítulo, sabemos que muitas coisas precisam ser trabalhadas para que os alunos tenham condições de selecionar e combinar as palavras de modo que constituam um enunciado que faça sentido ao seu interlocutor. Vamos ver como apresentar tudo o que discutimos anteriormente para desenvolvermos a fala como processo comunicativo.

3.4.1 Fatores que afetam a comunicação: as interações

Sabemos que o **ato de falar** uma língua estrangeira é extremamente amedrontador, pois sabemos que necessitamos possuir todos esses conhecimentos descritos anteriormente e tudo está acontecendo aqui e agora e muito rapidamente. E existem alguns fatores que tornam nossa comunicação mais fluida, mais fácil ou mais difícil quando ainda não dominamos o novo código que são os **fatores cognitivos**, **afetivos** e de **desempenho** (performance):

» Em relação aos **fatores cognitivos**, estão: nossa familiaridade com o tópico, com o gênero, com os nossos interlocutores e com as demandas de processamento.

» Em relação aos **fatores afetivos**, encontramos: sentimentos em relação ao tópico e aos participantes, e nossa auto imagem. Por exemplo: se vamos contar uma estória engraçada que nos aconteceu quando crianças para um grupo de amigos, teremos mais facilidade do que a de apresentar com a ajuda de ilustrações (demanda de processamento), um projeto que desenvolvemos e que será avaliado por colegas de trabalho.

» Em relação aos **fatores de desempenho**, encontramos: o modo (ou canal), o grau de colaboração dos interlocutores, o controle do discurso, o tempo disponível para o planejamento e para o ensaio e as condições do ambiente à nossa volta (barulho, por exemplo).

3.4.2 O que é fluência

Vimos que todo o processo produtivo oral, da **conceitualização**, **formulação**, à **articulação**, passando pelo **monitoramento**, ocorre muito rapidamente, dando ao falante muito pouco tempo para pensar, planejar e produzir. Para Pinker, aprendemos a falar instintivamente: "Falar e compreender uma língua são habilidades complexas, que se desenvolvem espontaneamente na criança, sem esforço consciente ou instrução formal. Funcionam da mesma forma para qualquer indivíduo e são distintas das outras habilidades para processar informações ou se comportar de forma inteligente" (Pinker, citado por Gomes, 2007, p. 21).

Não temos nenhuma ideia, isto é, não estamos conscientes de como fomos ensinados e como aprendemos a falar português: éramos muito pequenos. Mas sabemos que tivemos muitas oportunidades de experimentarmos e praticarmos o que ouvíamos. Talvez não dominemos todos os **tipos de fala** (falar em público, por exemplo), mas com certeza dominamos a habilidade de nos expressarmos fluentemente em língua materna, somos competentes. E sabemos que poderemos atingir uma fluência semelhante em língua estrangeira se o quisermos e se tivermos oportunidades para desenvolvê-la. Mas o que significa ser fluente em uma língua? E como nos tornamos fluentes?

A fluência em um idioma é demonstrada, entre muitos fatores, pela velocidade de nossa emissão, pelo uso correto da entonação, tonicidade e ritmo para indicar sentimentos ou para demonstrar quando desejamos assumir ou delegar o turno da fala; pelo uso de pausas e de blocos⁔ (*clustering*); pelos aspectos paralinguísticos que são as mensagens não verbais que também transmitem sentimentos e ideias, reforçam, substituem e modificam os significados contidos no que falamos. Segundo Abercrombie, "falamos com os nossos órgãos vocais, mas conversamos com nossos corpos" (Abercrombie, citado por Buck, 2007, p. 47-48), demonstrando o quanto a informação visual é importante na comunicação.

3.4.3 Sobre falar outro idioma

O que foi descrito se refere ao processo de comunicar-se e ao que um falante sabe e pode fazer para ser fluente em sua língua nativa. Mas de que forma "falar" na língua materna difere do "falar" uma outra língua? Quais são as semelhanças com as quais não precisamos nos preocupar e quais as diferenças que precisamos enfocar no desenvolvimento dessa habilidade em sala de aula?

Em relação aos processos mentais envolvidos descritos anteriormente não existe muita diferença. Passamos pelas fases de **conceitualização, formulação** e **articulação, automonitorando-nos** e **fazendo os reparos** necessários (quando já estamos preparados e capazes de fazê-lo!). Ao mesmo tempo, já sabemos dar atenção aos nossos interlocutores, ajustando a nossa mensagem de acordo e também conseguimos negociar o gerenciamento dos turnos da fala, ou seja dizer transferimos esses conhecimentos da L1 para a L2. E o que mais? Os falantes trazem consigo os conhecimentos sobre como se estruturam os diferentes gêneros (contação de estórias, apresentações etc.), sobre os atos de fala ou funções (convidar, explicar, desculpar-se), sobre o grau de formalidade, sobre pronúncia, acentuação, ritmo e entonação.

Devemos nos aproveitar da familiaridade de nossos alunos – falantes nativos – com certas estruturas e dos seus conhecimentos anteriormente citados para aproveitarmos o tempo em sala de aula para enfocar no que lhes é diferente ou não conhecido. Vimos anteriormente que a aprendizagem significativa acontece quando nosso ponto de partida é algo já conhecido (a **ancoragem** de Ausubel), portanto se as estruturas dos tipos diferentes de gênero são já familiares por serem similares a todas as culturas (toda a estória tem começo, meio e fim!), precisamos somente descobrir o que nossos alunos precisam desenvolver que lhes seja desconhecido (por exemplo: diferentes padrões de entonação, ou sobre como se negocia, assume ou delega os turnos da fala).

Como mencionamos no capítulo 1, a nossa aprendizagem é facilitada sempre que conseguimos estabelecer relações e coordenação entre os esquemas de conhecimento que já possuímos em novos vínculos e relações a cada nova aprendizagem conquistada. E quanto mais relevante, mais significativo for o que aprendemos, mais fácil será promover a transferência dessas experiências. Construímos o novo sobre algo que já existe, se ele nos for significativo.

Porém, precisamos estar atentos porque certos conhecimentos, quando transferidos para a outra língua, podem atrapalhar e precisamos ter o cuidado de descobrir quais são os que podem interferir no desenvolvimento da comunicação oral.

3.4.4 Mas, afinal, o que os alunos precisam saber?

Conhecimentos sobre o tópico, o contexto, além da familiaridade com o outro falante são independentes do idioma que estamos utilizando para nos comunicarmos. Conhecimentos socioculturais são muito restritos à comunidade em que estamos vivendo. Por exemplo: neste nosso imenso país, cada estado ou até cada cidade tem um "costume" sobre dar **um, dois ou três beijinhos** (ou **nenhum!**) quando se cumprimenta um amigo ou uma amiga. Em Curitiba, damos somente um e, quando vou à Bahia, são dois.

É preciso me monitorar para não deixar meus amigos com cara de bobo, esperando pela outra face! Em termos de conhecimentos socioculturais, é mais útil ensinarmos nossos alunos a perguntar: "*How do you do that here?*" (Como se faz aqui?) ou "*What do you say in this situation?*" (O que se diz nesta situação?). Dessa forma, estamos ajudando os alunos a desenvolverem suas habilidades interculturais.

Como os alunos já têm conhecimentos sobre **gênero** e os **atos de fala**, precisamos incluir em sala de aula técnicas em que eles fiquem cientes de como essas funções são transformadas em palavras, conforme as variáveis de **tenor**, **campo** e **modo**, incluindo ainda atividades como *role-plays*, nas quais eles exercitem as **variáveis de registro** entre linguagem formal e informal. Além disso, eles necessitam saber como sinalizar que querem falar ou que terminaram sua réplica. Precisam saber falar a "língua da fala", e não a da escrita, utilizando orações curtas e blocos. E, finalmente, precisamos trabalhar com a pronúncia de sons (pares mínimos e outros sons diferentes do português), a entonação, o ritmo e a tonicidade.

Eles precisam saber como transformar tudo isso em palavras! E, entre a fase do planejamento, formulação e articulação, tudo é muito rápido. Se o aluno se preocupar muito na fase do planejamento para falar corretamente, ele nunca será **fluente**, e se for falando sem se preocupar em ser **preciso** (*accurate*), ele pode não ser compreendido, além de correr o risco de ter sua fala cheia de erros "fossilizados", que acontecem quando se tornam permanentes em sua **interlinguagem**⌑*, sem possibilidade de correção. Portanto precisamos ajudá-lo a achar um meio termo, dando-lhe ferramentas para se tornar **fluente** e ao mesmo tempo **preciso** (*accurate*), dentro das situações comunicativas em que estiver envolvido.

3.4.5 Com foco no processo de aprendizagem

---

* "*Interlinguagem* é o termo usado para descrever o sistema gramatical que o aprendiz cria no decurso do aprendizado de outro idioma" (Thornbury, 2006, p. 109, grifo nosso). É um sistema próprio e de transição entre L1 e L2.

Explicamos anteriormente a complexidade envolvida no processo de comunicação oral, o que nos deixa muito preocupados: como agir para desenvolvermos as estratégias e habilidades de produção oral em sala de aula? Sabemos que para chegarmos à fluência diversas etapas precisam ser realizadas. Por isso, baseados nos princípios de ensino-aprendizagem propostos pelas teorias construtivista, cognitivista, sociointeracionista e significativa, apresentados no capítulo 1, e seguindo uma sugestão de Thornbury (2005, p. 39), fizemos um *mix* aproveitando alguns pontos de cada uma delas para elaborarmos uma sequência composta por três tipos de processos pelos quais pretendemos atingir a contento o desenvolvimento das estratégias de comunicação oral em sala de aula*:

» Processo de conscientização – o encontro com o novo.
» Processo de apropriação – a integração do novo ao conhecimento prévio.
» Processo de autonomia – novos conhecimentos promovem autonomia.

O processo de conscientização
O que é, exatamente, **conscientização**? "O conceito vem da teoria de aprendizado cognitivista [...], que advoga que, como pré-requisito para reestruturar as representações mentais de linguagem de um aprendiz, um grau de percepção consciente precisa ser atingida" (Thornbury, 2005, p. 41). Portanto, a primeira fase do processo estabelece que o desenvolvimento da linguagem acontece através de nossos pensamentos e da crescente conscientização do mundo à nossa volta. Essa **conscientização** envolve pelo menos três fatores: a **atenção**, a **percepção** e a **compreensão****:

---

* Esses mesmos processos serão aplicados no desenvolvimento das estratégias das habilidades comunicativas apresentadas nos próximos capítulos.
** Julio Furtado chama o **processo de conscientização** de *percepção* e seus três fatores de: *detecção, reconhecimento* e *discriminação* (Santos, 2008, p. 26).

> » **Atenção ou detecção** – nessa fase, os alunos devem estar alertas, interessados e envolvidos, motivados a perceber os traços da linguagem.
> » **Percepção ou reconhecimento** – refere-se ao "registro consciente da ocorrência de um evento ou entidade" (Thornbury, 2005, p. 41). Esse reconhecimento acontece normalmente quando aquilo que é apresentado é curioso, ou de alguma forma chama atenção por causa da sua **frequência, significância,** ou **utilidade**.
> » **Compreensão ou discriminação** – o processo não está completo se não compreendermos aquilo em que prestamos atenção e percebemos. "Compreensão significa o reconhecimento de uma regra geral, de um princípio ou de um padrão" (Thornbury, 2005, p. 42).

O processo de apropriação

O que é, exatamente, **apropriação**? Depois de ter havido o **reconhecimento**, a **percepção** e a **compreensão**, o aluno deve ser levado a "tomar posse" do que lhe foi apresentado. Mas como tomamos posse? No capítulo 1, falamos sobre a aprendizagem significativa e a aprendizagem por experiência e vimos que aprendemos melhor uma língua quando temos diversas oportunidades de **usar** e **experimentar** o que aprendemos. É por meio da experimentação e do uso que controlamos e automatizamos processos e, em decorrência disso, "apropriamo-nos" deles, isto é, esses processos passam a fazer parte de nosso acervo de conhecimentos, podendo ser buscados na memória de longa duração quando necessitamos.

Essa **apropriação** envolve pelo menos mais três processos: o **controle praticado**, a **processualização**, ou **reestruturação**, e a **automatização**, como vistos no capítulo 1:

» **O controle praticado** – essa fase exige nossa atenção total à tarefa a ser realizada, com concentração especial em cada um dos passos a serem tomados; monitoramos, formulamos hipóteses, experimentamos, acertamos e erramos diversas vezes, passando para a etapa seguinte.

» **A processualização ou reestruturação** – nesse estágio, repetimos o novo (através do **controle praticado**) e o integramos aos esquemas de conhecimento já adquiridos anteriormente, o que exige uma reestruturação daquilo que foi aprendido e, ao mesmo tempo, disponibiliza o novo para uso futuro sem que, para isso, precisemos prestar atenção ao que estamos fazendo ou dizendo (como no caso da aprendizagem de outro idioma). Esse processo nos leva à próxima etapa, a da **automatização**.

» **A automatização** – é o processo que usamos para incorporar uma rotina através do controle praticado, fazendo com que não mais prestemos atenção ao que estamos fazendo. À medida que nos aperfeiçoamos, simplificamos esses processos, combinamos* os passos e estabelecemos associações que encadeiam o novo processo aos outros. Como resultado, desenvolvemos um procedimento que, tendo sido repetido muitas vezes de forma controlada, não mais exige que nos concentremos no que estamos fazendo, como, quando dirigimos um carro, andamos de bicicleta, ou falamos uma outra língua! Ou seja, o controle praticado e a processualização levam à automatização.

Para "tomarmos posse", precisamos, portanto, **automatizar processos**, o que significa **incorporar uma rotina por meio da prática**, fazendo com que não mais prestemos atenção naquilo que estamos fazendo, ocorrendo a integração dos novos conceitos ao conhecimento prévio. O que envolve passarmos pelo **processo de**

---

* *Combinar*, em inglês, é dito *to chunk*.

controle praticado, no qual damos atenção plena ao que estamos fazendo, demonstrando controle progressivo da habilidade com a possibilidade de errarmos (pois ainda estamos praticando!), recebendo, porém, **suporte estrutural temporário** (ou *scaffolding*[11]) durante todo o processo do "outro mais-capaz" que, nesse caso, é o professor.

À medida que o novo é integrado ao conhecimento prévio (o que exige uma reestruturação dos sistemas linguísticos conhecidos por parte do aprendiz), nós o estamos conduzindo à autonomia, pois não temos a pretensão de que estejam sempre dependentes dos suportes por nós oferecidos. Dessa forma, vamos pouco a pouco retirando os "andaimes", o **suporte estrutural temporário** e, em não mais precisando de nossa ajuda, os aprendizes chegam à autonomia, passando a criar e produzir livremente (o que não aconteceu, infelizmente, nas minhas aulas de italiano!).

Em busca da autonomia e da criatividade

O que é exatamente **autonomia**? "De acordo com os sociointeracionais, **autonomia** é a capacidade de autorregularmos nosso desempenho (*performance*) como consequência da obtenção de controle sobre as estratégias que eram anteriormente intermediadas ou reguladas por outros" (Thornbury, 2005, p. 89). A **autonomia** é alcançada pela automatização dos processos de produção (como vimos anteriormente) e pela reestruturação dos nossos conhecimentos, o que nos torna mais fluentes, isto é, falamos mais depressa, somos mais precisos e conseguimos pensar e planejar o que vamos falar.

> *A competência se constrói com a prática de uma língua estrangeira, na qual se multiplicam as situações de interação em uma conjugação feliz, portanto aleatória, da repetição e da variação, graças a um engajamento pessoal em seguidos intercâmbios e um forte desejo de entender e fazer-se entender. Esse exercício enriquece e consolida os*

conhecimentos sintáticos e lexicais dos falantes. Sobretudo, desenvolve **esquemas** *que permitem* **contextualizá-los** *com base no nível de língua, no assunto da conversa, nos interlocutores presentes, na situação de comunicação.* (Perrenoud, 1999, p. 21-22, grifo do original)

Além disso, a autoconfiança alcançada por termos conseguido maior autonomia é um poderoso incentivo para nos arriscarmos a produzir sempre mais!

3.4.6 Em sala de aula: a produção oral como processo

Sabemos que para cada técnica empregada em sala de aula, muitos conceitos e princípios devem embasar nossas escolhas de como proceder. Sabemos também que precisamos primeiramente dar aos alunos o suporte técnico necessário para que mais tarde se tornem independentes. No desenvolvimento da fala como processo, vamos tomar uma atividade e, baseados nos três processos apresentados anteriormente, veremos sugestões sobre:
» o que será feito **antes** da atividade de produção oral;
» o que será feito **durante** a atividade;
» o que será feito **após** a atividade.

O **antes** de **falar:** *as pré-atividades comunicativas*
Aprendemos a falar ouvindo; portanto, na etapa "pré-falar" vamos **ouvir, prestando atenção, percebendo e compreendendo**, que são as três fases da conscientização apresentadas anteriormente. Para essas atividades, sugerimos que sejam utilizadas gravações de textos autênticos, programas de conversação de TV e de rádio, filmes, seriados ou outras fontes. Nosso objetivo principal deve ser o de **chamar a atenção** para as características da linguagem falada que abordamos anteriormente; além de fazer com que os alunos

percebam por meio da transcrição* do texto ouvido as características da comunicação oral. E através desses procedimentos, eles também desenvolvem estratégias de compreensão oral (como veremos no próximo capítulo).

No capítulo 2, falamos da importância de prepararmos os alunos para a atividade em si, primeiramente, criando com os alunos uma razão para ouvirem/falarem, motivando-os a realizarem a atividade e, para conseguirmos isso, devemos usar de disparadores que estimulem sua curiosidade ou que eles despertem o interesse pelo assunto. Em segundo lugar, e não menos importante, precisamos checar e/ou ativar seus conhecimentos prévios, descobrir o que eles sabem ou não, pois, como vimos anteriormente, quanto mais **conhecimentos compartilhados** (de mundo, sociolinguísticos, e de organização textual) tivermos, mais conseguiremos entender um texto oral ou escrito. Algumas sugestões do que fazer:

» Para ativar o acervo de conhecimentos de mundo:
  › descobrir o que os alunos já conhecem sobre aquele assunto por meio de *eliciting*, *brainstorming* etc.;
  › apresentar, se necessário, informações que eles desconhecem mas que são importantes para a realização da atividade;
  › fazer ligações entre o tema e a vida e experiências dos alunos (personalização);
  › criar expectativas e motivar;
  › estabelecer o tópico e o contexto;
  › apresentar vocabulário relacionado;
  › fazer com que os alunos conversem sobre o assunto informalmente.

» Para checar a compreensão geral:

---

* Para fazerem as transcrições, os alunos recebem uma lista de convenções normalmente utilizadas, como pausas, conversas paralelas, e as variáveis de performance, como hesitações, repetições e falsos-começos.

- estabelecer a compreensão geral do texto – passar o trecho gravado (se possível um trecho de vídeo, pois apresenta informações contextualizadas) e perguntar o que os alunos entenderam de modo geral (*who?* e *why?*);
- anotar as palavras-chave e ouvir o trecho mais de uma vez.

» Para Checar o registro:
- checar se os alunos estão cientes de quem são os participantes e o seu relacionamento (**tenor**), pois isso é determinante nas escolhas que o falante faz da linguagem a ser usada.

» Para Checar detalhes:
- passar o trecho mais algumas vezes;
- permitir que os alunos comparem o que anotaram;
- Sanar dúvidas de compreensão geral.

Quanto à atividade em si, depois dos alunos observarem os itens mais gerais para terem uma ideia básica do conteúdo, podemos pedir a eles que enfoquem os detalhes. Baseados em Thornbury (2005, p. 47-48), mostramos a seguir algumas sugestões:

» Focar nas características da linguagem – **percepção guiada:**
- **identificar** por exemplo sublinhar exemplos de funções da linguagem;
- **contar** por exemplo quantas vezes os falantes disseram *You know; I mean* etc.;
- **classificar** por exemplo identificar e classificar os elementos de coesão;
- **combinar** por exemplo as expressões idiomáticas do texto com palavras de uma lista;
- **conectar** por exemplo conectar os pronomes do texto com as palavras referentes;
- **comparar** e **contrastar** por exemplo comparar duas versões da mesma conversação e identificar as diferenças;
- **completar** por exemplo completar os espaços em branco da transcrição do texto.

» Focar em características especiais:
- organização textual;

> regras socioculturais;
> mudanças de tópico, mudanças de performance;
> estratégias de comunicação oral;
> características da linguagem falada (elipses, repetição, inserção de preenchedores de pausa etc.);
> vocabulário e blocos lexicais;
> entonação e acentuação.

Não devemos esquecer que o processo não está completo se não compreendermos aquilo em que prestamos atenção e percebemos. Compreender é quando se dá a construção de um conceito, o que garante a possibilidade de utilização deste conhecimento em outros contextos.

O durante: trabalhando com a habilidade em si
Podemos dividir essa etapa em duas fases: a primeira, a fase da apropriação, é a fase na qual se realizam as técnicas de controle praticado e de processualização; e a segunda, a fase da autonomia, em que as atividades são livres e os alunos se tornam independentes.

O processo da apropriação
A **apropriação** envolve três processos: o **controle praticado**, a **processualização** ou **reestruturação** e a **automatização**.

No controle praticado, como o nome diz, praticamos muito até dominarmos e chegarmos à autonomia. Uma ferramenta muito útil para essa prática são os *drills*[☐]. Se forem usados para imitar e repetir palavras, frases, até sentenças completas, servem para que os alunos **percebam** (ver **percepção**) itens e os incorporem. Os *drills* servem também para que os alunos experimentem produzir e ouvir os sons, sendo muito úteis na hora da articulação. Servem também para a memorização de blocos (*chunks*[☐] – como *by the way, before I forget, do you mind if...?**) que lhes dão mais fluência na hora de uma comunicação mais próxima à realidade, mais autêntica. Existem

* "Por falar nisso..."; "Antes que eu me esqueça..."; "Você se incomodaria se...?"

algumas formas de tornarmos os *drills* **significativos** (*meaningful*) ao contextualizarmos o que será repetido e não os usarmos por muito tempo, só quando necessitamos reforçar algo novo. Existem outras técnicas, como: o uso de *chants*⁅, uma forma de prática cantada; o uso de *Find someone who...*, uma forma de organização de atividade em que os alunos se levantam e fazem diversas perguntas. (como: *Have you ever [activity]?*), encontrando uma pessoa diferente para cada uma das perguntas; e o uso de *milling*⁅, uma forma de organização de atividade em que dois círculos se formam – os alunos no círculo externo se movem para a direita ou esquerda, repetindo uma mesma pergunta comunicativa (por exemplo: *Have you ever [activity]* ? *)ou praticando uma conversação curta, por exemplo:

Figura 5 – *Milling*

Student A: *What's your name?*
Student B: _____.
Student A: *Where are you from?*
Student B: _____.

Nessa fase os alunos participam de interações guiadas, nas quais recebem dicas no quadro ou em cartelas: da ordem do diálogo, de blocos a serem usados, scripts, conversações em fluxo-diagrama, diálogos com lacunas, e outras. São formas de "colocar andaimes" (*scaffolding*) e de dar apoio à sua prática e à medida que os alunos vão automatizando processos, esses **suportes estruturados temporais** vão sendo retirados.

No capítulo 1, vimos que devemos sempre engajar os alunos em técnicas que se assemelhem às da vida real, que sejam autênticas, tenham significância e apresentem de alguma forma características comunicativas como **lacuna informacional** e **negociação** de **significados, escolhas** e *feedback*. Lembramos também que aprendemos mais se aprendermos colaborativamente e cooperativamente,

* "Você já [fez tal atividade]?

portanto todas as oportunidades que os alunos tiverem de trabalhar juntos serão muito bem-vindas.

As atividades comunicativas em si
Nessa fase, devemos maximizar as oportunidades de produção para os alunos "aprenderem aprendendo", fazendo uso do que tomaram consciência, automatizaram e agora vão fazer uso para criar suas próprias falas. Algumas condições para o planejamento dessas atividades precisam ser levadas em conta:

» A tarefa precisa ter um propósito autêntico, semelhante às tarefas encontradas na vida real.
» A tarefa precisa ser ao mesmo tempo desafiadora e segura, isto é, os alunos precisam se sentir à vontade para arriscar-se a enfrentar os desafios propostos;
» A tarefa também precisa ser interativa e abordar tópicos e gêneros que serão úteis na vida real fora de sala de aula.

Aqui os alunos utilizam o que praticaram e automatizaram na fase anterior. Os seus interesses e necessidades pessoais é que determinarão em que contextos o que aprenderam será usado. Precisamos conhecer quais gêneros eles necessitam desenvolver: **apresentações de projetos** e **acadêmicas, palestras** (*talks*), contação de histórias, piadas e historietas, simulações teatrais – *role-plays*, simulações de situações da vida real (compras, entrevistas etc.) – discussões e debates, conversações e bate-papos. todos esses gêneros devem ser introduzidos em aula para que os alunos possam produzir comunicação real.

O depois: as pós-atividades – o fazer acontecer
Nessa fase, é interessante fazer uma "amarração", juntando tudo o que foi trabalhado nas fases anteriores, revisando e refletindo sobre o que foi estudado e o que foi aprendido! Aqui, os alunos devem transferir o aprendido para outros contextos para que haja "alteração e transferência de aprendizagem", pois aprender é construir

novos significados, é alterar o que sabemos transferindo (e acrescentando) o novo ao nosso cabedal de conhecimentos. É a fase, portanto, da **integração** com as outras habilidades comunicativas, fase em que os alunos utilizam o que aprenderam, em outros contextos. Por exemplo: escrevendo a estória contada ou lendo um artigo referente ao assunto abordado, assistindo um filme sobre o tema e outras atividades.

Feedback *e correção: durante ou depois?*
Ainda temos um ponto importante antes de finalizarmos este capítulo. Vimos a progressão do processo de desenvolvimento da produção oral e nos perguntamos: Em qual das fases daremos *feedback*? Quando faremos correções. Porque com certeza **erros** e **enganos** (*errors and mistakes*!) ocorrerão em maior ou menor quantidade durante cada fase.

Não é difícil decidir se faremos a correção durante os processos de conscientização e de apropriação, nos quais os alunos estão construindo seus saberes. Mas é bem difícil de ser tomada na fase da autonomia e fluência, porque se corrigimos, podemos perturbar o falante ao interromper o seu fluxo de pensamento, chamando atenção para forma (precisão), estratégias ou aspectos socioculturais. Podemos também afetar sua autoestima (filtro afetivo), acarretando na sua não participação em outras atividades.

Bem, decidindo-se que as correções não serão feitas durante a atividade, mas sim após, precisamos definir o que devemos corrigir. Para isso precisamos saber a diferença entre dois termos: *errors* e *mistakes*.

» Entende-se por *mistakes* (enganos), uma falta momentânea ao aplicar aquilo que já deveríamos ter aprendido. E esse engano, ocorre, ormalmente devido às demandas da emissão em tempo real. Por exemplo: o aluno diz "*I can't* to *go there*"; sendo que ele já sabia que não podia usar **to** depois de *can*. Nos casos de *mistakes*, os alunos conseguem fazer a auto correção.
Mistakes são "enganos" que acontecem a toda hora e com qualquer

falante e muitas vezes são causados por cansaço, barulhos do meio ambiente, mudanças do curso de pensamentos e muitas outras causas.

» *Erros*, por outro lado, referem-se a uma aprendizagem incompleta ou ainda não concernente ao nível de proficiência do aluno. Por exemplo: um aluno de nível elementar dizer: "*I live in Brazil since I was born*", quando o correto seria "*I've lived in Brazil since I was born*". Nesse caso, o uso do presente perfeito ainda não faz parte dos conhecimentos desse aluno, portanto, não será necessário chamar sua atenção.

Vimos que os modelos teóricos tanto de aquisição como de produção da linguagem apresentam quatro áreas de conhecimento, quatro competências. E quando precisamos verificar (assessar) a habilidade comunicativa de produção oral de nossos alunos, devemos considerar não só a competência linguística (gramática, vocabulário e pronúncia), mas também a pragmática, a organização textual, assim como suas estratégias de comunicação.

Síntese

Iniciamos este capítulo apresentando o que significa saber "falar bem" e quais conhecimentos e estratégias da produção oral um falante precisa ter para ser considerado fluente. Abordamos a habilidade produtiva oral como um processo comunicativo, e decorrentemente criativo, e não somente como uma prática de estruturas gramaticais. Na sequência, verificamos o que é necessário trazer para nossa prática didática para que nosso aprendiz de língua estrangeira desenvolva essa competência, passando pelos processos da conceitualização à autonomia. Nossas escolhas sobre o que fazer ou não em sala de aula continuam baseadas nos princípios apresentados nos capítulos anteriores, para que a aprendizagem seja significativa. Encerramos o capítulo apresentando algumas sugestões sobre técnicas a serem utilizadas para que essa habilidade seja desenvolvida da melhor forma possível.

Indicações culturais

Filme

Recomendo um filme em que aprender a se comunicar em outro idioma se torna muito importante: ESPANGLÊS. Direção: James Brooks. EUA: Columbia Pictures/ Sony Pictures Corporation, 2004. 111 min.

Livros

Sobre contação de histórias: BUSATTO, C. Contar e encantar: pequenos segredos da narrativa. Petrópolis: Vozes, 2003.
Sobre prática cantada – o uso de repetições comunicativas ao ritmo da fala da língua inglesa: GRAHAM, C. Jazz chants® old and new. Oxford: Oxford University Press, 2000.

Site

Um *site* sobre a arte de contar estórias com sugestões de atividades: STORYARTS. Why storytelling? Disponível em:<www.storyarts.org/classroom/index.html>. Acesso em: 26 maio 2010.

Atividades de autoavaliação

1. Assinale (V) para verdadeiro ou (F) para falso sobre a descrição dos conhecimentos de um falante. Depois, indique a sequência correta.

   ( ) O conhecimento extralinguístico inclui entender o tópico, o contexto, as relações socioculturais e o grau de familiaridade ente os falantes.

   ( ) O conhecimento pragmático é composto de saberes sobre os atos de fala, os princípios cooperativos e de boa educação e o registro.

   ( ) O conhecimento estratégico refere-se às estratégias que o falante utiliza para se comunicar efetivamente como pedir para repetir, explicar, parafrasear e outras.

a. V, F, V.

b. F, F, V.

c. V, V, V.

d. F, V, F.

2. Assinale (V) para verdadeiro ou (F) para falso nas afirmações a seguir sobre conhecimentos pragmáticos. Depois, indique a sequência correta:
   ( ) **Gênero** é um tipo de evento comunicativo com estrutura e vocabulário específicos.
   ( ) **Ato de fala** é a realização de algum ato por meio das palavras.
   ( ) **Face** é a autoimagem de um indivíduo.

a. F, V, F.

b. V, V, F.

c. V, F, F.

d. F, F, F.

3. Assinale (V) para verdadeiro ou (F) para falso para as afirmações a seguir e depois, indique a sequência correta.
   Registro é composto da seguinte forma:
   ( ) Em termos de participação dos falantes, os gêneros podem ser classificados por **textos interativos** e **não interativos**.
   ( ) Em termos do grau de formalidade, o registro a ser utilizado pelo falante leva em conta **tenor, campo** e **modo**.
   ( ) O processo de produção oral é composto de: **conceitua-liza-ção, formulação** e **articulação**.

a. V, V, F.

b. V, F, F.

c. V, V, V.

d. F, F, F.

4. Assinale a alternativa correta: Em relação à etapa da apropriação. Nela, uma das atividades do professor é a de:

   a. personalizar, isto é, fazer ligações entre o tema e a vida e experiências dos alunos.

   b. apoiar a prática dos alunos através de dicas, *scripts* e esqueletos de diálogos.

   c. criar expectativas e apresentar o tópico e o contexto através de disparadores.

   d. ajudar os alunos a transferir a aprendizagem para outros contextos.

5. Assinale a alternativa **incorreta** em relação à correção durante a produção oral. Em sala de aula, o professor deve corrigir o aluno:

   a. durante a fase de autonomia e fluência.

   b. durante a fase de conscientização e percepção.

   c. durante a fase de controle praticado.

   d. durante a fase de compreensão.

Atividades de aprendizagem

Questões para reflexão

1. Escolha um livro didático de ensino de língua inglesa (se você conseguir também o livro do professor, melhor).
   › Selecione uma de suas lições.
   › Verifique e anote as atividades relacionadas ao desenvolvimento da habilidade de produção oral – a fala.
   › Verifique e anote todas as técnicas relacionadas ao seu desenvolvimento – quais as sugestões do que vai ser feito antes, durante e após o processo da fala.

> Sugira alterações na atividade que contemplem a melhoria de sua realização em sala de aula: o que você pularia, acrescentaria, modificaria e substituiria.
> Para fazer essas alterações você precisa ter embasamentos teóricos. Escreva um parágrafo expondo as razões tanto de suas alterações como de sua escolha em não fazer nenhuma mudança.
> Em grupos, comparem o que vocês analisaram e elaboraram e discutam, defendendo seus pontos.

2. Para esta segunda atividade você pode usar o mesmo "texto oral" analisado na atividade 1 ou escolher um outro de sua preferência. Escolha uma turma ou um grupo de colegas para quem você vai planejar essa "aula". Vamos enfocar somente o planejamento da fase **antes** da atividade em si, ou seja, das pré-atividades.

> Anote a sugestão dada pelo livro do professor para a atividade que introduz o tema.
> Planeje um **disparador** para essa atividade que seja diferente do que foi indicado.
> Determine que outras coisas (vocabulário, estruturas ou conceitos) você precisa fazer para motivar e preparar os alunos para a atividade em si.
> Em grupos, analisem os planos e comentem.

Atividade aplicada: prática

Para esta atividade você pode escolher um filme qualquer, uma série televisiva ou uma situação do cotidiano. Observe e analise um evento comunicativo em termos de gênero, registro, princípios de cooperação, e outros. Quais estratégias de comunicação são usadas: Como se demonstra a troca de turno da fala? Quais estratégias de reparo são usadas: redundâncias como pausas, repetições, acréscimos etc.? Quais estratégias compensatórias são usadas: paráfrase, circunlocução etc.?

Capítulo 4

Desenvolvendo a habilidade de compreensão oral: o escutar

> "*Listening is not merely not-talking...*
> *it means taking a vigorous human interest*
> *in what is being told us.*
> *You can listen like a blank wall or like*
> *a splendid auditorium where every sound*
> *comes back fuller and richer.*"*
> *Alice Duer Miller*

Quando aprendemos nossa língua materna, recebemos primeiramente uma carga muito grande de **insumo** oral – aprendemos porque ouvimos. E "praticamos" nossa língua, brincamos com os sons, tentamos nos comunicar e aprendemos com nossos acertos e erros, recebendo *feedback* de todos ao nosso redor pelas ações realizadas (ou não) daquilo que necessitamos ou queremos (tentamos nos comunicar de diversas formas – até acharmos a que melhor atende aos nossos desejos). Então, ouvir e falar são as primeiras habilidades comunicativas, desenvolvidas sem nos conscientizarmos de que as estamos aprendendo. E para podermos facilitar o processo de compreensão oral de nossos alunos em língua estrangeira, precisamos compreender como acontece esse tipo de compreensão.

---

* "Escutar não é meramente não falar... significa exercer um vigoroso interesse humano naquilo que está sendo contado para nós. Você pode ouvir como uma parede oca, vazia, sem nada ou como um auditório esplêndido onde cada som reverbera mais cheio e mais rico" (Miller, citado por White, 2003, p. 5).

Escutar pode ser somente "ouvir", como nos diz a citação anterior, comparando-nos a uma parede oca (*blank wall*)*. Contudo podemos também ser **"um auditório esplêndido"**, no qual reverberam todos os sons! Ouvimos, escutamos e enriquecemos a comunicação quando nos tornamos participantes ativos do processo comunicativo. Pois escutar é um processo interativo, **"não uma rua de mão única"**, como escreveu Brown (2001a, p. 249).

Neste capítulo veremos como se processa a compreensão oral e que conhecimentos e estratégias um ouvinte de língua estrangeira necessita desenvolver para compreender a mensagem de seu interlocutor no processo comunicativo. Apresentaremos também técnicas que podemos construir **antes**, **durante** e **depois** da atividade de compreensão oral, para que a aula seja motivante e comunicativa.

para refletir 1

» Você se considera um bom ouvinte?

» Para ser um bom ouvinte, quais são as características que você deve ter?

4.1 O que entendemos por habilidade de compreensão oral: o escutar

No nosso processo de aprendizagem da língua materna em tenra idade, a primeira forma de *input* (insumo) que recebemos é através da linguagem oral. Aprendemos a ouvir para podermos falar. Porém, não estamos conscientes que o estamos fazendo e principalmente não temos a mínima noção dos processos e das estratégias que desenvolvemos ao longo de nossas vidas para sermos bem-sucedidos ao "ouvir" e sermos capazes de nos comunicarmos eficientemente.

Na escola regular, no processo de ensino-aprendizagem da língua materna (L1), existe pouca preocupação em desenvolver

---

* O que nos lembra do ditado "falar para as paredes".

a oralidade dos alunos, tanto no que concerne à produção como à compreensão oral, porque "sabemos" que nossos alunos falam e têm a capacidade de ouvir e compreender. O mesmo não ocorre no aprendizado da língua estrangeira (L2), quando necessitamos abordar e colocar em prática atividades nas quais o aprendiz deve aprender a "escutar" – melhor dizendo, nas quais ele tenha consciência e desenvolva estratégias para escutar comunicativamente sendo capaz de interagir com o falante de forma empática, "escutando para compreender, e não apenas para responder; respeitando o turno da fala, evitando interrupções, desenvolvendo o sentimento de respeito pelas opiniões alheias" (Gomes, 2007, p. 101).

Em português, apesar de existirem diferenças entre as duas ações, usamos indistintamente **escutar** e **ouvir** para nos referirmos ao ato de processar sons. **Ouvir**, em princípio, refere-se a uma atividade mecânica, uma capacidade que a maioria de nós possui; um dos sentidos com que apreendemos o mundo. **Escutar**, porém, leva em conta, primeiramente, o ato de prestar atenção, de estar atento ao que se vai "ouvir" e depois o de interpretar o que está sendo ouvido, construindo um significado. Apesar de a **compreensão auditiva*** ser uma habilidade muito importante, ela é negligenciada em sala de aula de língua inglesa por duas razões: 1) a complexidade de se conseguir material oral autêntico e de boa qualidade; e 2) o fato de ser difícil testar essa habilidade adequadamente.

Uma terceira razão da pouca importância dada à compreensão oral é que achamos que sabemos escutar em português, quer dizer, achamos que dominamos essa habilidade, quando na realidade precisamos desenvolver algumas habilidades subjacentes e estratégias de compreensão oral para podermos construir o sentido das mensagens ouvidas (mesmo em língua materna).

---

* Vamos utilizar os seguintes termos indiferentemente para nos referirmos à **compreensão oral ou auditiva:** *ouvir* ou *escutar*.

4.2 Como se processa a compreensão oral: o que o ouvinte "faz" quando ouve?

O **escutar** ou a **compreensão auditiva** é um complexo processo que ocorre tão rapidamente que não temos noção do que estamos "fazendo". Esse processo passa por diversas etapas em milionésimos de segundos. A seguir vamos descrevê-las e, para tal, tomamos por base o artigo seminal de Richards (1983, p. 223), cujas proposições* influenciam o ensino desta habilidade até hoje, e que são as seguintes:

1. O ouvinte recebe [através da memória sensorial] o discurso bruto e armazena uma **imagem** desse discurso na memória de média duração.
2. O ouvinte identifica **o tipo de evento**** que está ocorrendo (uma conversação, uma palestra, uma emissão de radio etc.).
3. O ouvinte traz à tona seu **acervo de conhecimentos*****: esquemas e *scripts* que sejam relevantes para aquele contexto e assunto.
4. O ouvinte infere os **objetivos** do falante considerando o tipo do evento, o contexto e o conteúdo – inferindo também a sua função.
5. O ouvinte percebe a **intenção** do falante, ao qual atribui um **significado literal** correspondente. Quando os constituintes são identificados, eles são usados para construir proposições, agrupando essas proposições para formar uma mensagem coerente.

---

* Além do artigo de Richards, baseamo-nos também nas explicações e expansões apresentadas por Omaggio Hadley (1993, p. 169) e Brown (2001a, p. 249-250).

** **Textos planejados e textos não planejados** em diálogos interacionais e transacionais: vide capítulo 3 e anexo I.

*** **Acervo de conhecimentos**: *background knowledge; schema and schemata; instantiation and scripts*. Serão melhor explicados no capítulo 5, sobre o processo de compreensão escrita: a **leitura**.

6. Assim que o ouvinte identifica e reconstrói os **significados proposicionais**, ele decide se os mesmos devem ou não ser **armazenados** na memória de longa duração.
7. Feito isto, o ouvinte **apaga** a forma original, o texto recebido. Somente a mensagem, ou seja, as informações importantes é que são retidas conceitualmente*.

Isso tudo numa questão de microssegundos! Tão rápido acontece que nem percebemos que passamos por todas essas etapas!

No capítulo sobre a produção oral, abordamos tipos de evento ou gênero, motivação, intenção e função e deixamos para explicar a seguir o que entendemos por **esquemas** e *scripts*.

4.2.1 Explicando alguns termos

Schank e Abelson foram os primeiros a usar e a definir *script* ou **roteiro** como "**uma estrutura mental**" ou "um esboço conceptual que descreve uma sequência de eventos para uma atividade corriqueira num contexto particular" (Schank e Abelson citados por Almeida Filho; El Dash, 2002, p. 29) e a essa sequência de informações chamaram de *esquema*. Segundo Almeida Filho e El Dash (2002, p. 29)

> Na sua concepção [de Schank e Abelson], tais esboços ou arcabouços fornecem conjuntos de expectativas (de atividades), servindo como guia para a organização do que ouvimos, o tornando assim interpretável e compreensível. Em resumo, esboços conceptuais ou esquemas são representações organizadas dos conhecimentos sobre uma ideia, um evento, ou uma ação, fornecendo uma estrutura dentro da qual os elementos são relacionados uns com os outros. Por isso, o que é lembrado é a ideia, e não as palavras em si.

Quando um **esquema** representa uma situação geral, como "ir ao cinema", "preparar um jantar para amigos", "levar o carro para

---

* Esse tópico foi escrito com base em: Richards, 1983, p. 223; também descrito em Omaggio Hadley, 1993, p. 169, e em Brown, 2001a, p. 249-250

consertar", "fazer uma festa de aniversário", "encontrar os amigos na balada", entre outros, **uma série de eventos relacionados a essa situação é ativada**. Essas sequências nos auxiliam a organizar aquilo que ouvimos, servindo nos de guia e tornando-o interpretável e compreensível. Tomemos por exemplo o **meu [da Florinda] esquema** "ir ao cinema":

» Meu esquema "ir ao cinema" pode ser composto pelo seguinte roteiro fixo e relativamente convencionalizado pela comunidade em que moro: escolhemos um filme, verificamos onde e em que horário está passando, convidamos amigos, pegamos o carro, chegamos ao *shopping*, vamos até a bilheteria das salas de cinema, encontramos os amigos, compramos os ingressos, compramos pipoca e refrigerante, mostramos os ingressos à recepcionista, entramos na sala determinada, escolhemos um lugar e sentamos, assistimos ao filme e ao seu término levantamos, saímos da sala e...

Porém, se vamos a um lançamento ou pré-estreia, ou a um festival, uma sequência completamente diferente de eventos será ativada.

» Como é o seu esquema "ir ao cinema"? Muito diferente do meu? Descreva-o.

Compreender o contexto de alguém indo ao cinema vai depender, em parte, dos **esquemas** que o ouvinte já experienciou e que fazem parte de seu próprio **acervo de conhecimentos**. Se esse esquema ("ir ao cinema") não faz parte desse acervo, muito dificilmente o interlocutor compreenderá a mensagem, pois não tem condições de selecionar o roteiro relacionado! "A compreensão [...] envolve encaixar o significado da mensagem ao esquema [e *script*] que temos conhecimento" (Omaggio Hadley, 1993 p. 135). Portanto, quanto mais próximos estiverem a mensagem final emitida pelo falante e o esquema que conhecemos, melhor será o nosso entendimento, melhor decodificaremos a mensagem.

para refletir 3

» Cada comunidade tem costumes próprios. Escolha uma atividade que você realiza no seu dia a dia que você acha que é diferente do que acontece em outros lugares.
» Escreva como será esse *script* se você tivesse que explicar para alguém de fora o que deveria fazer nesse contexto.

Nuttall (2005, p. 6-7) afirma que "leitor e escritor [e por consequência, falante e ouvinte] devem compartilhar pressuposições sobre o mundo e a forma como ele funciona". Pessoas com *background* similar tendem a ter esquemas semelhantes e a comunicação entre elas flui melhor; quanto mais "**conhecimentos compartilhados**" o falante e o ouvinte tiverem, mais fluente a comunicação será. Isso nos remete aos tipos de conhecimentos de um ouvinte/interlocutor.

4.2.2 O que os ouvintes sabem: tipos de conhecimentos

Comentamos no capítulo anterior que existem certos tipos de conhecimentos comuns ao acervo de conhecimentos de todos os emissores e receptores de eventos comunicativos. Outros, como a competência estratégica, são exclusivos a cada uma das habilidades comunicativas. Relembrando, o nosso acervo de conhecimentos (*background knowledge*) é composto de:

» Conhecimentos de mundo ou extralinguísticos;
» Conhecimentos sociolinguísticos:
  › conhecimentos da pragmática (de uso);
  › conhecimentos do discurso (sobre organização textual).
» Conhecimentos do código linguístico;
» Conhecimentos das estratégias de compreensão oral – existe uma gama de estratégias que utilizamos para que nossa compreensão da mensagem seja efetiva (veremos a seguir).

Como professores, precisamos ajudar nossos alunos a desenvolverem essas áreas de conhecimento, fazendo uso de técnicas para aprimorar os conhecimentos linguísticos, de mundo e de estratégias para conseguirem ser bem-sucedidos na compreensão oral. Para ilustrar a necessidade desse compartilhamento, segue uma pequena história pessoal.

Quando fui estudar nos Estados Unidos, eu possuía um conhecimento muito bom de gramática e do vocabulário formal, pois lia muito. Porém, minha habilidade para interagir com as pessoas (falar e ouvir) era bem pouco desenvolvida. Na primeira noite, ao jantar com a família que me hospedava, minha "irmã" americana começou a relatar as aventuras que ela e duas amigas tiveram no barco à vela da família naquela semana. Por um lado, o cansaço e o *stress* da viagem, por outro e principalmente porque aquele *script* não fazia parte do meu acervo de conhecimentos, acompanhar a narrativa foi se tornando cada vez mais difícil até o ponto de eu me "desligar". Fui "salva" por meu "pai" americano, que percebeu minha "cara de perdida" e fez um resumo dos fatos narrados e pude, então, acompanhar o término da história! Sou eternamente grata a ele! Infelizmente nem sempre recebemos esse tipo de ajuda!

4.2.3 As estratégias de compreensão oral

Nos estudos sobre a aquisição da linguagem e de como a comunicação acontece, procurou-se definir os conhecimentos que qualquer falante possui e utiliza para interagir com outros falantes. Entre esses conhecimentos encontramos as **estratégias**. **Estratégia** significa "a arte de aplicar com eficácia os recursos de que se dispõe ou de explorar as condições favoráveis de que porventura se desfrute, visando ao alcance de determinados objetivos" (Houaiss; Villar, 2001, p. 1.261). Canale e Swain foram os primeiros a apresentarem a noção de competência estratégica definida, como o "domínio de estratégias verbais e não verbais para compensar rupturas na comunicação devidas à competência insuficiente ou a limitações de desempenho" (Canale; Swain, citados por Bachman, 2003, p. 109).

No nosso objetivo de ouvir para escutar, para entender, precisamos desenvolver algumas estratégias que vão nos permitir sermos bem-sucedidos no processo de compreensão. A **competência estratégica de compreensão oral** refere-se, então, à habilidade de captar as pistas fornecidas pelo falante e com elas tentar compreender as expressões ouvidas, e a de usar a arte da adivinhação para compensar lacunas de conhecimento e de informação. Entre as estratégias que devemos desenvolver estão:

» Procurar escutar palavras-chave.
» Procurar por pistas não verbais para entender o significado do que foi dito.
» Prever o propósito do falante pelo contexto do discurso.
» associar informações a estruturas cognitivas conhecidas (ativando o acervo de conhecimentos).
» Supor que significados a mensagem contém.
» Pedir por esclarecimentos e explicações.
» Demonstrar que estamos acompanhando.
» Escutar para entender a ideia geral.
» Inferir situações, participantes, gol, usando nosso conhecimento de mundo.
» Inferir significados usando processos ascendentes e descendentes de decodificação.
» Indicar tomada e dispensa de turno da fala (White, 2003, p. 29).

Encontramos em diversas obras a relação das estratégias que um ouvinte eficiente utiliza para escutar, processar e entender mensagens. Essas listas são longas e tentamos, na seção anterior, fazer um apanhado das mais importantes estratégias que os alunos devem desenvolver para ouvirem eficientemente.

para refletir

» Considere a lista apresentada acima. Você utiliza dessas estratégias para a compreensão oral? Marque com ✓ aquelas que você percebe que utiliza.

4.2.4 O bom ouvinte na vida real

"Ouvir bem" envolve estar motivado a ouvir, assim como estar concentrado no que se está ouvindo. **Bons ouvintes** sabem que quando participam de eventos interacionais e transacionais precisam cooperar. Nesses tipos de eventos comunicativos, falante e ouvinte compartilham a tarefa de fazer com que a mensagem seja entendida. Isto é, ser um bom ouvinte requer colaboração com o falante, num papel ativo em que prestamos atenção, pedimos por esclarecimento quando não entendemos, demonstramos que estamos acompanhando e respondemos adequadamente, sabemos quando o falante quer que respondamos ou quando quer que fiquemos quietos, não interrompemos (sabemos quando é nossa vez de falar), ficamos em posição de empatia para escutar quem está falando, e muitas outras coisas.

Podemos relacionar algumas características do processo de compreensão auditiva na vida real. **Como bons ouvintes**:

» Partimos sempre de **um propósito**, isto é, temos sempre uma razão para ouvirmos.

» Sabemos qual é **o tipo de evento** e temos **expectativas** sobre o que vamos ouvir (formamos hipóteses, prevemos conteúdo e situação, elaboramos pressuposições).

» Normalmente temos a pessoa que estamos ouvindo sob nosso olhar (ou pessoalmente ou em uma tela) e se for por telefone, sabemos quem é nosso interlocutor.

» Além disso, utilizamos dados do contexto extralinguístico (lugar, horário, participantes e outros) para **inferir** e/ou **confirmar** o tipo de situação, de relacionamento entre os falantes, o nível de formalidade, entre outros conhecimentos para compreendermos a mensagem.

- » Compartimentamos o discurso ouvido em **blocos pequenos**▫*.
- » Na maioria dos casos, o evento comunicativo é curto e respondemos imediatamente ao que ouvimos (pode até ser com um aceno de cabeça, uma expressão visual, ou um contato visual; ou no caso de uma palestra, tomando notas etc.).
- » O evento comunicativo pode ser **colaborativo** e **cooperativo** (respondemos, pedimos clarificação, responsabilizamo-nos pelos turnos da fala ou damos sinais que estamos acompanhando etc.) ou **não colaborativo** (nos quais só precisamos decodificar a mensagem como quando ouvimos o rádio, assistimos TV etc.).
- » Na maioria das vezes, estamos envolvidos em interações em que a linguagem que ouvimos é espontânea e informal
- » Buscamos de nosso acervo de conhecimentos, as informações pertinentes e relevantes para interpretar a mensagem e decodificá-la.

para refletir 5

- » O que você escuta normalmente? Faça uma lista **antes** de passar para a próxima seção.
- » Pergunte também a outras pessoas o que elas ouvem no seu dia a dia.

4.2.5 Principais tipos de eventos orais

Vimos a diferença entre ouvir e escutar. Como conseguimos "ouvir" sem prestar atenção, essa é uma das únicas atividades que podemos realizar simultaneamente a outra atividade. Por exemplo: quando ouvimos música e estudamos ou lemos ou ouvimos os sons da natureza, carros passando na rua ou outros "ruídos" aleatórios e conversamos. Todavia, existem atividades em que devemos "ser todo ouvidos", em que devemos "escutar realmente", como quando conversamos com alguém, ouvimos indicações de como chegar a um lugar, ou ouvimos uma notícia no rádio, por exemplo. Se analisarmos

---

* Blocos pequenos: *chunks* ou *units of meaning* (unidades de significado).

nosso dia a dia, verificaremos que são muitos os tipos de textos orais que escutamos, entre diversas coisas, ouvimos **textos planejados**: diálogos em filmes, pelo radio ou TV (músicas, notícias, previsão do tempo, programa sobre esportes, propagandas, anúncios) e textos **não planejados** em **diálogos interacionais e transacionais** (conversas, discussões de trabalho, assuntos familiares, conversando com profissionais para obter conselhos (médico, dentista etc.), fazendo entrevistas, fazendo exames orais, e muitas outras*.

Cada um desses tipos de texto apresenta características próprias ao seu **gênero**, em decorrência, possuem uma identidade própria. Essa identidade é demonstrada por três elementos:

» **a organização das informações expostas** – sua "forma", por exemplo, uma apresentação, uma canção, uma oração;
» **a sua estrutura gramatical** (complexidade, coesão, coerência etc.);
» **o vocabulário usado**.

Esses três elementos nos direcionam e nos permitem ter expectativas sobre qual conteúdo e estrutura poderemos lá encontrar, assim como irá nos facilitar chegar aos significados, às informações que estamos procurando. Se não facilitarem é porque um desses elementos não está de acordo com os outros ou nós não temos conhecimentos para reconhecê-los.

para refletir 6

Antes de continuarmos, vamos fazer uma experiência?

» Peça para alguém (assim você não terá nenhuma informação para formar expectativas ou ter um propósito para ouvir!) escolher um filme que você nunca tenha visto (numa língua qualquer que você não conheça), coloque-o para funcionar, mas "assista" sem a imagem, deixe a TV escura; na verdade, só ouça! Por cinco ou dez minutos, preste atenção somente aos sons e anote **todos** os sons (barulhos, música, palavras etc.) que você consegue identificar (pode repetir algumas vezes o mesmo trecho). Agora assista de verdade e veja se você identificou os sons corretos! Conte-nos como foi sua experiência!

---

* *Vide* anexo I.

4.2.6 O propósito e a maneira de escutar*

Muito raramente, ouvimos ou lemos algo sem termos a mínima ideia do que vamos "receber". As raras ocasiões em que não temos a mínima ideia acontecem, por exemplo, quando entramos num elevador e "ouvimos" uma conversa já iniciada, ou quando passamos e "olhamos" algum *outdoor* novo ou algum adesivo pregado na traseira de um carro. Na maioria das outras situações, quando nos engajamos num evento comunicativo, temos um objetivo, assim como expectativas, pressuposições e ideias preconcebidas de qual será o conteúdo, o grau de formalidade, o tipo de contexto (entre outras variáveis) do que vamos ouvir (ou ler).

Existem várias razões que nos levam a buscar escutar (ou ler) um texto e que podem ser englobadas em duas principais: ouvimos e lemos **por prazer** ou ouvimos **porque precisamos de alguma informação**, seja para descobrirmos algo ou para fazermos algo com a informação obtida. Por exemplo: quando queremos ir ao cinema e procuramos os horários em que os filmes estão passando, ou quando queremos saber o nome de uma música que acabamos de ouvir no rádio e da qual gostamos. A **forma** como vamos escutar algo, então, está fortemente **ligada às expectativas e aos objetivos** do que queremos retirar do texto, quer dizer, qual a "mensagem" que esperamos decodificar.

4.3 Habilidade de compreensão oral e a sala de aula

Dentro do apresentado desde o primeiro capítulo, sabemos que muitas coisas precisam ser trabalhadas para que os alunos tenham condições de ouvir ativamente e possam participar das interações com seu interlocutor. Vamos apresentar na sequência como transpor para a sala de aula esses conhecimentos sobre o processo comunicativo de compreensão oral.

* Vale também para a leitura!

4.3.1 O que torna difícil "escutar" numa segunda língua

Quando trabalhamos no desenvolvimento da habilidade de compreensão oral em língua estrangeira, sentimos mais dificuldades do que quando o fazemos com a compreensão escrita (leitura), dificuldades causadas pelas características intrínsecas da linguagem oral que afetam a nossa percepção, bem como pela complexidade do processo para chegarmos à compreensão de uma mensagem porque nossas estratégias ainda não estão bem desenvolvidas, comprometendo o bom entendimento e a decifração das mensagens ouvidas.

As características principais da linguagem informal e espontânea encontradas em diálogos interacionais e transacionais que dificultam a compreensão auditiva, são:

» **Como ouvintes, não somos independentes** – "escutar" é a única das quatro habilidades em que o ritmo é regido por outra pessoa – o falante. Por exemplo: na leitura, posso ler quando quiser e na velocidade que quiser, posso voltar atrás, posso parar de ler ou pular páginas etc. Quando ouvimos, devemos nos sujeitar ao andamento imposto pelo falante, que determina quando vão ocorrer as pausas e qual o ritmo que sua fala terá. Em língua estrangeira, essas pausas nem sempre acontecem quando as estamos esperando. E pela rapidez com que as emissões acontecem, não temos tempo de processar todo o texto ouvido entre essas pausas. Nesses casos, recebemos mais insumo do que conseguimos processar e, por consequência, cansamos e nos "desligamos" (como no caso do jantar, mencionado anteriormente).

» Ao mesmo tempo, por medo de perder algo importante, temos uma compulsão de querer ouvir e entender tudo o que escutamos. Quando isso acontece, ouvimos todas as "redundâncias" achando que são importantes ou que são uma nova informação, em vez de utilizarmos esse "tempo extra" que nos é dado por essas repetições por parte do falante para processar o significado da mensagem.

Vimos no capítulo anterior que as **redundâncias** ocorrem na linguagem falada através de reformulações, repetições, acréscimos de detalhes, elaborações e inserções de "preenchedores de pausas" (*pause fillers*, como "*You know*" ou "*I mean*").
Essa "perturbação" no fluxo das emissões é agravada pelas variações de performance de nosso interlocutor demonstradas por falsos começos, pausas, hesitações e interrupções.

As **elocuções acontecem por blocos** (*clustering* ou *chunking*, como demonstramos no capítulo sobre a fala) e somos incapazes de início de perceber e selecionar esses grupos de palavras chaves para termos fluência na audição.

» Por conseguinte, quando ouvimos, por não compreendermos todas as palavras e/ou os blocos de ideias, surgem muitas lacunas que somos incapazes de preencher porque nossas estratégias para conseguir entender e dar conta do recado ainda não estão perfeitamente desenvolvidas.

» Por último, a falta de conhecimentos sobre como se realizam as enunciações para atender às regras da interação compromete nossa compreensão. Não sabemos ainda usar as estratégias de comunicação oral, por exemplo: Como pedimos por esclarecimento? Em quais sinais devemos prestar atenção (expressões faciais, gestos etc.)? Como manifestamos a troca de turnos e a sua manutenção? Como negociamos significados para que o processo de compreensão possa se completar?

Ainda relacionado a esse tópico, sabemos que cada povo tem suas regras de sinais culturais subentendidas que devemos saber interpretar para entendermos o texto oral. Buck, citando Abercrombie, nos diz que:

> *falamos com os nossos órgãos vocais, mas conversamos com nossos corpos. A informação visual é muito importante na comunicação, e de interesse particular já que temos mais acesso a vídeos e multimídia. As comunicações não verbais podem ter diversas formas [...] ações e movimentos obrigatórios em certas situações sociais. Por exemplo, [...] cumprimentos [...]. Alguns movimentos gerais do*

corpo que expressam o ânimo do falante: depressão ou alegria [...] cinestesia, que podemos definir como movimentos do corpo relacionados com a mensagem. Gestos e expressões faciais podem substituir mensagens verbais [...] Às vezes movimentos do corpo podem reforçar a mensagem [...] e podem até vir a modificar uma mensagem [...] (Abercrombie, citado por Buck, 2001, p. 47-48.)

Escutar, como vimos, é um processo complexo e muito difícil. Muitas pesquisas têm sido realizadas para se estabelecer onde residem essas dificuldades e como fazemos para mesmo com essas dificuldades sermos bem-sucedidos na decodificação de um texto oral.

4.3.2 Os processos de compreensão de mensagens

A compreensão oral envolve um processo ativo entre o receptor (e seus conhecimentos) e o texto, numa operação de decodificação em que são utilizados dois modos inter-relacionados de processamento de informação que se diferenciam por dois fatores: pelo tipo de conhecimento que utilizam (linguístico ou cognitivo) e pelo modo como essa informação entra no sistema. Portanto, quando ouvimos, utilizamos dois tipos de processos para decodificarmos um texto:

» **O modelo ascendente** – a decodificação baseia-se nas unidades menores da comunicação – os fonemas, as sílabas e as relações gramaticais, para o entendimento da mensagem. A abordagem do texto recai sobre o que é ouvido – os sons.

» **O modelo descendente** – utiliza-se dos conhecimentos do acervo para prever o conteúdo do que é ouvido. Esse modelo baseia-se no que o ouvinte sabe, pois muito da compreensão vem do que acontece na mente do receptor muito antes dele ouvir a mensagem.

Esses dois processos não ocorrem separadamente, mas simultaneamente em um processo chamado *modelo interativo**.

---

* No próximo capítulo, sobre compreensão escrita, há um aprofundamento sobre esses processos.

A esse processo de compreensão, Goodman chamou de *"jogo psicolinguístico de adivinhação"* (citado por Brown, 2004, p. 298). Ele enfatiza a ação dinâmica de criar ou recriar sentidos com base nas pistas que o texto oferece e dos recursos pessoais/históricos do ouvinte-falante em contextos sociais específicos. Portanto, podemos definir **compreensão** como o processo de entender a mensagem de um texto oral ou escrito que resulta da **interação** entre os conhecimentos de mundo, sociolinguísticos e linguísticos, além do uso de estratégias de compreensão oral.

» Você já trabalhou com tarefas para desenvolvimento da compreensão oral em sala de aula? Quais foram as atividades?

4.3.3 Alguns questionamentos sobre o desenvolvimento da compreensão oral em sala de aula

Teoricamente, não deveria ser tão difícil termos muitas atividades de *listening* para o desenvolvimento da habilidade de compreensão – o ouvir como processo comunicativo em nossas aulas, mas infelizmente não é a nossa realidade. Existem diversos impedimentos para que realizemos boas atividades, entre eles o não conhecimento de como a compreensão oral acontece (tudo o que foi abordado anteriormente) e o desconhecimento de técnicas que auxiliem os alunos a desenvolverem estratégias de compreensão oral.

Ainda hoje são utilizados textos orais ou para ilustrar o estudo de sistemas linguísticos (apresentação da gramática) ou como teste de memorização, ou seja, para verificar se o aluno lembra aquilo que ouviu. Temos, porém uma terceira opção: usar os textos orais para **trabalhar o processo de compreensão auditiva para a construção de sentido e para o desenvolvimento das habilidades e estratégias compreensão oral.**

Ao optarmos por essa abordagem e antes de passarmos à elaboração de nosso plano de aula, precisamos ainda questionar alguns pontos sobre as atividades de "ouvir na vida real" e de "ouvir em sala de aula", porque existem alguns princípios básicos para serem levados em conta que precisam ser esclarecidos:

1. Escutar na vida real é muito diferente do que acontece em sala de aula, onde, na maioria das vezes, somente checamos a capacidade dos nossos alunos de "guardar na memória" o que foi ouvido. Isso quer dizer que tocamos o trecho selecionado do CD ou vídeo e esperamos que eles respondam algumas perguntas sobre o que ouviram anteriormente, o que não é condizente com o que é feito na vida real fora da sala de aula.

    Questionamento: A atividade que vamos utilizar conduz os alunos à compreensão do que foi ouvido ou é um teste de memorização?

2. Não devemos ter "receio" de criar tarefas comunicativas de compreensão auditiva para a sala de aula, porque ganharemos em troca a motivação e o interesse dos alunos.

    Na vida real, estamos motivados, temos um propósito para escutar e usamos de todos os nossos conhecimentos anteriores como base para fazermos pressuposições e nos prepararmos ao que vai ser ouvido. Essas tarefas precisam refletir aquelas realizadas no dia a dia e que sejam muito próximas da realidade.

    Questionamento: Essa atividade é motivante? Os alunos estão preparados, com seu acervo de conhecimentos ativado? Ela reflete uma atividade real que os alunos podem encontrar no seu dia a dia?

3. As técnicas utilizadas em sala de aula devem promover o autêntico uso da língua. Isso quer dizer que se deve criar nos aprendizes a vontade de se comunicar, dando-lhes uma razão para tal.

    Questionamento: Conseguimos criar um senso de propósito? As tarefas escolhidas são comunicativas, isto é, há lacuna informacional, propósito, escolha e *feedback*?

4. Necessitamos desenvolver tanto o modelo descendente de compreensão com foco no processo de ouvir (habilidades e estratégias) como o ascendente com foco na forma (estudos linguísticos). Precisamos exercitar tanto a "escuta" intensiva

(foco no estudo dos sistemas linguísticos) quanto a extensiva (por prazer).

Questionamento: As atividades focam tanto um modelo quanto o outro? Elas ajudam também a desenvolver e melhorar os conhecimentos linguísticos dos alunos?

5. Não devemos simplificar os textos, mas sim as tarefas que os alunos realizarão. Lembrando que os estudantes não podem se sentir "ameaçados" por uma tarefa que está além do seu conhecimento.

Questionamento: As tarefas expõem os alunos à linguagem que está um pouco acima de seu nível de proficiência, mas que é significativa e autêntica?

6. Além disso, na vida real, temos muitas chances de usar e experimentar o que foi aprendido.

Questionamento: Na realização das tarefas, os alunos terão a oportunidade de exercitar a prática controlada e chegar à autonomia?

Portanto, ao optarmos pelo desenvolvimento da compreensão oral, a terceira abordagem, devemos nos questionar sobre esses pontos e suas respostas devem ser levadas em conta na hora do nosso planejamento.

> » Já vimos os três processos de aprendizagem: conscientização, apropriação e autonomia no ensino da habilidade de produção oral. O que você faria para trabalhar esses mesmos processos com a compreensão oral?

4.3.4 Como transpor tudo isso para a sala de aula?

No capítulo sobre o desenvolvimento da produção oral, abordamos muitos fatores que afetam a comunicação, tratamos das dificuldades de falar um segundo idioma e sobre o que os falantes precisam saber para que haja uma boa interação com seu interlocutor. No início deste capítulo, vimos como se processa a compreensão oral, quais as estratégias e os modelos de compreensão que utilizamos para a decodificação de uma mensagem.

No item anterior, apresentamos alguns questionamentos do que precisamos enfocar para que as técnicas usadas em sala de aula, em primeiro lugar, aproximem-se o máximo possível de uma atividade semelhante às da vida real. Em segundo lugar, fizemos questionamentos sobre as técnicas que devem ser utilizadas para auxiliarem os aprendizes a passarem do estágio de conscientização ao de autonomia no processo de compreensão oral. Pensando nesses dois pontos, elaboramos as sugestões apresentadas no tópico a seguir.

> Processo de aprendizagem
> Conscientização → Apropriação → Autonomia

4.3.5 Com foco no processo de aprendizagem

No capítulo anterior, sobre a produção oral, vimos que tudo "que fizermos em sala de aula para o desenvolvimento da habilidade de **produção** oral (falar) será extremamente útil para o desenvolvimento da habilidade de **compreensão** oral (ouvir)", assim como apresentamos os três processos para atingirmos o desenvolvimento da compreensão oral:

» **Processo de conscientização** – o encontro com o novo, subdividido em três fases:
  › atenção;
  › percepção;
  › compreensão.
» **Processo de apropriação** – a integração do novo ao conhecimento prévio.
» **Processo de autonomia** – novos conhecimentos promovem autonomia.

Vejamos o que acontece ao aplicarmos esse processo para o desenvolvimento da habilidade de compreensão oral (ouvir).

O processo de conscientização
No processo de conscientização, como está implícito, os alunos "tomam conhecimento" das características da língua e de como elas

se realizam na prática. Vamos chamar sua atenção e direcioná-los à compreensão para que eles reestruturem seus conteúdos criando princípios e padrões.

O processo de apropriação
No processo de apropriação, após o reconhecimento, a percepção e a compreensão, o aluno "toma posse", usando, experimentando e automatizando por meio do processo de controle praticado (ver capítulos 1 e 3), processo pelo qual acontece a integração dos conhecimentos novos ao conhecimento prévio.

O processo de autonomia
Para alcançar a autonomia, o aluno precisa ter os processos automatizados para se tornar "livre" para criar e não ficar preso à forma ou ao processo em si. Quanto mais automático, mais confiantes ficamos e mais arriscamos a ir por novos caminhos.

Gostaríamos ainda de relembrar uma proposta para que a **aprendizagem** seja **significativa,** apresentada por David Ausubel, nos idos de 1965:

> *[Ausubel] defendia que o **aprendizado para ser permanente precisa ser significativo**. E o material para ser significativo precisa estar claramente relacionado a conhecimentos pré-existentes (que o aprendiz já possui). Além disso, essa base de conhecimentos pré-existentes precisa estar organizada de tal forma que a nova informação seja facilmente assimilada, ou melhor, "anexada" às estruturas cognitivas do aprendiz. Ausubel estressava que os professores precisam providenciar **organizadores avançados** (advance organizers) – dispositivos que ativam conhecimentos relevantes do nosso acervo de conhecimentos ("background knowledge") – para facilitar o aprendizado e a retenção do novo material. [...] Vinte e cinco anos depois que Ausubel introduziu este conceito, professores de línguas (assim como educadores em virtualmente todas as outras disciplinas) continuam reconhecendo o valor de prover tais organizadores no ensino. [Quarenta e cinco anos depois!] (Omaggio Hadley, 1993, p. 131 grifo nosso.)*

Nossas técnicas então devem ser dosadas para que os alunos partam do controle à autonomia com motivação e interesse. Lembrando que, seja para conscientizar, para apropriar-se ou para desenvolver o processo de compreensão oral, devemos sempre preparar os alunos para a atividade. Esses procedimentos além de os ajudarem a desenvolver suas habilidades de compreensão auditiva também servem de base para eles se tornarem falantes competentes.

4.3.6 Procedimentos para as aulas de compreensão auditiva

Apresentamos no início do capítulo que entre captar o som e compreender a mensagem há uma série de passos que começam na **percepção**, passando para o **reconhecimento** do gênero, contexto e conteúdo, dos objetivos e intenções do emissor, chegando finalmente à **compreensão** do enunciado, tudo muito rapidamente. E para conseguirmos decodificar uma mensagem eficientemente utilizamos interativa e simultaneamente os modelos ascendentes e descendentes como apresentados aqui.

Ouvir é um processo complexo e muito ativo que requer do ouvinte **conhecimentos de mundo, sociolinguísticos, estratégicos** e do **sistema linguístico**. Como professores, precisamos desenvolver essas áreas de conhecimento, ajudando os alunos a preencherem lacunas no conjunto de conhecimentos que são relevantes, para que possam realizar os processos descendente e ascendente de decodificação das mensagens, que os ajudem com a dificuldade em ativar **esquemas** e *scripts*, referentes àquela interação, com sua inabilidade em marcar e manter seu turno, assim como de indicar compreensão, entre outras coisas.

Assim, devemos, em sala de aula, contemplar a prática das duas formas de decodificação, dividindo as técnicas utilizadas para o desenvolvimento da compreensão auditiva como processo em dois tipos: **escutar para desenvolver a conscientização** (processo ascendente) e **escutar para desenvolver a compreensão** (processo descendente), além de criar situações nas quais os alunos desenvolvam suas estratégias de compreensão oral.

Escutar para conscientizar ou para compreender
Lembro ainda hoje quando minha filha era um bebê de um aninho e perguntei a ela: "Cadê a bola? Vá buscar a bola!". E ela foi. Ela não falava ainda, mas compreendia muito do que falávamos com ela. A mesma coisa acontece em sala de aula: no início, os alunos são só receptores, com a necessidade de receber muito *input* que seja compreensível, mas para o qual ele não tenha a obrigação de responder verbalmente. Por isso iniciamos com atividades em que os alunos não precisem fornecer uma resposta verbal "aberta", mas, por exemplo, marquem ou numerem gravuras, colocando-as em ordem, demonstrando que entenderam. Devemos graduar nossas técnicas como acontece quando interagimos com as crianças.

Segundo Lund (citado por Omaggio Hadley, 1993, p. 170-1; Brown, 2001a, p. 255, e Richards, 1982, p. 235), são dois os elementos básicos que devemos adotar para analisar e planejar qual o tipo de atividades utilizaremos para o desenvolvimento da habilidade de compreensão oral de nossos alunos, são eles:

1. **A função do ouvinte** – está relacionado com o que o aprendiz procurará processar da mensagem. "Cada função representa um objetivo em potencial [...] prové um propósito para ouvir e indica como eles vão abordar o texto" (Lund, citado por Omaggio Hadley, 1993, p. 170-1). As funções são: identificação, orientação, compreensão da ideia principal, compreensão detalhada, compreensão total, e reprodução.
2. **A resposta auditiva** – corresponde à forma como o aprendiz demonstra sua compreensão da mensagem. Uma vez que a compreensão auditiva não é observável, os alunos devem demonstrar que compreenderam através de **ações, escolhas, transferências para outro contexto (e.g. desenho), respostas, resumos, complementações, respostas duplicadas, modelagens, conversações ou texto escrito.**

A combinação desses dois elementos nos fornece as diretrizes para que selecionemos os tipos de técnicas que serão utilizadas em sala.

> Como regra geral, as técnicas mais efetivas para compreensão auditiva devem ser construídas por **tarefas**. Quer dizer, os alunos precisam fazer alguma coisa com o que eles ouviram para demonstrar que entenderam. Exemplos de tarefas são: concordar ou discordar, tomar notas, marcar uma gravura ou um diagrama de acordo com as instruções, responder perguntas. (Ur, 2002, p. 25 grifo nosso)

4.3.7 Em sala de aula: a compreensão oral como processo

Vimos anteriormente que o tipo de texto, ou gênero (programa de rádio, conversa interativa etc.), determina o tipo de atividade auditiva que realizamos na vida real porque sempre temos um propósito para ouvir e procuramos a fonte que possa sanar nossas dúvidas. Existem muitos tipos de técnicas que fomentam o desenvolvimento das diferentes habilidades e estratégias de compreensão auditivas e, como não sabemos se o aluno compreendeu ou não, pois a compreensão não é observável, precisamos utilizar das técnicas mencionadas, as quais comprovam seu entendimento e, ao mesmo tempo, fazem com que os alunos sintam que foram bem-sucedidos e estão aprendendo.

Propomos aqui a construção de um *framework*, uma estrutura básica composta de uma sequência de procedimentos a serem utilizados em sala de aula. O esquema é simples e útil e pode ser utilizado para desenvolvimento em qualquer nível de proficiência. Pode também ser usado tanto para aulas com foco no **processo de conscientização**, no de **apropriação** dos diversos níveis de conhecimentos (desde o sistema linguístico, *scripts* e esquemas às estratégias de compreensão auditiva) como no de autonomia, isto é, no processo de compreensão auditiva para construção de significados.

Mas, antes do *framework*, vamos revisar os questionamentos apresentados anteriormente e que servem de balizadores para a seleção das técnicas que devem compor nossa prática:

1. Esta atividade conduz os alunos à **compreensão** do que foi ouvido ou é um teste de memorização?
2. Esta atividade é motivante? Os alunos estão preparados, com seu acervo de conhecimentos ativado?
3. Conseguimos criar um senso de propósito? As tarefas escolhidas são comunicativas, com lacuna informacional, propósito, escolha e *feedback*?
4. As atividades focam tanto a escuta intensiva quanto a extensiva? Elas ajudam também a desenvolver e melhorar os conhecimentos linguísticos?
5. As tarefas **expõem** os alunos à linguagem que está um pouco acima de seu nível de proficiência, mas que é significativa e autêntica?
6. Na realização das tarefas, os alunos terão a oportunidade de exercitar a prática controlada e chegar à autonomia?
7. Estas tarefas ajudam os alunos a trabalhar suas dificuldades e chegar a resultados específicos?

Vamos dividir nossas aulas em três partes: **antes, durante** e **depois**, isto é, o que será feito **antes de ouvir, enquanto se ouve** e **após a audição**.

O que será feito antes da atividade em si?

Essa é a fase mais importante de uma atividade para desenvolvimento das habilidades receptivas, pois é nela que trabalhamos na preparação dos alunos para a audição. Partindo do pressuposto de que fomos nós, professores, que escolhemos o texto – pois ou ele se encontra no livro-texto ou nós o selecionamos anteriormente –, sabemos que tipo de texto é e que tipo de informação podemos encontrar nele. Portanto, temos a obrigação de conduzir os alunos para que eles também estabeleçam um objetivo para se engajar na atividade, precisamos motivá-los e interessá-los. Porém, e principalmente, precisamos ativar seus **esquemas** e seus *scripts*, porque "os alunos trazem à tona o melhor de seus conhecimentos e habilidades para a compreensão do texto quando lhes é dada a oportunidade de 'mergulhar' suavemente no texto" (Brown, 2001a, p. 315).

Introdução – preparando o caminho

Na introdução, nós preparamos o caminho e conduzimos os alunos para a atividade. Nessa etapa, estamos priorizando o **processo de compreensão descendente** e devemos dispor de algum tempo para ativar o acervo de conhecimentos de mundo, sociolinguísticos e linguísticos do aluno, da seguinte forma:

» Introduzindo o assunto – através de disparadores como ilustrações, palavras-chave etc. criando o contexto;
» Interessando os alunos nesse assunto e descobrir o que já conhecem sobre ele;
» Ativando conhecimentos de mundo: **esquemas** e *scripts* relevantes;
» Procurando explicitar a ligação entre o tópico (assunto) e as experiências dos alunos;
» Incentivando pressuposições e a criação de hipótese;
» Encorajando a antecipação de conteúdo (hipóteses, previsões) por meio de:
  › informação encontrada no texto: ilustrações, palavras-chaves, títulos e outras;
  › previsão da ordem correta dos eventos ou ilustrações;
  › resposta a perguntas sobre o texto;
  › elaboração de perguntas pelos alunos;
  › elaboração de listas do que os alunos já conhecem sobre o assunto;
» Estabelecer a ideia geral do texto;
» Estabelecer o gênero, o registro e suas variáveis;
» Discutir temas-chaves;
» Contextualizar;
» Enfocar alguns itens lexicais importantes para a com-preensão do texto.

Aqui vemos somente algumas sugestões para que preparemos os alunos para a atividade de compreensão oral, mas existem muitas outras que podem ser propostas em sala de aula*.

O que será feito durante a atividade em si?
Bem, já preparamos os alunos e esperamos que eles estejam **bastante motivados** e que tenhamos criado **expectativas** (as lacunas informacionais) para ouvirem o trecho. Além disso, esperamos que eles tenham **criado um propósito** para realizar a escuta (não só porque "ordenamos" que a audição seja feita). Precisamos também verificar se as tarefas que criamos estão de acordo com o assunto e com a função do texto (não vamos pedir para os alunos ouvirem uma notícia e pedir que contem todos os detalhes, se não é esse tipo de atividade que fazemos na vida real!).

Podemos promover dois tipos de audição em sala de aula, a **extensiva**, que prioriza o processo descendente e a **intensiva**, que prioriza o processo ascendente de compreensão. Para tal, podemos usar o mesmo texto para, em primeiro lugar, trabalhar o desenvolvimento de habilidades e estratégias de compreensão global, passando a seguir à compreensão de detalhes ou **específica**, para depois passar ao estudo do texto para a percepção e desenvolvimento de conhecimentos linguísticos.

Escutar como processo de compreensão
Nas atividades de audição para desenvolvimento das estratégias de compreensão, os alunos podem, entre outras ações:
» Usar conhecimentos sobre o assunto para prever o que o falante poderá vir a dizer.
» Usar conhecimentos de mundo para inferir o papel do falante, a função do texto ou o registro.
» Compreender gestos e pistas fornecidas pelo contexto (lugar e horário) e deduzir o que está sendo dito.

* Veja outras ideias no capítulo anterior.

» Serem treinados a fazer deduções do que está sendo falado, e fazer novas antecipações e previsões.
» Aprender a responder e a manter o ritmo da comunicação (interação = enviar e receber mensagens).

Escutar para conscientização

Os procedimentos básicos foram vistos no capítulo três e aqui também pode ser usado para focar nas características da linguagem – percepção guiada para que o aluno continue a desenvolver sua percepção. O que é realizado através de tarefas como **identificar, contar, classificar, combinar, conectar, comparar** e **contrastar** e **completar**.

» Focar nas características da linguagem – percepção guiada (**identificar, contar, classificar, combinar, conectar, comparar e contrastar, completar**), procurando:
  › discriminar sons – pares mínimos, entonação, ritmo, acentuação;
  › reconhecer blocos ou unidades de ideias, grupos de palavras-chave;
  › prestar atenção em redundâncias e em outros tipos de sinalizações que nos dão mais tempo para processar a mensagem ouvida;
  › reconhecer formas reduzidas, não esperando encontrar sentenças completas;
  › ampliar seu vocabulário coloquial (expressões idiomáticas, gírias etc.);
  › ampliar seu conhecimento sociocultural local.

Escutar como processo de apropriação

Lembramos do que foi apresentado nos primeiros capítulos: a **apropriação** envolve pelo menos três processos – **o controle praticado, a processualização ou reestruturação e a automatização**.

No caso da compreensão auditiva, essa apropriação ocorrerá com a repetição dos processos mostrados anteriormente para que haja a **integração do novo ao conhecimento prévio**.

para refletir 9 » Temos consciência de que não conseguimos saber se nossos alunos compreenderam o que ouviram. O que você faria para que eles demonstrassem que entenderam?

Outro ponto a ser levado em conta concerne o real entendimento do texto. Sabermos se os alunos realmente compreenderam aquilo que leram ou ouviram é praticamente "invisível" aos nossos olhos! Como podemos, no entanto, verificar se houve entendimento do que foi ouvido? No item **resposta auditiva**, mostrado anteriormente, encontramos algumas sugestões de atividades práticas e "ativas" que, quando bem realizadas, demonstram a compreensão da mensagem por parte dos alunos:

> **Resposta auditiva:** os alunos demonstram abertamente que compreenderam através de **ações, escolhas, transferências para outro contexto** (ex.: desenho), **respostas, resumos, complementação, respostas duplicadas, modelagens, conversações ou por escrito**.

O que será feito após a atividade em si (o seguimento)?
É de suma importância também essa última fase e devemos sempre, em nosso planejamento, estabelecer algum tempo para a sua realização. É nessa fase que revisamos o que foi aprendido, que complementamos o que ficou faltando; esclarecemos dúvidas; amarramos as pontas e direcionamos para o seguimento (*follow-up*) com atividades comunicativas baseadas no assunto do que foi ouvido. Os alunos podem:

» discutir sua interpretação do..., reação ao..., ou sentimentos sobre o texto;
» resolver um problema proposto pelo texto;
» escrever uma resposta ao tópico proposto pelo texto;
» discutir e escrever a conclusão de uma estória;
» dramatizar a estória, o diálogo etc.

A aprendizagem será muito mais efetiva quando conseguimos transferir o que aprendemos para outras situações; quando estamos engajados em atividades colaborativas e cooperativas num ambiente acolhedor, nos quais baixamos nossas defesas e onde não nos sentimos "ameaçados" ou "julgados" se erramos. Também quando somos criativos na produção da linguagem, isto é, temos a oportunidade de acrescentar informações próprias (construindo significados através da interação com os outros). Como falantes e ouvintes, temos um papel ativo na criação do significado, do sentido do texto.

Síntese

Neste capítulo, mostramos o que significa "saber ouvir para compreender uma mensagem" e abordamos os conhecimentos e estratégias que um ouvinte de língua estrangeira necessita desenvolver para ser eficiente nesta empreitada. Demonstramos o importante e ativo papel desse ouvinte na construção dos significados propostos pelo falante. Depois, verificamos o que é necessário trazer para nossa prática didática para que nosso aprendiz de língua estrangeira desenvolva essa habilidade, passando pelos processos da conceitualização à autonomia. E finalmente, apresentamos técnicas para serem utilizadas **antes**, **durante** e **depois** da atividade de compreensão oral, para que a aula seja motivante e comunicativa.

Indicações culturais

Sites

Recomendo, entre muitos, os seguinte *sites* de rádio e televisão públicas e de filmes e vídeos muito interessantes, nos quais você pode encontrar muito material de *listening* para suas aulas, alguns deles inclusive com notas e planos de aula:
VOICE of America. Disponível em: <http://www.voa.gov>. Acesso em: 26 maio 2010.
NATIONAL Public Radio. Disponível em: < http:// www.npr.org>. Acesso em: 26 maio 2010.
BBC – British Broadcast Corporation. Disponível em: < http://www.bbc.co.uk/worldservice/>. Acesso em: 26 maio 2010.
CBC – Canadian Broadcast Corporation. Disponível em: <http://archives.cbc.ca/for_teachers>. Acesso em: 28 maio 2010.
ESL Partyland. Disponível em: <www.eslpartyland.com/teachers/nov/music.htm>. Acesso em: 28 maio 2010. (*Site* excelente com *links* e sugestões de como usar músicas e canções em sala).

Filme

ADORÁVEL professor. Direção: Stephen Herek. EUA: Buena Vista Pictures, 1995. 140 min.

Atividades de autoavaliação

1. Assinale (V) para verdadeiro ou (F) para falso para a descrição dos conhecimentos de estratégia de compreensão oral. Depois, indique a sequência correta.
Dentre os conhecimentos estratégicos que um ouvinte deve possuir, encontramos:
( ) procurar pistas não verbais para entender o significado do que foi dito.
( ) prever o propósito do falante pelo contexto do discurso.
( ) pedir por esclarecimentos e explicações.

a. V, F, V.

b. F, V, V.

c. F, F, F.

d. V, V, V.

2. Assinale (V) para verdadeiro ou (F) para falso para as afirmações a seguir e, depois, indique a sequência correta:

( ) **Gênero** é um tipo de evento comunicativo com estrutura e vocabulário específicos.

( ) **Esquema** é uma estrutura mental que descreve uma sequência de eventos pré-determinados num contexto particular.

( ) **Script** é a forma como o conhecimento sobre um assunto ou um conceito é representado e organizado na mente.

a. V, V, F.

b. F, V, F.

c. V, F, F.

d. F, V, V.

3. Assinale (V) para verdadeiro ou (F) para falso para as afirmações a seguir e, depois, indique a sequência correta.
Para sermos bons ouvintes em um evento comunicativo, devemos, entre outras coisas:

( ) ter sempre um objetivo em mente.

( ) compartimentar o que ouvimos em pequenos blocos.

( ) colaborar e cooperar em todas as ocasiões.

a. V, V, F.

b. V, F, F.

c. V, V, V.

d. V, F, V.

4. Assinale a alternativa verdadeira em relação aos itens que completam a frase a seguir:
Nos eventos comunicativos, escutar em língua estrangeira é muito difícil...

I. ...porque queremos ouvir e entender tudo o que escutamos.

II. ...por causa das hesitações, falsos-começos, pausas, repetições de nossos interlocutores.

III. ...porque não dominamos as regras da interação.

IV. ...porque somos dependentes do nosso interlocutor.

a. 1 e 2 estão corretos.

b. Somente 3 está incorreto.

c. Todas estão incorretos.

d. Todas estão corretos.

5. Assinale a alternativa correta em relação a como inferir se houve compreensão da mensagem.
Em sala de aula, na fase **durante a atividade**, para checar se houve entendimento, podemos pedir para que os alunos, após a audição:

I. narrem um fato pessoal relacionado à história ouvida.

II. completem lacunas com palavras ouvidas.

III. complementem a história ouvida.

IV. sigam instruções ouvidas.

a. III e IV estão incorretas.

b. Somente II está incorreta.

c. Todas estão incorretas.

d. Todas estão corretas.

Atividades de aprendizagem

Questões para reflexão

1. Escolha um livro didático de ensino de língua inglesa (se você conseguir também o livro do professor, melhor).
   › Selecione uma de suas lições.
   › Verifique e anote as atividades relacionadas ao desenvolvimento da habilidade de compreensão oral – o ouvir.
   › Verifique e anote todas as técnicas relacionadas ao seu desenvolvimento.
   › Analise as atividades apresentadas respondendo às seguintes perguntas:

   a. A atividade checa memorização ou compreensão do texto?
   b. Os alunos têm um propósito para escutar?
   c. As atividades criam uma expectativa para o que ouvir, ou são previsíveis?
   d. A atividade é motivante?
   e. Os esquemas são ativados e os alunos estão preparados?
   f. As atividades fazem os alunos utilizarem os processos ascendente e descente de compreensão?

   › Agora, escreva um parágrafo expondo suas descobertas e explicando as suas respostas com base no que foi apresentado no capítulo e no livro do professor.
   › Em grupos, compare com seus colegas o que vocês descobriram e discutam defendendo seus pontos.

2. Para esta segunda atividade, você pode usar o mesmo texto oral analisado, porém se você respondeu positivamente a todas as perguntas, você deverá escolher um outro texto de sua preferência.
   Escolha uma turma ou um grupo de colegas para quem você vai

planejar essa "aula". Vamos enfocar somente o planejamento da fase **antes** da atividade em si, ou seja, das pré-atividades.
› Anote a sugestão dada pelo livro do professor para a atividade que introduz o tema: Quais as sugestões do que vai ser feito **antes** do processo de escutar?
› Sugira alterações que contemplem a melhoria de sua realização em sala de aula: o que você pularia, acrescentaria, modificaria e substituiria, baseando-se nas respostas das perguntas anteriores.
› Em grupos, analisem os planos e comentem.

Atividades aplicadas: prática

Na atividade **Para refletir 6**, pedimos para você fazer uma pequena experiência, só escutando um filme, prestando atenção e anotando os sons que você conseguia identificar.

» Faça a mesma experiência com um grupo de amigos, e depois de vocês "ouvirem" o filme por uns 10 minutos e antes de assisti-lo novamente, comparem as "impressões" que cada um teve do que ouviu. Repare como o acervo cultural e os conhecimentos compartilhados de cada um influencia na compreensão geral do "texto" ouvido.

» Vamos aproveitar o mesmo filme (mas pode ser um outro!) para enfocar as estratégias de compreensão oral. Observe e analise um evento comunicativo em termos de gênero, registro, princípios de cooperação, e outros. Quais estratégias de comunicação são usadas: como se demonstra a troca de turno da fala? Quais estratégias de reparo são usadas: redundâncias como pausas, repetições, acréscimos etc.? Quais estratégias compensatórias são usadas: paráfrase, circunlocução etc.?

Capítulo 5

Desenvolvendo a habilidade de compreensão escrita: a leitura como processo

> *"A leitura do mundo precede a leitura da palavra, daí que a posterior leitura desta não possa prescindir da continuidade da leitura daquele. Linguagem e realidade se prendem dinamicamente. A compreensão do texto a ser alcançada por sua leitura crítica implica a percepção das relações entre texto e contexto."* *
>
> Paulo Freire

Nos domínios da linguagem escrita, saber ler é algo maravilhoso. A leitura nos torna independentes, pois podemos procurar o conhecimento por nós mesmos, não precisamos de mais ninguém para intermediar, "traduzir" ou "apresentar" o mundo para nós. Depois que aprendemos a ler e a compreender efetivamente o que lemos, temos as portas do mundo abertas à nossa frente para entrarmos em contato com qualquer assunto que nossa curiosidade nos instigue a procurar!

Se pensamos que aprender a ler é somente juntar letras, e letras em sílabas, e sílabas em palavras, e palavras em sentenças que refletem pensamentos e ideias de outra pessoa, estamos muito longe de entender o que é leitura para compreensão efetiva de um texto. Se pensamos que só se faz leitura de textos compostos de palavras, também estamos muito distantes do conceito de leitura, ou melhor, de letramento (como vimos na introdução). "Ler para entender" é

---

* Freire (2001, p. 11)

um processo muito complexo que requer do leitor sua ativa participação na produção de significados. E apesar de ser individual e "silenciosa", a leitura é uma atividade interativa, isto é, na criação de significados surge a comunicação entre o escritor e o leitor.

O processo de compreensão da linguagem escrita é tão complexo quanto o da linguagem oral. E, felizmente, nas últimas décadas, diversos estudos e várias pesquisas têm conseguido desvendar essa complexidade. Muitos deles nos têm demonstrado como se processa a leitura e a compreensão oral, quais as habilidades subjacentes aos dois processos, assim como quais as estratégias que um bom leitor ou um bom ouvinte (como vimos no capítulo anterior) utilizam para serem bem-sucedidos na compreensão de um texto escrito ou oral, não só em língua materna (L1), como também em língua estrangeira (L2).

Portanto, quando falamos em desenvolver a habilidade de compreensão escrita – a leitura, estamos, na verdade, referindo-nos às diversas **habilidades subjacentes**, assim como às **estratégias de leitura** que fazem parte do complexo processo de compreensão da escrita. São essas habilidades subjacentes que precisamos desenvolver para que sejamos bem-sucedidos na compreensão de qualquer texto e para que sejamos "bons leitores".

Precisamos, porém, lembrar que não é porque sabemos ler em língua materna que seremos bem-sucedidos na compreensão de textos em língua estrangeira, porque (mais uma vez) não estamos cientes dos processos que utilizamos para ler e compreender um texto. Portanto, neste capítulo, vamos apresentar o que significa saber ler, o que um bom leitor sabe, e quais habilidades subjacentes e estratégias possui. Vamos também enfocar o planejamento das atividades que podemos construir **antes**, **durante** e **depois** da leitura propriamente dita, para que a aula seja motivante e comunicativa.

para refletir 1

» Na sua casa, é costume a leitura diária? Você gosta de ler?

» Existe uma biblioteca na sua comunidade? E na sua escola?

» Você lê alguma coisa em inglês? O quê?

5.1 O que entendemos por habilidade de compreensão escrita: a leitura

Vamos primeiramente ver o que envolve saber ler e quais os fatores que influenciam no processo de compreensão da escrita.

5.1.1 O que é leitura?

Ler é uma **atividade comunicativa**, na qual o texto é o meio de comunicação entre o escritor e o leitor. Mas, afinal, o que significa ler? De acordo com Cristine Nuttall, "lemos porque queremos obter algo do texto escrito. A esse **algo** chamamos de *mensagem*, que pode ser um fato, ideias, sentimentos ou algo prazeroso. [...] Quando lemos queremos entender, da melhor forma possível, a mensagem que o escritor teve a intenção de passar aos seus leitores" (Nuttall, 2005, p. 3, grifo nosso). Como professores, vamos então enfocar a leitura para obtenção de significados, especificamente com a transferência de significados de mente para mente: a transferência de uma mensagem do escritor para o leitor.

para refletir

» O que você lê normalmente? Faça uma lista.

» Pergunte também a outras pessoas o que elas leem no seu dia a dia.

5.1.2 Textos e o processo de leitura

Vivemos rodeados por um mundo de signos sonoros, visuais e escritos representativos da cultura de que fazemos parte. Em relação aos gêneros da escrita, cada língua e cada cultura usam a linguagem escrita em diferentes contextos para fins diferentes, dependendo de suas necessidades*. De acordo com o Ministério da Educação (MEC),

> tanto a linguagem como a cultura se manifestam não como totalidades globais homogêneas, mas como variantes locais particularizadas em contextos específicos. Com isso, surge o conceito de "comunidades

---

* O cordel é um gênero de escrita do Nordeste do Brasil que não é comum no Sul, por exemplo.

de prática" para melhor entender como a linguagem é usada de formas diferentes por grupos sociais diferentes, em contextos específicos, em uma "mesma" língua e em uma "mesma" cultura. [...] serve para ilustrar como novas práticas de linguagem surgem, adaptam-se e organizam-se de forma complexa, porém sempre socialmente determinadas em contextos novos. (Brasil, 2006, p. 103)

5.1.3 Tipos de textos

Quando pensamos nos tipos de textos que lemos, normalmente nos vem à mente o texto escrito alfabético como livros, artigos, estórias, porém a atividade de leitura de tipos variados de textos é muito mais corriqueira, faz muito mais parte de nosso dia a dia do que pensamos. Lemos diversas coisas (e muitas vezes não estamos cientes que isso é leitura!), entre elas: nossa agenda, instruções, bulas, formulários, propagandas, artigos em revistas e jornais, mensagens *de e-mail*, *sites*, *outdoors*; e como professores: textos técnicos e outros livros*.

Cada um destes **tipos de texto** apresenta características próprias de seu **gênero** (como vimos nos capítulos 3 e 4) em decorrência possuem uma identidade própria. Essa identidade é demonstrada por três elementos:

» **Organização da informação** – sua "forma", por exemplo, uma receita, uma canção.
» **Estrutura gramatical** – complexidade, coesão, coerência etc.
» **Vocabulário** usado.

Esses três elementos, junto das características da linguagem escrita, direcionam-nos e nos permitem ter expectativas sobre qual conteúdo poderemos lá encontrar, assim como nos facilitam a chegar aos significados, às informações que estamos procurando.

5.1.4 Três características da linguagem escrita "pura"

A linguagem oral e a escrita sempre apresentaram características muito distintas, entre elas selecionamos três mais marcantes:

---

* No anexo II, você encontra uma lista de gêneros da escrita.

1. **Permanência** – a linguagem escrita é "para sempre", isto é, ela é tão permanente quanto durar o meio em que está gravada (em oposição à oral, que é passageira e acontece em **tempo real**). Devido a isto, o leitor tem a oportunidade de retornar ao texto para sanar dúvidas quantas vezes forem necessárias.
2. **Tempo de processamento** – por ser o texto escrito permanente, cada leitor o aborda no seu próprio ritmo. Dispomos do tempo que precisarmos para a decodificação de um texto, o que é muito bom, pois não dependemos do ritmo imposto por outro como acontece com a comunicação oral. Mas, por outro lado, por não existir essa "pressão", a leitura pode se tornar muito lenta e faz com que percamos o sentido do texto.
3. **Distanciamento no tempo e no espaço** – a tarefa do leitor é interpretar um texto escrito num outro lugar e numa época diferente da qual foi escrito. Essa **descontextualização** da escrita pode em diversas situações dificultar a compreensão da mensagem porque o leitor não tem condições de questionar o escritor sobre o que ele quis dizer com o que escreveu.

Para o escritor, isso também é um problema, pois escrever antecipando o que os leitores vão precisar para entender seu texto o força a prever quais serão os conhecimentos de mundo, sociolinguísticos, culturais e linguísticos que seu público-alvo possui, qual seu conhecimento sobre o assunto, assim como se o vocabulário escolhido será bem interpretado. Por isso, o escritor precisa usar de diversas estratégias para tentar ser o mais claro possível. (Brown, 2001a, p. 303).

5.1.5 Tempos modernos

Até pouco tempo atrás, esses tipos de linguagem, sua organização, estrutura e vocabulário davam conta de classificar os **tipos de texto** existentes, mas, hoje em dia, não definem nem explicam as novas linguagens que nos rodeiam, criadas com o uso disseminado do computador e do telefone celular. Esses novos tipos de canal de comunicação geraram a mudança e adaptação do texto escrito e a criação de novas regras numa recontextualização da escrita, pelo fato de esta ter adquirido características da fala e estar interrelacionada com outras linguagens.

» **A linguagem na comunicação mediada pelo computador** é permeada por imagens e sons que interagem com o texto escrito alfabético. Dentre os novos tipos de texto que surgiram, encontramos os "bate-papos" (*chats*) via computador, as "mensagens MSN®" (*Microsoft Social Network*), os *blogs*, as páginas multimodais e o hipertexto.

› Os *chats* e *MSNs* ® são encontrados nas **salas de bate-papo e de mensagens**, nas quais tem-se usado a comunicação escrita para interações de **tempo real** como acontece na linguagem falada. Nessas ocasiões, a "escrita" compartilha características da "fala".

› Os *blogs* são um tipo de diário pessoal em que se permitem postar na rede **textos**, **imagens** e **sons**. O termo deriva de *weblog*, que quer dizer "diário na rede".

› A **página multimodal** (também conhecida como *multimidia*) é uma página da *web* contendo vários meios de comunicação – **visual**, **escrito**, e **sonoro**. A interação se baseia nessa inter-relação entre os diversos textos, verbal, visual e sonoro.

› O **hipertexto** é um outro tipo de texto em que a conexão entre um *site*, ou de uma página de um *site*, aparentemente não sequenciais ou explicitamente interligados, é estabelecida por seus programadores e selecionada por seus usuários.

» Na **linguagem na comunicação mediada pelo telefone celular** existe a necessidade de adequar-se à quantidade de caracteres e ao espaço de memória disponíveis, e ao tempo que o "emissor" tem para "digitar" seu texto. Entre os novos tipos de texto via telefone celular estão: as SMSs (*short message services* = serviço de mensagens curtas), *as* MMSs (*multimedia message sevices* = seviço de mensagens multimidia*)*, também chamadas de *torpedo* no Brasil, e os multitextos do *Twitter*.

› As mensagens de SMSs são escritas e enviadas pelo telefone celular. Como o nome já define, são "curtas" porque estão limitadas pelo uso de 160 caracteres, o que gerou a criação de uma "nova" escrita com novas regras.

> As mensagens de MMSs (**serviço de mensagens multimídia**), são uma evolução das SMSs, porque podem ser enriquecidas com recursos audiovisuais, como imagens, sons e gráficos, e porque não estão limitadas a 160 caracteres, mas ao número de *bits* que a operadora disponibiliza. No Brasil, tanto as SMSs como as MMSs são chamadas de *torpedo*.

> Os "*tweets*" são multitextos de até 140 caracteres que podem ser enviados e recebidos por meio do *website* do serviço, por SMS e por *softwares* específicos de gerenciamento (sendo, portanto, um híbrido, por utilizar tanto o celular como o computador). O *Twitter* (criado por Jack Dorsey em 2006), é uma **rede social** e um **servidor** para "*microblogging*", que permite aos seus usuários receber atualizações pessoais de outros contatos. É também a melhor maneira de compartilhar e descobrir o que está acontecendo neste "exato momento", pois as atualizações são exibidas no perfil do usuário em "tempo real".

Como vemos, as diferenças marcantes entre a linguagem oral e escrita em muitos contextos já não existem mais; por isso, precisamos "modernizar" nossos processos de leitura e acrescentar novas estratégias àquelas que já fazem parte de nosso acervo.

5.1.6 O propósito e a maneira de ler

Em primeiro lugar, como já vimos no capítulo anterior, quando nos engajamos num evento comunicativo, temos um **objetivo**, assim como **expectativas, pressuposições** e **ideias preconcebidas** sobre qual será o conteúdo, o grau de formalidade, o tipo de contexto (entre outras variáveis) do que vamos ler (ou ouvir).

Entre as diferentes **razões** que nos levam a ler um texto, existem duas principais, **lemos por prazer** ou porque **precisamos de alguma informação**, seja para descobrirmos algo ou para fazermos algo com a informação obtida. O tipo de texto que vamos buscar e a forma como vamos ler esse texto estão relacionados às expectativas e aos objetivos do que queremos retirar do texto, quer dizer, qual a "mensagem" que esperamos compreender. Por exemplo: se precisamos saber o horário de um filme, enfocamos na busca dessa informação e passamos os olhos rapidamente pela página do jornal ou da internet para encontrá-la. Mas se queremos obter informações mais detalhadas sobre os filmes listados, para podermos escolher qual deles iremos assistir, faremos uma leitura mais atenta das resenhas. Então, a maneira como abordamos um texto está diretamente relacionada ao propósito e às expectativas que nos levaram a procurar esse mesmo texto. Nosso objetivo determinará nossa maneira de ler e de escutar.

para refletir 3

Para esta atividade, baseie-se na lista de textos que você elaborou.

» Tente identificar **suas razões** para ler cada um dos tipos de texto da sua lista.

» Tente também identificar de que maneira você leu cada tipo texto, por exemplo: lista telefônica × artigo de revista semanal, páginas multimodais × mensagens de amigos via *e-mail*.

» Você abordou os textos da mesma forma? Em alguma delas você leu em voz alta?

5.2 Semelhanças entre os processos de compreensão oral e escrito

Apesar de as habilidades receptivas receberem seu **insumo** (*input*) através de modalidades diferentes, os atos de **escutar** e **ler** compartilham semelhanças significativas no processo de decodificação para que o insumo recebido se transforme em mensagem compreendida, como veremos a seguir.

para refletir 4

» Quais são as semelhanças que você acha que existem entre o processo de compreensão auditiva (escutar) e o de compreensão escrita (ler)?

5.2.1 O evento comunicativo e o processo de compreensão

Como estamos enfocando as habilidades comunicativas, precisamos entender como a **comunicação se processa**. O ato comunicativo acontece porque temos uma necessidade, uma carência, uma **lacuna informacional** que nos dá uma razão, um propósito para nos comunicarmos com alguém, seja por meio de texto falado ou de texto escrito. Como nos explica Nuttall (2005, p. 4):

> *O codificador tem uma mensagem em mente (pode ser uma ideia, um fato, um sentimento etc.) que quer compartilhar com alguém. Para que isto seja possível, ele precisa primeiramente transformá-la em palavras: isto é, precisa codificar a mensagem. Depois de codificada, a mensagem está disponível fora de sua mente, num texto escrito ou falado. O texto fica acessível para que outra pessoa o possa ler ou escutar, e possa então decodificar a mensagem que o texto contém. Após ser decodificada, a mensagem passa para a mente do decodificador e, assim, a comunicação é alcançada. [Pode acontecer, porém] em qualquer uma dessas fases, que as coisas dêem errado. [... pois] o decodificador nunca tem certeza se processou corretamente a mensagem pretendida pelo codificador.*

Portanto, a compreensão oral e a escrita são processos comunicativos em que ouvinte e leitor têm **papel ativo** e **preponderante**, porque são eles que **produzem o entendimento** da mensagem recebida. **Ler** (e **escutar**) significa retirar do texto o significado mais próximo daquele que o codificador nele colocou. Esses dois processos de compreensão são altamente complexos e utilizam diversas áreas de conhecimento* para que se realizem: conhecimentos do código linguístico, de habilidades cognitivas, dos esquemas e das dicas ou pistas encontradas **dentro e fora** do texto.

Essas duas atividades receptivas são semelhantes a um **jogo de solução de problemas**, no qual o "jogador" – leitor ou ouvinte – estabelece hipóteses, infere dados contextuais e resolve as ambiguidades e incertezas apresentadas pelo texto para poder **construir** o

---

* Já apresentamos os tipos de conhecimentos no capítulo 3.

sentido, para poder entender a mensagem e chegar ao significado final. Segundo Stevick,

> [esse] processo de construção de sentido é conseguido pela **geração de imagens**. Uma imagem é composta por um grupo de itens (de natureza sensorial, emocional, temporal, relacional, intencional*, ou verbal) que viajam juntos na memória. A partir do momento que um item se delineia na nossa consciência, ou seja, que fica claro, ele tende a atrair outros itens a ele associados nessa imagem mental da qual ele faz parte. [...] O objetivo tanto de ouvir quanto de ler é o de gerar uma imagem daquilo que foi ouvido ou lido (do "input") e reagir a essa imagem apropriadamente. Esta reação pode ser de natureza física, emocional, ou intelectual. (Citado por Omaggio Hadley, 1993, p. 165, grifo nosso)

Os processos de compreensão oral e escrita, portanto, são semelhantes em muitos pontos e podem ser resumidos da seguinte forma:

» A leitura e a compreensão auditiva são processos muito complexos de decodificação baseados tanto em nosso conhecimento do código linguístico como em nosso conhecimento de mundo.
» São processos ativos de produção de significados.
» Os dois processos se caracterizam por partirem sempre de um objetivo predeterminado (veja na figura a seguir – **o propósito, a lacuna informacional**).
» Os dois se caracterizam por solucionarem problemas, em processos que envolvem a formação de hipótese (previsão e antecipação), a inferência e a solução de ambiguidades e incertezas para se conseguir chegar ao sentido pretendido pelo emissor (o jogo de quebra-cabeças).
» Nossa intenção tanto na audição quanto na leitura é compreender a mensagem e reagir adequadamente a ela.

A seguir, temos o quadro que ilustra como o **processo comunicativo** ocorre.

---

* *Purposive*: que tem uma finalidade, útil; que tem um propósito consciente, intencional; resoluto, decidido.

Figura 6 - O processo comunicativo

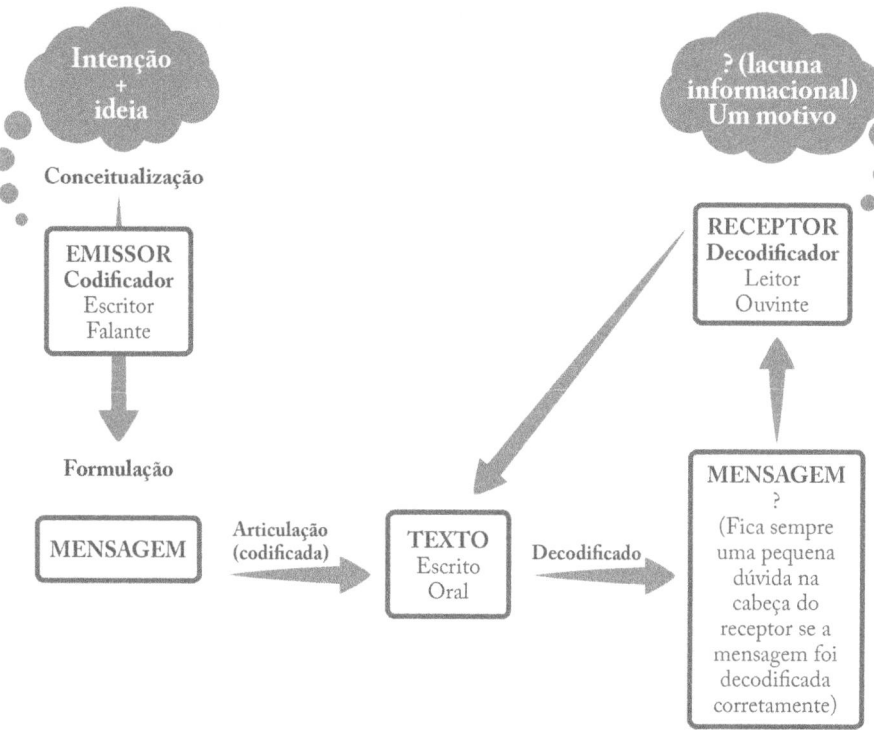

```
Intenção                                    ? (lacuna
   +                                      informacional)
  ideia                                    Um motivo

Conceitualização
      |                                   ┌─────────────┐
┌─────────────┐                           │  RECEPTOR   │
│  EMISSOR    │                           │ Decodificador│
│ Codificador │                           │   Leitor    │
│  Escritor   │                           │   Ouvinte   │
│  Falante    │                           └─────────────┘
└─────────────┘

   Formulação                              MENSAGEM
                                               ?
┌──────────┐  Articulação   ┌────────┐      (Fica sempre
│ MENSAGEM │ (codificada) → │ TEXTO  │ → Decodificado → uma pequena
└──────────┘                │Escrito │                  dúvida na
                            │ Oral   │                  cabeça do
                            └────────┘                  receptor se a
                                                        mensagem foi
                                                        decodificada
                                                        corretamente)
```

Fonte: Elaborado com base em Nuttall, 2005, p. 4.

Tentamos aqui, de forma esquemática, ilustrar como os processos de comunicação por meio da codificação e de decodificação das mensagens ocorrem. Vamos entrar em mais detalhes em como a decodificação se processa a seguir.

5.2.2 Os processos de compreensão escrita e oral (os modelos)

Diversas pesquisas foram realizadas nas décadas de 1970 e 1980 para se descobrir como se realiza a decodificação das mensagens que ouvimos e lemos em língua nativa. As descobertas sobre quais habilidades subjacentes e estratégias o bom leitor e o bom ouvinte possuem e utilizam para serem bem-sucedidos na sua empreitada foram estendidas ao aprendizado da língua estrangeira. E porque esses processos de decodificação são muito semelhantes, vamos descrever o da escrita, mas as mesmas características se estendem à linguagem oral, como vimos no capítulo anterior.

Lembra quando comparamos a **compreensão** a um *"jogo de solução de problemas"*? Pois bem, o processo é semelhante à montagem de um quebra-cabeça: tomamos cada uma das peças e as analisamos, virando-as de um lado e de outro; prevemos onde podem se encaixar (formamos uma hipótese); vamos experimentando até que as peças se encaixem umas às outras e a gravura final se forme. Se não tivermos a mínima ideia da figura final, a montagem ficará muitíssimo mais difícil, não é? A noção de como seria a imagem final nos auxilia na seleção e interpretação das partes. Na realidade, a quantidade de conhecimento prévio que trazemos para decodificar um texto irá nos facilitar esse **"jogo de adivinhação psicolinguístico"**[*], que envolve a interação entre o pensamento e a linguagem.

Segundo Brown (2004, p. 298),

> *É como se montássemos um jogo de quebra-cabeças usando nossas habilidades de adivinhação, suposição, predição e análise, no qual inferimos significados e decidimos se devemos ou não nos ater a esta ou àquela palavra; ou se devemos ou não reter a informação encontrada, ou, ainda se devemos seguir em frente.*

Nesse processo ativo de construção de sentido, relacionamos a informação nova recebida do texto aos conhecimentos adquiridos ao longo de nossas vidas. O **acervo de conhecimentos** de um leitor/ouvinte impacta consideravelmente na sua compreensão do texto, pois para que ele possa construir o seu sentido, deve utilizar interativamente os quatro níveis já apresentados no capítulo 3:

1. O conhecimento de mundo ou extralinguístico: o acervo de conceitos, expectativas e conhecimentos adquiridos em experiências anteriores.
2. O conhecimento sociolinguístico:

---

[*] *Psycholinguistic guessing game*: termo cunhado por Goodman (Omaggio Hadley, 1993, p. 133).

> conhecimento da pragmática (de uso);
> conhecimento da organização textual.
3. Conhecimento do código linguístico.
4. O conhecimento das estratégias de compreensão escrita: existe uma gama de estratégias específicas da leitura que utilizamos para que nossa compreensão da mensagem seja efetiva, como veremos mais adiante.

Um texto não existe por si só, quer dizer, "um texto em si não carrega significados" (Brown, 2001a, p. 299). Ele oferece ao receptor a direção a ser seguida para que ele possa **construir o seu sentido**, utilizando os conhecimentos pré-adquiridos guardados em seu **acervo** e "o que trazemos **para** o texto é na realidade **mais** importante do que aquilo que está **no** texto." (Anderson; Reynolds; Schallert; Goetz, citados por Omaggio Hadley, 1993, p. 133, grifo dos autores).

A compreensão, portanto, envolve um **processo ativo** entre o receptor (e seus conhecimentos) e o texto, numa operação de decodificação em que são utilizados dois modos inter-relacionados de processamento de informação que se diferenciam por dois fatores: pelo tipo de informação que utilizam (linguístico ou cognitivo) e pelo modo como essa informação entra no sistema, são os modelos de compreensão descendentes e ascendentes.

O processo de compreensão descendente
Nesse processo, o leitor traz todo seu **conhecimento de mundo** (informações, conhecimentos, emoções, experiências e cultura) para decodificar a mensagem da página impressa e construir seu significado. Os conhecimentos que são acessados e utilizados para a decodificação são chamados *esquemas**. Para Nuttall, "Um **esquema** é uma estrutura mental abstrata porque não se relaciona a nenhuma experiência em particular, embora se origine de todas as

---

* **Teoria dos esquemas** (*schema theory*): *Schema* (pl. *Schemata*) – faz parte de nosso acervo de conhecimentos (*vide* capítulo 4)

pequenas experiências que nós já tivemos em nossa vida até aquele momento" (2005, p. 7, grifo nosso).

Então, **esquemas** são "pacotes" de conhecimentos estruturados hierarquicamente, com os mais abstratos e gerais no topo e os mais específicos na base, que se ligam e formam uma rede de inter-relações que ativamos para compreendermos a mensagem. Portanto, esses esquemas estão organizados de tal forma que a nova informação é facilmente assimilada, ou melhor, anexada às estruturas cognitivas (como na aprendizagem significativa explicada no capítulo 1). Quanto mais conhecimentos tivermos, quanto mais ativados os nossos esquemas, mais bem-sucedidos seremos na interpretação e decodificação do texto, pois, baseados em todas as nossas experiências, as expectativas e previsões que faremos a respeito do que encontraremos no texto, nos deixarão mais próximos da mensagem final. Esse tipo de processo torna a leitura mais fluente, porque parte do **todo para as partes** (*top-down processing*). Ainda segundo Nuttall (2005, p. 8):

> *Esses esquemas são construídos pelas experiências que temos; e novas experiências [...] modificam esquemas preexistentes. Portanto, qualquer esquema se desenvolve e se modifica e está em contínuo processo de mudança por toda nossa vida, enquanto tivermos a capacidade de aprender. Desta forma, a leitura [e o processo de compreensão auditiva] ao mesmo tempo em que utiliza dos esquemas preexistentes, também os modifica.*

O processo de compreensão ascendente

Nesse processo, o receptor tem como seu ponto de partida a página escrita ou os sons ouvidos. O leitor/ouvinte precisa reconhecer os signos linguísticos orais e escritos (sons e letras, palavras, frases, conjunções, entre outros) e utilizar seus conhecimentos linguísticos para ordenar esses sinais. O processo exige que tenhamos um conhecimento profundo da língua, pois utilizamos as "pistas" linguísticas para a decodificação fazendo a análise e a síntese de cada uma das partes para chegar ao todo (semelhante ao que fazemos quando montamos o quebra-cabeça). Esse tipo de processo é lento e se nos ativermos somente a ele, não nos tornaremos nem bons leitores, nem bons ouvintes, não nos tornaremos fluentes, pois estaremos nos prendendo aos detalhes específicos, como, por exemplo, o significado de um vocábulo.

Como vemos, esses dois processos por si sós não são suficientes para que possamos decodificar um texto eficazmente. Para que o processo seja completo, precisamos encaixar, isto é, combinar o significado obtido aos esquemas de conhecimento pré-adquiridos (preexistentes), melhor dizendo, precisamos de um modo interativo de decodificação.

O processo interativo
No **processo interativo de leitura**, o leitor continuadamente muda de um para o outro dos modelos anteriormente demosntrados de acordo com a necessidade de compreensão do texto. Ora o leitor utiliza seus conhecimentos de mundo, ora utiliza o que está "escrito" na página para checar os significados que o escritor quis passar. A habilidade de compreender depende da interação eficiente entre nosso conhecimento linguístico e nosso conhecimento de mundo. Os dois processos, ascendente e descendente, complementam-se, e os utilizamos alternada e simultaneamente para decodificarmos a mensagem que o texto nos oferece. Ou, como explicou Kato (2007, p. 102),

> [a compreensão] é vista como a constituição de uma teoria, sua testagem diante dos dados disponíveis, seu refinamento ou modificação. Podemos dizer que a adivinhação é parte da estratégia descendente (top-down), por ser esta mais preditiva, mas a ascendente (bottom-up) seria responsável pela confirmação, pelo refinamento e pela revisão da teoria.

Processos complementares para os novos tipos de texto
Apresentamos os novos tipos de texto criados a com base no uso de **linguagem na comunicação mediada pelo computador.** Esses textos, por serem "diferentes", requerem abordagens e estratégias de leitura complementares para que a construção dos significados aconteça:

» em relação às **páginas *web* multimodais**, a leitura é o

> *exercício de uma* **opção de trajetória** *pela página e subsequente* **aquisição seletiva** *de informações parciais presentes em diversos locais da mesma página.* [...] *Essa interrelação produz mensagens ou significados que não estão presentes apenas no texto escrito ou no texto visual [... ou no sonoro] tornando complexa e multifacetada a experiência de "ler"*
> (Brasil, 2006, p. 105).

» em relação ao **hipertexto**, a conexão é feita por meio de um *link*, que, ao ser clicado, leva o leitor à nova página escolhida por ele. É um outro processo de compreensão, numa leitura que exige outros tipos de estratégias do leitor e nas quais adquire o papel de "autor" do texto lido. Novamente, o processo de construção de significação [...] se transforma; "leitura" passa a ser algo seletivo, parcial, dependendo do interesse ou do objetivo do leitor. (Brasil, 2006,).

5.2.3 Letramento e multiletramento

Como vemos, hoje não é suficiente somente saber ler "gêneros da escrita"; necessitamos dominar outras estratégias e habilidades, a que se preferiu chamar de *letramento*:

> *[Termo usado] para se referir aos usos heterogêneos da linguagem nas quais formas de "leitura" interagem com formas de "escrita" em práticas socioculturais contextualizadas.*
> *[Este] novo conceito de letramento permite a compreensão desses novos e complexos usos (de várias habilidades) da linguagem em situações [diversas], referidas agora como "letramento visual", "letramento digital", etc. Surge assim o conceito de multiletramento [...] para dar conta da extrema complexidade desses novos e complexos usos da linguagem por novas comunidades de prática.* (Brasil, 2006, p. 106).

Vemos portanto que nos "tempos modernos" não é suficiente saber ler somente o texto escrito, e que necessitamos desenvolver outras habilidades subjacentes, assim como outras estratégias para podermos compreender as mensagens lidas.

5.2.4 O bom leitor e suas habilidades

Como vimos, um texto não existe de *per si*! Somente quando da sua leitura é que ele passa a "existir" e a compreensão da sua mensagem varia de pessoa para pessoa, dependendo de tudo o que foi exposto anteriormente. Dentro desse novo conceito de letramento e multiletramento, precisamos conhecer e desenvolver as habilidades e estratégias próprias do processo de compreensão escrita, para darmos conta dos variados gêneros que lemos. A "leitura" pode ser entendida como um conjunto de habilidades subjacentes que envolve estratégias de vários tipos utilizados pelo leitor para os processos de leitura ascendentes, descendentes e interativos com os quais ele alcança a compreensão escrita. Entre elas encontramos:

- » Discriminar grafemas e padrões ortográficos;
- » Reconhecer palavras e os segmentos maiores, chamados *blocos* (*chunks*) e conservá-los na memória imediata.
- » Processar um texto na velocidade adequada ao propósito da leitura.
- » Reconhecer as palavras principais e os padrões sintáticos.
- » Reconhecer que um significado pode ser expresso por formas gramaticais diversas.
- » Reconhecer classes gramaticais, sistemas, padrões, regras, e outros.
- » Reconhecer os recursos de coesão e o seu papel na indicação do relacionamento entre as orações, no entrelaçamento de ideias.
- » Reconhecer a função comunicativa do texto, de acordo com o gênero e seu propósito.
- » Identificar as ideias principais e das ideias complementares.

» Ser capaz de tolerar ambiguidade, pelo menos temporariamente;
» Inferir o contexto não explícito usando o sistema de esquemas;
» Detectar referências culturais específicas e interpretá-las no contexto cultural apropriado (ativando os esquemas relevantes) (Brown, 2001a, p. 307).

para refletir 5

» Você se considera um bom leitor? Você conhece as habilidades que citamos?
» Da lista mostrada, quais você sabia/tinha consciência que utilizava ao ler? Marque na lista (✓).

5.2.5 As estratégias em foco

Entre as habilidades subjacentes, encontramos desenvolver e usar uma bateria de estratégias de leitura, tais como: *skimming, scanning*, ativar esquemas para interpretação de textos, adivinhar o significado das palavras usando o contexto, detectar marcas do discurso escrito (*discourse markers*), entre outras. Além disso, o propósito de nossa leitura se revela na maneira como abordamos um texto, se necessitamos de detalhes ou só uma passada de olhos rápida sobre o texto, ou se precisamos de algum outro tipo de enfoque.

» ***Skimming***: também chamado de *reading for gist*, poderia ser traduzido por "varredura geral" (!) e refere-se a uma leitura rápida para obter o *gist*, ou seja, a ideia geral ou o sentido geral de um texto. Por exemplo: quando queremos descobrir os filmes que estão sendo apresentados nos cinemas.

» ***Scanning***: poderia ser traduzido por "varredura específica" (!) e refere-se a uma leitura em busca de uma informação específica. Por exemplo: quando queremos descobrir o horário de um filme que queremos ver.

» **Leitura detalhada**: refere-se à leitura de um texto para extrair o máximo de detalhes. Por exemplo: quando lemos as instruções de como usar um aparelho eletrodoméstico.

Nesta atividade, como professor ou como aluno, relembre uma lição em que você trabalhou com leitura e compreensão de texto em língua estrangeira e responda:

» O texto foi lido em voz alta ou foi feita leitura silenciosa? Tente lembrar, no seu dia a dia, qual foi a ocasião em que você leu um texto em voz alta? Faça uma listinha.

» Foi feita uma tradução do texto inteiro? Foram feitas perguntas sobre o texto para checar detalhes? Quais foram as atividades feitas?

» Faça uma lista de cinco (5) coisas que aconteceram em aula.

» Como aluno, qual foi a atividade de que você mais gostou? Qual foi a que você menos gostou? Conte por quê.

5.3 A habilidade de compreensão escrita e a sala de aula

"The written world surrounds us daily.
It confuses us and enlightens us, it depresses us and
amuses us, it sickens us and heals us.
At every turn, we who are members
of the literate society are
dependent of twenty-some-odd letters and a handful of
other written symbols for significant, even life-and-death,
matters in our lives.
How do we teach second language
learners to master this written code?
What do we teach them?
What are the issues?"*
H. Douglas Brown

* "A palavra escrita nos rodeia diariamente. Ela nos confunde e nos ilumina, nos deprime e nos alegra, nos adoece e nos cura. A todo instante, nós que fazemos parte da sociedade letrada somos dependentes destas vinte e tantas estranhas letras e de um punhado de outros símbolos de escrita para assuntos de vida e morte em nossas vidas. Como ensinamos falantes de língua estrangeira a dominar o código escrito? **O que ensinamos a eles? Quais são as questões importantes relacionada a leitura?**" (Brown, 2004, p. 298, grifo nosso).

O processo de compreensão da escrita, a leitura, é uma atividade "calma e quieta" e fácil de ser medida, de se testar sua compreensão. Por isso a leitura tem sido a preferida em relação às outras habilidades para ser trabalhada em sala de aula. Devemos atentar, porém, para o fato de que usar os textos para testar gramática, memorização de vocabulário ou somente para fazer perguntas em que as respostas estão explícitas no texto não é "trabalhar com o desenvolvimento do processo de compreensão da escrita", não é a "leitura como letramento".

Em sala de aula, devemos trabalhar não só com o desenvolvimento das estratégias e habilidades do processo de compreensão da "multiescrita", como também contribuir para a ampliação da visão e dos conhecimentos de mundo de nossos alunos e para o desenvolvimento de seu pensamento crítico em relação ao que lê. O que não foge dos modernos conceitos de desenvolvimento da leitura, sob a perspectiva do letramento e multiletramento que temos apresentado até agora.

Nosso objetivo principal ao desenvolver a leitura em língua estrangeira deve ser de: "Capacitar o aluno a ler, com prazer e motivação, qualquer tipo de texto, utilizando as estratégias adequadas para a sua compreensão, [sem a ajuda do professor]" (Nuttall, 2005, p. 31). E, para atingirmos esse objetivo, nosso papel de professor é importantíssimo, começando pela elaboração do programa de leitura, da escolha do texto, passando pelo desenvolvimento de técnicas que facilitarão o desenvolvimento das estratégias e habilidades de leitura dos alunos.

5.3.1 A leitura e a sala de aula

Vimos o que acontece no processo de escutar e de ler na vida real para se compreender uma mensagem. Vimos que as habilidades receptivas – a compreensão oral e a leitura – compartilham de semelhanças nos processos de obtenção de significados que nos ajudam a elaborar técnicas e tarefas para a sala de aula com enfoque no desenvolvimento das habilidades e estratégias adequadas.

Portanto, veremos a seguir **o que** e **como** devemos fazer em sala de aula para que os alunos tenham a mesma experiência e desenvolvam essas habilidades.

5.3.2 O bom leitor, as suas habilidades e a sala de aula

Há alguns anos, eu estava trabalhando com o desenvolvimento de habilidades e estratégias de leitura em um curso de inglês instrumental para ciências da computação, e qual não foi minha grata satisfação quando uma ex-aluna veio me agradecer pelo que tinha aprendido e que a tinham ajudado a ter passado num concurso que tinha prestado. E quais foram essas habilidades e estratégias que ela "aprendeu" e que veio me agradecer?

Um bom leitor em língua materna, quando começa a ler na língua estrangeira, leva com ele todo o **seu** conhecimento de mundo e **suas** estratégias, porém muitas vezes não tem consciência que as possui. Essas estratégias de leitura que muitas pessoas desenvolvem, e que podem ser ensinadas, facilitam a construção de sentido do texto. São elas:

» Identificar o propósito na leitura (uma das estratégias mais importantes!).
» Prever o conteúdo do texto (o que irá encontrar no texto).
» Utilizar regras e padrões grafêmicos para auxiliar nos **processos de decodificação ascendente** (*bottom-up processing*).
» Inferir o contexto não explícito usando o **sistema de esquemas** ou **processo descendente** (*schema* e *top-down processing*).
» Utilizar o contexto para a construção do significado e da compreensão.
» Utilizar elementos do texto para inferências (título, elementos de transição, ilustrações etc.) (*skimming*).
» Utilizar elementos do texto para encontrar informações específicas (datas, nomes próprios etc.) (*scanning*).
» Monitorar a compreensão.

> » Construir significados.
> » Manter o propósito da leitura, pelo menos por um tempo.
> » Ajustar as estratégias quando necessário.

Essa lista não é completa e nem se encontra em ordem de prioridade. São algumas características do "bom leitor". Normalmente não temos consciência que utilizamos essas estratégias e outras realmente ainda não fazem parte de nosso acervo de conhecimentos. Mas, em sala de aula, podemos nos tornar cientes de que elas existem e tirar proveito de seu aprendizado para fazermos ótimas leituras tanto na L1 quanto na L2.

para refletir 7

» Recorde que algumas dessas estratégias estão relacionadas ao processo ascendente e outras ao descendente. Quais delas?

» Quais estratégias você trabalharia para ativar esquemas?

» Como você trabalharia as estratégias de *skimming* e *scanning*? Em que fase?

5.3.3 Consequências para o ensino: um programa de leitura

Então, para podermos planejar nosso "programa de leitura" – ou projeto de leitura – precisamos saber muitas coisas, não é verdade? Precisamos de tudo que falamos no capítulo 2. Na hora do planejamento precisamos conhecer nossos alunos, seus interesses e suas necessidades, precisamos conhecer suas realidades e outras coisas que já falamos anteriormente para que possamos selecionar e preparar nossas aulas. Precisamos saber também dos dois tipos de leitura que podem ser feitas em sala de aula.

Leitura intensiva e leitura extensiva
Em sala de aula, existem dois tipos de abordagens para leitura:
» **A leitura intensiva** – refere-se à leitura de trechos curtos com enfoque em estudo detalhado e no desenvolvimento de estratégias e habilidades.
» **A leitura extensiva** – refere-se às leituras com os objetivos de criar o hábito de ler, para aumentar vocabulário ou por simples prazer. Esse tipo de leitura é normalmente feito fora de sala de aula e pode vir a usar os *graded readers* textos autênticos e até literatura não "graduada".

Ao escolhermos um desses dois enfoques, planejamos nossas aulas de desenvolvimento da leitura como processo comunicativo.

Com foco no processo de aprendizagem
Abordamos no capítulo 1 os princípios que norteiam a aprendizagem. Não podemos esquecê-los quando vamos planejar o que fazer:

1. Motivar, estabelecer um propósito para o que será feito.
2. Levar em conta os conhecimentos dos alunos, pois servem de base ao novo a ser aprendido.
3. Expor os alunos a uma linguagem que está um pouco acima de seu nível de proficiência (*i+1*).
4. Lembrar que mesmo sendo uma atividade "quieta", o aluno-leitor tem um papel ativo na criação do significado, do sentido do texto.
5. Possibilitar muitas técnicas para que usem e experimentem o que aprenderam para poderem "tomar posse" dos novos conteúdos; o uso e a experimentação devem ser autênticos, isto é, semelhantes aos da vida real.
6. Elaborar técnicas nas quais os alunos possam transferir o que aprenderam para outros contextos, de preferência integrando com outras habilidades.
7. Criar um ambiente acolhedor, colaborativo e cooperativo no qual os alunos possam arriscar e criar.

Nos capítulos 1 e 3, apresentamos os três processos de aprendizagem que adotamos neste livro para atingirmos o desenvolvimento das habilidades:

» Processo de conscientização – o encontro com o novo, subdividido em três fases:
  › atenção;
  › percepção;
  › compreensão;
» Processo de apropriação – a integração do novo ao conhecimento prévio.
» Processo de autonomia – novos conhecimentos promovem autonomia.

Como vimos, a leitura parte de uma necessidade, de um propósito que nos leva a escolher um tipo de texto, e com os conhecimentos prévios que possuímos e com esse texto em mãos, passamos para o processo de decodificação da mensagem. Ao planejarmos nossas aulas, vamos dividi-las em três partes: **antes**, **durante** e **depois**, isto é, o que será feito antes de ler, enquanto se lê e após a leitura, como já fizemos para o desenvolvimento das outras habilidades, utilizando os processos de aprendizagem apresentados anteriormente.

» Você se lembra de alguma atividade que possa ser feita em sala de aula para ativar conhecimentos de mundo? Cite.

5.3.4 O que será feito antes da leitura?

Muitas coisas precisam ser realizadas antes dos alunos realmente partirem para a leitura do texto, e com os conceitos apresentados em mente, temos condições de fazermos a escolha do texto, planejarmos e preparmos as atividades que os alunos realizarão em sala de aula, como veremos a seguir.

Introdução: preparando o caminho
Na introdução, nós preparamos o caminho e conduzimos os alunos para a realização da atividade. Nessa etapa, estamos priorizando o **processo de compreensão descendente** e devemos dispor de algum tempo para em primeiro lugar ativar o acervo de conhecimentos de mundo, lembrando que quanto mais conhecimentos compartilhados o escritor e o leitor tiverem, melhor será a compreensão da mensagem. Precisamos também ativar, ou prover os alunos dos outros níveis de conhecimentos (textual e...) para que ele possa realizar o **processo interativo de leitura**, mudando do processo descendente para o ascendente, de acordo com sua necessidade de compreensão do texto. Entre diversas atividades que podem ser feitas, apresentamos algumas sugestões a seguir:

» Introduzir o assunto – por meio de disparadores: ilustrações, palavras-chave, etc. criando o contexto.
» Interessar os alunos nesse assunto e descobrir o que já conhecem sobre ele.
» Ativar conhecimentos de mundo – esquemas e *scripts* relevantes.
» Procurar explicitar a ligação entre o tópico (assunto) e as experiências dos alunos.
» Incentivar pressuposições e a criação de hipótese.
» Encorajar a antecipação de conteúdo (hipótese, previsão) por meio de:
  › informação encontrada no texto – ilustrações, palavras-chave, títulos, e outras;
  › previsão da ordem correta dos eventos ou ilustrações;
  › resposta a perguntas sobre o texto;
  › elaboração de perguntas pelos alunos;
  › elaboração de listas do que os alunos já sabem sobre o assunto;
  › outras...
» Estabelecer a ideia geral do texto.
» Discutir temas-chave.
» Contextualizar.
» Enfocar alguns itens lexicais importantes do texto.

Essas são algumas sugestões do que podemos fazer para preparar os alunos para a leitura em si.

5.3.5 O que será feito durante a atividade em si?

Bem, já preparamos os alunos e esperamos que eles estejam bem motivados e que tenham criado expectativas (as lacunas informacionais) para ler o texto. Esperamos também que eles tenham um propósito para realizar a atividade, e não só porque "ordenamos" que a leitura seja feita. Precisamos também verificar se as tarefas que criamos estão de acordo com o assunto e com a função do texto (não vamos pedir para os alunos lerem uma página de anúncios "de cabo a rabo" se não é esse tipo de leitura que fazemos na vida real!). A seguir, alguns tipos de tarefas que precisamos ter em mente.

Tarefas com enfoque no processo descendente
Como vimos anteriormente, nesse processo o leitor traz todo seu conhecimento de mundo (informações, conhecimentos, emoções, experiências e cultura) para decodificar a mensagem da página impressa e construir seu significado. Os conhecimentos que são acessados e utilizados para a decodificação são chamados *esquemas*.

» Primeira tarefa – para compreensão geral (*for a "gist"*):
  › adivinhar o título, a manchete.
  › colocar os eventos ou ilustrações na ordem correta.
  › checar o texto de acordo com as previsões feitas anteriormente (na introdução).
  › *skimming* (encontrar no texto a ideia principal, o tema etc.).
  › elaborar outras hipótese e antecipações sobre conteúdos do texto.
» Segunda tarefa – procurando detalhes específicos:
  › *scanning* (encontrar no texto um nome, uma data, ou algum item importante).
  › prestar atenção e anotar palavras-chave.
  › responder a perguntas sobre informações específicas.
  › usar as informações do texto para realizar alguma coisa, para demonstrar que o que foi ouvido ou lido foi compreendido.

- preencher um formulário.
- descobrir dentre um grupo de gravuras qual é descrita no texto.
- fazer um desenho baseado no que foi ouvido ou lido.
- ouvir uma narrativa e seguir e marcar pontos em um mapa.
- descobrir erros nas ilustrações baseados no texto lido.
- fazer uma lista de itens específicos (vantagens e desvantagens, propostas etc.).
- tomar notas.
- comparar pontos de vista.
- terminar uma história.

E muitas outras atividades!

Tarefas com enfoque no processo ascendente
Como vimos, nesse processo o receptor tem como seu ponto de partida a página escrita. O leitor precisa reconhecer os signos linguísticos escritos (letras, palavras, frases, conjunções, entre outros) e utilizar seus conhecimentos linguísticos para ordenar esses sinais. Nessa fase, serão necessárias atividades para o desenvolvimento dos conhecimentos linguísticos (vocabulário e estruturas). Essa é uma fase em que acontece o estudo, como mencionado no capítulo 2, é o estágio da análise do disparador, a busca da resposta do que não se sabe, do que se ficou em dúvida.

- Descobrir o significado de palavras no contexto;
- Encontrar palavras com o mesmo significado das palavras na lista;
- Usar o dicionário para checar o significado de algumas palavras;
- Reconhecer a função das conjunções e achar equivalentes; completar o texto com as conjunções adequadas;
- Encontrar o lugar apropriado para reinserir sentenças previamente retiradas do texto;
- Encontrar os elementos de referência, marcá-las e determinar a que elas se referem.

5.3.6 O que será feito após a atividade em si? (O seguimento)

É de suma importância também essa última fase da nossa aula, e devemos sempre em nosso planejamento estabelecer algum tempo para a sua realização. É nessa fase que revisamos o que foi aprendido, complementamos o que ficou faltando, esclarecemos dúvidas, amarramos as pontas e direcionamos para o **seguimento** (*follow-up*) com atividades comunicativas baseadas no assunto do que foi lido.

É nessa fase que fazemos a "amarração" de tudo o que foi trabalhado nas etapas anteriores, revisando e refletindo sobre o que foi estudado e o que foi aprendido!

» Houve alteração, os alunos construíram novos significados?
» Foi possível fazer a transferência de conhecimentos?

É também a fase na qual podemos fazê-los criar, para que haja a interação com outros contextos. Portanto, é a etapa na qual as técnicas devem propiciar novamente a integração das habilidades comunicativas, como vemos nos exemplos a seguir. Os alunos podem:

» discutir sua interpretação do..., reação ao..., ou sentimentos sobre o texto;
» resolver um problema proposto pelo texto;
» escrever uma resposta ao tópico proposto pelo texto;
» discutir e escrever a conclusão de uma estória;
» dramatizar a estória, o diálogo etc.

5.3.7 Acrescente algum aspecto avaliativo às suas técnicas

Pelo fato de a leitura (semelhante à compreensão oral) é completamente "não observável", é importante que possamos acessar (*assess*) se houve entendimento, assim como se as estratégias e habilidades subjacentes estão se desenvolvendo. Dessa forma, podemos colocar em nossas aulas de leitura algumas das seguintes respostas abertas (*overt responses*) que indicam se houve compreensão ou não.

E se houve compreensão é porque as estratégias foram utilizadas! No capítulo 2, apresentamos uma simples lista, e aqui, baseados em Brown, apresentamos alguns exemplos do que os alunos podem realizar para demonstrarem seu entendimento:

» As pós-atividades para as habilidades receptivas:
» *Doing* – **Ação**: o leitor/ouvinte responde fisicamente a um comando.
» *Choosing* – **Seleção**: o leitor/ouvinte seleciona uma alternativa apresentada (oralmente ou por escrito).
» *Transferring* – **Transferência**: o leitor resume oralmente o que foi lido e o ouvinte faz um desenho do que foi ouvido.
» *Answering* – **Resposta**: o leitor/ouvinte responde a perguntas sobre o texto/mensagem.
» *Condensing* – **Resumo**: o leitor/ouvinte faz um esboço ou toma notas de um texto/palestra.
» *Extending* – **Complementação**: o leitor/ouvinte finaliza uma estória lida/ouvida.
» *Duplicating* – **Resposta**: o leitor/ouvinte traduz a mensagem para a língua materna ou a copia/repete (iniciantes).
» *Modeling* – **Modelagem**: por exemplo, o leitor monta um brinquedo seguindo instruções e o ouvinte faz um pedido num restaurante após ouvir um modelo oral.
» *Conversing* – **Conversação**: o leitor/ouvinte participa de uma conversação em que demonstram que processaram corretamente a informação recebida (Brown, 2001a, p. 259 - 316).

Como podemos ver, nessa fase haverá sempre maior interação entre as habilidades comunicativas – ouvir, falar, ler e escrever.

Síntese

Neste capítulo, apresentamos primeiramente o que significa "saber ler" e o que um "bom leitor" sabe. Discutimos também os conhecimentos e estratégias, além das habilidades subjacentes que um leitor precisa desenvolver para ser eficiente na decodificação de qualquer texto. Depois, verificamos o que é necessário trazer para nossa prática didática para que nosso aprendiz de língua estrangeira desenvolva essa habilidade, passando pelos processos da conceitualização à autonomia. Finalmente, enfocamos o planejamento das atividades que podemos construir **antes, durante e depois** da leitura propriamente dita.

> A leitura é uma herança maior do que qualquer diploma.
> (Cagliari, 2007, p. 148).

Indicações culturais

Filme

Recomendo, entre muitos, um **filme** em que um segredo afeta toda uma vida.
O LEITOR. Direção: Stephen Daldry. EUA/Germany: The Weinstein Company, 2008. 124 min.

Recomendo também o uso de *graded readers* e de um *site* especial para professores:

Livro

» *Graded readers* são livros que foram especialmente preparados para aprendizes de idiomas. Com atividades extraclasse, mas com o propósito de "leitura por prazer". A linguagem usada é *graded*, isto é, com vocabulário e estruturas adaptados ao nível dos leitores – iniciante ao adiantado.

Site

» *Site* canadense para professores do nível fundamental de ensino, para busca de materiais (*resources*) e planos de aula para todas as habilidades: CAN teach. Disponível em: <http://www.canteach.ca/about/index.html>. Acesso em: 28 maio 2010.

Atividades de autoavaliação

1. Assinale (V) para verdadeiro ou (F) para falso para a descrição dos conhecimentos de estratégia de compreensão oral. Depois, indique a sequência correta.
Entre os conhecimentos estratégicos que um leitor deve possuir, encontramos:
( ) Identificar o propósito na leitura.
( ) Inferir o contexto não explícito usando o processo descendente.
( ) Utilizar o contexto para a construção do significado e da compreensão.

a. V, F, F.

b. F, V, V.

c. V, V, V.

d. F, F, F.

2. Assinale (V) para verdadeiro ou (F) para falso para as afirmações em relação ao **processo de compreensão** depois, indique a sequência correta:
( ) No modelo descendente, o receptor utiliza a página escrita ou os sons ouvidos e seus elementos linguísticos para decodificar o texto.
( ) No modelo ascendente, o receptor utiliza todo seu conhecimento de mundo (informações, conhecimentos, emoções, experiências, e cultura) para decodificar o texto.
( ) No modelo interativo, o receptor continuadamente muda

do ascendente ao descendente de acordo com a necessidade de compreensão do texto.

a. F, F, F.

b. V, V, V.

c. V, V, F.

d. F, F, V.

3. Assinale (V) para verdadeiro ou (F) para falso para as afirmações a seguir e, depois, indique a sequência correta.
Na fase pré-leitura, é muito importante prepararmos os alunos para a compreensão do texto; devemos, portanto:
( ) Introduzir o assunto por meio de disparadores para interessar os alunos.
( ) Encorajá-los a formar hipóteses sobre os conteúdos a serem encontrados.
( ) Apresentar em forma de lista todo o vocabulário novo que os alunos não conhecem.

a. V, V, F.

b. V, F, F.

c. F, F, V.

d. V, F, V.

4. Assinale a alternativa correta: Nos eventos comunicativos, "escutar" em língua estrangeira é muito difícil...

1. *Scanning:* leitura rápida de um texto para pegar a ideia principal ou seu sentido geral.

2. *Skimming:* leitura de um texto com o objetivo de encontrar informação específica.

3. *Schema:* é a forma como o conhecimento sobre um assunto ou um conceito é representado e organizado na mente.

a. 1 e 2 estão corretas.

b. Somente 3 está correta.

c. Todas estão incorretas.

d. Todas estão corretas.

5. Assinale a alternativa correta em relação ao processo ascendente de compreensão.
Em sala de aula, na fase **durante a atividade**, numa leitura com enfoque no processo descendente, algumas das atividades são as seguintes:

I. Encontrar itens específicos como vantagens e desvantagens ou propostas.

II. Encontrar os elementos de referência, marcá-los e determinar a que se referem.

III. Encontrar as conjunções, marcá-las e determinar sua função.

IV. Encontrar o lugar apropriado para reinserir orações previamente retiradas do texto.

a. Somente a I está incorreta.

b. Todas estão incorretas.

c. Todas estão corretas.

d. II e IV estão corretas.

Atividades de aprendizagem

Questões para reflexão

1. Escolha um livro didático de ensino de língua inglesa (se você conseguir também o livro do professor melhor).
Selecione uma de suas lições.

» Verifique e anote as atividades relacionadas ao desenvolvimento da habilidade de compreensão escrita – a leitura.

» Verifique e anote todas as técnicas relacionadas ao seu desenvolvimento.
» Analise as atividades apresentadas, respondendo às seguintes perguntas:
  › Como é estabelecido o propósito para ler?
  › As atividades criam uma expectativa para a leitura?
  › Existe uma atividade de *skimming*? E de *scanning*?
  › As atividades fazem os alunos utilizarem os processos ascendente e descente de compreensão?
  › Qual a atividade para checar a compreensão do texto?
» Agora, escreva um parágrafo expondo suas descobertas e explicando as suas respostas com base no que foi apresentado no capítulo e no livro do professor.
» Em grupos, compare o que você e seus colegas descobriram e discutam defendendo seus pontos.

2. Para essa segunda atividade, você pode usar o mesmo texto analisado anteriormente, porém se você respondeu positivamente a todas as perguntas você deverá escolher um outro texto de sua preferência.

Escolha uma turma ou um grupo de colegas para quem você vai planejar essa "aula". Vamos enfocar somente o planejamento da fase **após** a leitura.

› Anote a sugestão dada pelo livro do professor para a atividade pós-leitura. Quais as sugestões do que vai ser feito **após** a leitura?
› Qual das outras habilidades (falar ou escrever) vai ser integrada nessa fase?
› Se não há nenhuma, bole (crie) uma atividade pós-leitura com uma das dessas duas habilidades.
› Se existe uma, sugira alterações que contemplem a melhoria de sua realização em sala de aula e explique o porquê.
› Em grupos, analisem seus planos e comentem.

Atividades aplicadas: prática

1. Procure um *graded reader* com o tema da sua escolha e de acordo com o seu nível de proficiência. Leia esse livro e faça as atividades.

2. Vamos montar uma pequena biblioteca de sala de *graded readers*? Desenvolva com seu grupo uma ideia de projeto para a montagem de uma pequena biblioteca formada de *graded readers*.

Capítulo 6

Desenvolvendo a escrita como processo: a escrita comunicativa

> *"How is writing like swimming? [...]
> human beings universally learn to walk and to talk,
> but that swimming and writing are culturally specific,
> learned behaviors.
> We learn to swim if there is a body of water
> available and usually only if someone teaches us.
> We learn to write if we are members of a literate society
> and usually only if someone teaches us."* *
>
> H. Douglas Brown

Até hoje me lembro, quando era aluna no segundo ano do ensino fundamental, de uma cartinha muito especial que a professora nos pediu para escrever. Estava chegando o Dia dos Pais e deveríamos escrever uma carta para nossos pais. Na época, meu pai estava em Brasília por ser militar e fiquei muito motivada a procurar saber seu endereço e a escrevê-lo bem direitinho no envelope. Lembro vagamente (já faz tanto tempo!) que contei o que meus irmãos e eu tínhamos feito (nossas brincadeiras) naquele mês e como eu estava indo na escola (sendo a mais velha, era a única que podia escrever

---

* "Qual a semelhança entre a escrita e a natação? [...] os seres humanos universalmente aprendem a andar e a falar, mas nadar e escrever são comportamentos aprendidos, específicos de uma cultura. Nós aprendemos a nadar se há um 'porção' de água por perto e normalmente só se alguém nos ensina. [Da mesma forma] Nós aprendemos a escrever se somos membros de uma sociedade letrada, e usualmente somente se alguém nos ensinar" (Brown, 2001a, p. 334).

e entrar em contato com ele). Durante muitos anos ele guardou minha cartinha!

Essa foi a única vez que me lembro de ter gostado de escrever na escola. Nas outras ocasiões, tinha verdadeiro pavor quando recebia de volta minha redações, pois vinham pintadinhas de vermelho! Cada vez que precisava escrever, achava que não tinha boas ideias e principalmente nenhuma criatividade, que minhas estórias eram muito sem graça, meu vocabulário era pobre e minhas estruturas eram incorretas... E foi um longo caminho para chegar até aqui! Se tivessem me dito que um dia escreveria um livro, acharia muito engraçado!

Creio que duas coisas propiciaram meu desenvolvimento como escritora: a primeira foi e o é até hoje, minha paixão por livros e pela leitura; e a outra, a sorte de ter estudado inglês, porque tive muitas aulas de *writing*, nas quais aprendi a gerar ideias, planejar, elaborar, editar e finalizar meus textos. Em certa ocasião, cheguei até a "enganar" minha professora ao finalizar a narração de uma história dizendo que "*The most unforgettable person in my life...* (que era o tema da composição) ... *is now my husband*"*. No início do semestre seguinte, quando das apresentações pessoais, disse que era solteira e ela me perguntou: "Mas você não era casada?". Além de ter sido criativa no desenvolvimento da história e cativado meu leitor, minhas estruturas estavam corretas, eu tinha aprendido a passar por todos os processos da escrita! Foi uma realização!

Em muitas situações escolares, ainda se pensa e se exige somente o **produto final**, a redação finalizada. Felizmente, esse enfoque tem sido questionado após os diversos estudos e descobertas sobre o que um bom escritor sabe e o que ele faz, quais as estratégias que utiliza **antes**, **durante** e **depois** de escrever, isto é, quais os processos pelos quais passa para chegar a esse produto final. Hoje, advoga-se trabalhar com o desenvolvimento da escrita **como processo**. E como este é muito complexo e exige do escritor a realização de diversas operações que acontecem simultaneamente,

---

* "A pessoa mais inesquecível na minha vida é agora meu marido". E eu nem tinha namorado na época!

nosso papel é o de "ensinar a escrever", ou melhor, mostrar aos alunos os caminhos, conscientizá-los de cada uma das fases e do que se deve fazer em cada uma delas. Neste capítulo, enfocaremos os conhecimentos e as estratégias que um "bom escritor" possui e quais as técnicas a serem utilizadas para que essa competência seja desenvolvida da melhor forma possível em sala de aula.

para refletir 1

» Você se vê como escritor?

» Faça um retrospecto de seu dia a dia: o que você escreve normalmente?

» O que você precisa escrever e não gosta?

» Você escreve por prazer? O quê?

6.1 O que significa saber escrever?

Escrever é uma atividade comunicativa e, como tal, envolve uma **relação cooperativa** entre o "emissor-escritor" e o "receptor-leitor". Sendo um ato de comunicação, caracteriza-se por transmitir as intenções e os conteúdos codificados em uma forma adequada à sua função, isto é, à sua intenção. O sucesso da comunicação escrita reside na capacidade do escritor em revelar essa intenção, codificando sua mensagem de forma clara, relevante, sincera e informativa*. Escrever bem é expressar-se com eficácia, fazendo com que o leitor não apenas entenda a intenção do autor, mas que esse entendimento tenha um efeito em consequência dessa compreensão.

É muito comum escritores famosos confessarem as dificuldades que sentem quando escrevem. Certa vez, li uma crônica de Fernando Sabino, contando, inconformado, sobre a quantidade de papéis jogados no cesto de lixo e a dificuldade que tinha tido para escrever um pequeno telegrama de condolências. Escrever é uma arte, dizem. Mas uma arte aprendida por meio da prática, tão difícil

---

* Ver os princípios de cooperação de Grice apresentados no capítulo 3, sobre a fala.

quanto "aprender a nadar" (como disse Brown, na citação que abre este cap´´ítulo). Vejamos agora o que um bom escritor sabe para escrever bem.

6.2 Um bom escritor sabe...

Como abordamos anteriormente, quanto mais conhecimentos compartilharmos com nosso leitor/interlocutor, mais fácil será codificarmos e decodificarmos as mensagens. Vimos também que os seguintes conhecimentos fazem parte do acervo de qualquer emissor (falante ou escritor) e de qualquer receptor (ouvinte e leitor): os conhecimentos de mundo, os conhecimentos sociolinguísticos e os conhecimentos linguísticos e em relação ao escritor – em particular, os conhecimentos das estratégias de produção escrita. Revisemos o que cada um engloba:

» Os conhecimentos de mundo ou extralinguísticos – são conhecimentos gerais que incluem conhecimento sobre o tópico abordado, conhecimento sociocultural, conhecimento do contexto, e outros.

» O conhecimento sociolinguístico – alguns autores subdividem os conhecimentos sociolinguísticos em duas áreas interligadas: conhecimentos sobre discurso (organização textual) e sobre pragmática (uso).

> conhecimento da pragmática (de uso) – significa saber usar a linguagem com um propósito em contextos apropriados, levando em conta as variáveis de tópico, gênero, audiência e propósito da escrita.

> conhecimento sobre organização textual – conhecimento dos diferentes tipos de gênero (cartas, estórias, bilhetes e outros) e de como se organizam internamente (coesão e coerência).

» O conhecimento do código linguístico – significa conhecer o vocabulário relacionado ao tópico, relações sintáticas, e a mecânica da língua;

» Os conhecimentos das estratégias de produção escrita: estratégias que aprimoram nossa habilidade para escrever. Segundo Brown (2001a)e Scarcella e Oxford (1992, p.120), entre essas estratégias encontramos: a habilidade de gerar ideias, pesquisar, listar, planejar, esboçar, revisar, editorar, entre outras que veremos mais detalhadamente a seguir.

Como já falamos dos outros conhecimentos nos capítulos anteriores, neste último capítulo vamos abordar somente aqueles diretamente ligados à produção da escrita.

6.2.1 Conhecimentos sociolinguísticos

Semelhante aos outros eventos comunicativos, antes de produzir qualquer texto o escritor **tem um propósito*** em mente, seja o de escrever uma lista do que está faltando em casa, um bilhete avisando a mãe que chegará mais tarde ou um *e-mail* comercial confirmando um pedido feito por telefone. Além da **razão** para escrever, o escritor também tem em mente **para quem** está escrevendo, qual será o público que lerá seu texto, quer seja ele mesmo (no caso da lista), uma pessoa específica (sua mãe), ou um público geral e "desconhecido" (os leitores de um artigo de revista, por exemplo).

Essa **razão**, somada à variável de **audiência**, vai influenciar a sua escolha sobre o **tipo de texto** ou **gênero** (lista, bilhete, mensagem por *e-mail* etc.) que será produzido, a **quantidade de informações** que esse texto trará, assim como a **escolha do registro** (formal e informal) que utilizará. E antes de começar a realmente escrever, o escritor leva em consideração **a organização do conteúdo**, ou seja, qual a sequência que quer dar aos fatos, ideias ou argumentos que decidiu incluir, levando em conta as variáveis que vimos aqui.

Gêneros: tipos de texto escrito
Para cada propósito que tenhamos em mente, teremos uma opção de gênero específico com vocabulário específico para aquele tipo de texto. Por exemplo: uma receita, uma carta, um bilhete,

---

* Como vimos no **modelo do processo comunicativo** apresentado e ilustrado no capítulo sobre leitura.

um anúncio têm uma diagramação definida, convencionalizada por aquela comunidade. No capítulo sobre a linguagem falada, definimos gêneros, sendo bom relembrar:

Gênero refere-se a qualquer tipo de discurso falado ou escrito que é usado e reconhecido pelos membros de uma cultura ou subcultura em particular. Quando um gênero se define como tal, ele adquire uma estrutura preestabelecida e, frequentemente, uma gramática e vocabulários específicos [... que] são consistentes com a função do texto [...]. (Thornbury, 2006, p. 91)

No Anexo II, apresentamos uma lista com diferentes tipos de textos, os gêneros, cada um com sua estrutura típica reconhecida pelos leitores daquela comunidade textual. Nem todos aqueles tipos farão parte de nossa produção escrita; nem todas as pessoas, em algum momento de suas vidas, chegarão a escrever um artigo, uma resenha, sequer um livro, mas precisamos ter conhecimentos de como esses textos se estruturam e, em sala de aula, precisamos oferecer aos alunos exemplos daqueles que eles provavelmente produzirão, por mais simples e pequenos que sejam. Analisemos este bilhete:

> *A quick note to say I had to take your red umbrella – the rain was so hard and the water so cold! I had to take it not to get a cold. Forgive me, 'cause there it was whispering: "Take me and I'll protect you." But don't worry. Stay cool. Tomorrow, it'll return to you.*
>
> Flo

para refletir 2

» Neste **bilhete**, você pode identificar alguns itens: qual é o **propósito** do escritor?

» Quem são os **participantes**, **para quem** o remetente escreveu o bilhete?

» Qual é o **assunto**?

» Qual é o **canal**?

* "Só pra te dizer que tive que levar teu guarda-chuva vermelho - A chuva estava tão forte e a água tão fria! Tive que levá-lo pra não pegar um resfriado. Perdoe-me, pois estava lá me sussurrando: 'Leve-me e vou te proteger'. Mas, não se preocupe, fique frio! Amanhã, devolvo para você."

Registro

Sempre temos uma **razão** para escrever, e esta intenção está subordinada a um **gênero**, um modelo a ser seguido que determina o **registro** a ser usado. Esse registro, esse uso da linguagem, é dependente das variantes de contexto. Isso quer dizer que a escolha das estruturas e o vocabulário, e das formas linguísticas não é arbitrária, mas governada pela conjunção de fatores culturais e contextuais – que são **tenor, campo** e **modo** (como já apresentados no capítulo 3, sobre a fala), as três dimensões que devemos levar em conta na hora de escrever:

» **Tenor** refere-se aos **participantes** de um evento e o seu relacionamento (que inclui seu grau de familiaridade e *status* correspondente);
» **Campo** do refere-se ao **assunto**;
» **Modo** refere-se ao **canal**, a **como**, isto é, por que meio – carta, *e-mail*, apresentação de *slide* etc.

A construção de um texto está, portanto, vinculada às **variáveis** anteriormente demonstradas; cada tipo de gênero e subgênero possui sua **estrutura própria** (*framework*) e a mudança em uma das variáveis acarreta em mudança do resultado final. Quando os escritores redigem textos, utilizam uma estrutura conhecida porque se sentem obrigados e porque pressupõem que os leitores a reconhecerão facilmente.

para refletir 3

No **Para refletir 2**, foi pedido a você que determinasse o **propósito**, os **participantes**, o **assunto** e o **canal** do bilhete em questão, antes de termos apresentado novamente o que são cada um deles (em **registro** mostrado).

» Revise as suas respostas com base nos conhecimentos apresentados.

Agora vamos fazer a mesma coisa com o **poema** a seguir. Você pode identificar os mesmos itens:

» Qual é o **propósito** do escritor?

» Quem são os **participantes, para quem** ele escreveu o bilhete?

» Qual é o **assunto**?

» Qual é o **canal**?

para refletir 4

A quick note to say

*I had to take
Your red umbrella –
The rain was so hard,
And the water so cold!
I had to take it
Not to get a cold.*

*Forgive me, 'cause
There it was whispering
"Take me and I'll protect you."
But don't worry, stay cool!
Tomorrow, it'll return to you.*

Florinda Marques, 2001

Vamos fazer juntos a análise! Observem que é o **mesmo texto** do bilhete analisado em **Para refletir 2**, porém houve mudanças em mais de uma das variáveis, como segue:

» Variável de **gênero**, de bilhete para um poema.
» Variável de **modo**, que continua parcialmente o mesmo, é por escrito, mas em vez de estar pregado na geladeira, ou do lado do telefone do amigo/a foi publicado primeiramente num jornalzinho de escola.
» Variável de **tenor** (participante) – da "amiga Flo para amiga no bilhete" para "a poeta ao público em geral" no poema.
» Variável de **campo** (**assunto***)* – continua o mesmo, o fato de o guarda-chuva ter sido emprestado.

» Mas, e variável de **propósito**, será que continua sendo o de desculpar-se? Pode ser que sim, pode ser que não! Com o propósito de...
Acho que cada leitor faz sua interpretação e encontra o seu entendimento!

para refletir 5

» Você escreveu alguma coisa hoje? Por quê? O quê? E para quem? (Escrevemos pouco – mas escrevemos!)

6.2.2 **Conhecimentos sobre organização textual**
Somente ter uma estrutura reconhecível (poema, bilhete, anotações etc.) não é suficiente para que haja compreensão de um texto, ele precisa ser também **coeso** e **coerente**. E o que isso significa?

Coerência
A coerência é conseguida através do uso dos **elementos de coesão** e de **sua lógica interna**, explicitada pela maneira como o autor constrói seu texto, de como indica seu propósito e demonstra sua linha de pensamento.

Coesão
Quando escrevemos um texto, usamos de um número de dispositivos linguísticos que ajudam a dar união às nossas ideias transformadas em sentenças. Usamos termos lexicais e gramaticais, os recursos de coesão, para fazer com que nossa escrita fique conectada. Segundo Jeremy Harmer (2004, p. 22), a coesão pode ser lexical e gramatical:
» Coesão lexical:
› repetição de palavras-chave;
› uso de grupos de palavras relacionadas.
» Coesão gramatical:
› referência pronominal;
› referência de artigo definido;
› concordância verbal;

> uso de conjunções ou marcadores de discruso□ (*linkers*);
> substituições e elipses.

Quando escrevemos, nosso texto será tanto mais compreensível quanto mais coeso e coerente for.

6.3 Conhecimento do código linguístico

Existe uma grande diferença entre a quantidade de palavras que um falante ou escritor utiliza para se comunicar (seu vocabulário produtivo) e a quantidade que ele consegue reconhecer (seu vocabulário receptivo). Depois de muitos estudos sobre a língua falada (estudos sobre *corpora*□), comprovou-se que um falante consegue cobrir 95% de suas emissões com um vocabulário de 2.500 palavras! Já para a escrita com essa mesma quantidade ele consegue produzir somente 80% de texto escrito. Existem outras áreas em que a linguagem escrita e a oral se diferenciam.

6.3.1 Semelhanças e diferenças entre a linguagem oral e a escrita

A linguagem escrita e a oral se diferenciam de diversas maneiras, e até há pouco tempo existia uma linha divisória muito clara entre as características da linguagem falada e as da escrita, em termos de forma e do processo que as fazia acontecer. Com o advento da era digital e a facilidade com que as pessoas conseguem se comunicar através da escrita via computador ou via telefone celular, hoje essas linguagens se permeiam e encontramos características de uma na outra em diversos tipos de textos, como em mensagens escritas de *e-mails*, MSNs ®, SMSs, no *Twiter*, nos *chats*, ou na produção oral de palestras e discursos. Na hora de nos comunicarmos, precisamos conhecer essas diferenças (e semelhanças!) para podermos escrever e falar melhor. Assim, podemos diferenciar essas duas linguagens escrita e falada em termos de permanência, participantes, tempo de produção.

Permanência

A fala, como visto anteriormente, acontece "aqui e agora", ou seja, em tempo real, em interações imediatas, havendo grande dependência do..., assim como referência ao contexto. Falamos e nossas palavras se "perdem no espaço". A escrita transcende "tempo e espaço" e é permanente enquanto durar a mídia em que está gravada. Como vimos nos capítulos anteriores, não é o que ocorre, porém, com a **linguagem na comunicação mediada pelo computador**, como *chats*, *blogs*, MSNs e mensagens por *e-mail*, ou com a **linguagem na comunicação via telefone celular**, como *torpedos SMS* (*short message services*) *e* MMSs (*multimedia message sevices*), "*tweets*", em que reproduzimos muitas das características da linguagem oral e que por não serem necessárias, na maioria das vezes são apagadas assim que lidas.

Por outro lado, temos palestras, aulas e outros textos falados normalmente preparados por escrito e que se tornam permanentes nas notas e nas apresentações feitas pelo palestrante ou nas anotações dos participantes.

Participantes

A fala acontece "cara a cara", em interações colaborativas nas quais os participantes, conhecidos entre si ou não, constroem significados, à medida que a conversação vai acontecendo e, se não houver entendimento, "negociam", "clarificam", "modificam aquilo que foi falado", "adicionam", "mudam de ideia" ou até "mudam o rumo" da conversa por causa de uma pergunta ou opinião do interlocutor. E mesmo que estejam conversando com pessoas completamente desconhecidas, conseguem pressupor muitas coisas e esses conhecimentos direcionam suas escolhas de registro, vocabulário e estruturas. Lembrando que, apesar de haver menos interação em eventos mais gerais como discursos, palestras e reuniões, essa construção ainda assim é feita colaborativamente.

Por outro lado, quando escrevemos, o fazemos para o público em geral, ou para um tipo específico de público, como por exemplo, o grupo de alunos e professores de inglês para quem pensei este livro. O escritor precisa saber muito bem qual será o seu público-alvo, mesmo que seja bem geral, como veremos a seguir.

Tempo de produção

No capítulo sobre a produção oral, pudemos estudar a rapidez com que se processa a fala e o pouco tempo que temos entre a conceitualização, o planejamento e a elocução final. E uma vez falado, nada pode ser desdito! Pode até ser reexplicado, mas... Porque a fala é tão imediata, muitas vezes erramos aquilo que queríamos dizer, mas, ao mesmo tempo, também usamos de artifícios – somos redundantes, repetimos, parafraseamos e preenchemos o silêncio – para nos dar tempo de pensar e formalizar nossos pensamentos.

Quando escrevemos, na maioria das vezes, temos tempo para planejar, escrever, reformular, editar até chegarmos ao produto final, a não ser que estejamos escrevendo um bilhete, um postal, uma mensagem de *e-mail* (e outros) em que não precisamos nos preocupar com a "gramática", ou onde se criou uma "nova" gramática (como nos torpedos).

Texto: organização e linguagem

Vimos no capítulo 3 as características da fala em termos de estruturas (orações etc.) e de vocabulário, itens que fazem da falta algo muito diferente da linguagem escrita. E pelo fato de normalmente ocorrer "cara a cara", os interlocutores se utilizam de características paralinguísticas como expressões faciais, linguagem corporal, tom de voz e acentuação etc. para reforçar suas mensagens.

Por outro lado, por sua permanência, a linguagem escrita precisa ser bem estruturada com sentenças completas, vocabulário mais formal, sem redundâncias, com referências textuais e outras características mais. Na linguagem escrita, procuramos usar pontuação, itálico, sublinhado, mudanças na ordem das orações para que a comunicação seja mais efetiva. Em mensagens eletrônicas, utilizamos também os *emoticons*[1] (aquelas carinhas simpáticas, também chamadas de *smiles* ☺).

Essas semelhanças e diferenças entre a linguagem oral e a escrita têm implicações para a sala de aula. Podemos introduzir atividades nas quais os alunos experimentem a escrita de mensagens via internet e também toda a gama de estratégias que um bom escritor possui para chegar a um bom produto final.

para refletir 6

» Veja esta laranja. Vamos escrever uma redação sobre ela.

» Escreva um parágrafo sobre esta fruta. Você tem 15 minutos.

6.4 Como o bom escritor escreve? Qual é o processo?

Nos capítulos sobre compreensão oral e escrita (ouvir e ler), mostramos o importante papel do emissor (escritor ou falante) para que sua mensagem seja codificada adequadamente e para que represente o mais fielmente possível a intenção que tinha em mente. Como leitores, quanto mais dominarmos o processo de decodificação da linguagem escrita, melhores escritores nos tornaremos, porque saberemos das dificuldades que enfrentamos e, dessa forma, procuraremos minimizar os possíveis problemas de produção, utilizando estratégias adequadas para que nosso texto comunique a nossa intenção*.

Como em todo processo, diversas atividades compõem o da escrita até chegarmos à versão final. Essas atividades podem ser agrupadas em quatro campos: o da pré-escrita, do esboço, da edição e da versão final, que não acontecem linearmente, mas sim recorrentemente, quer dizer, a cada momento o escritor pode retornar a cada uma das etapas (replanejar, reescrever, revisar, reesboçar) até ficar contente com o resultado e entregar a última versão.

---

* Ser um bom leitor para ser um bom escritor para ser um melhor leitor, e assim por diante (vale aqui também)!

Harmer (2004) propõe um diagrama para mostrar como é o **processo recursivo*** da escrita:

Figura 7 – O processo circular

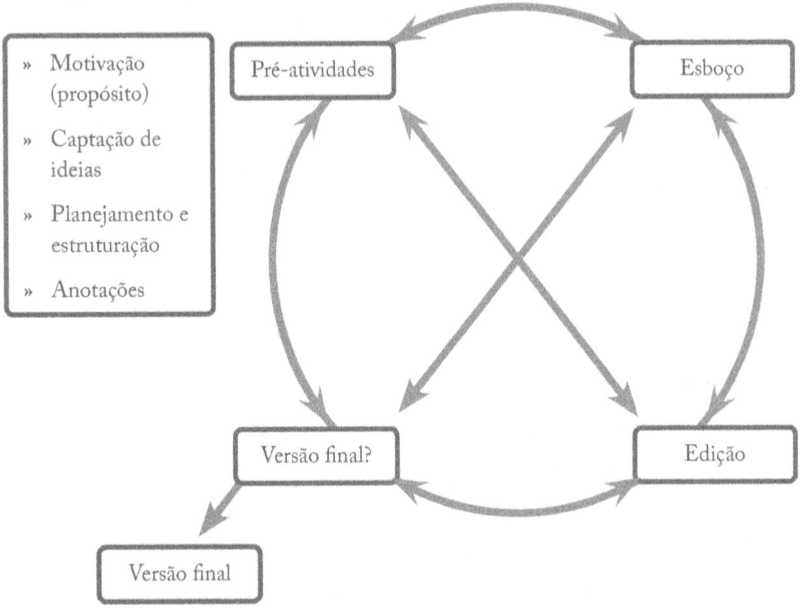

- » Motivação (propósito)
- » Captação de ideias
- » Planejamento e estruturação
- » Anotações

Pré-atividades — Esboço — Edição — Versão final? — Versão final

Fonte: Adaptado de Harmer, 2004, p. 6.

6.4.1 A pré-escrita e o planejamento

Nessa fase, o escritor considera (como vimos anteriormente) três pontos: seu **propósito**, o **público-alvo** e a **estrutura** que pretende dar ao conteúdo. No seu planejamento, cada uma dessas questões influenciará grandemente nas escolhas que fará do gênero, do registro, da linguagem a ser usada, e de qual informação será incluída e como será apresentada.

Lembrando que, quanto maior for o **acervo de conhecimentos compartilhados**** com nosso leitor, tanto mais fácil será nosso entendimento de um texto falado ou escrito. Esses conhecimentos

---

* Recursivo: propriedade daquilo que se pode repetir um número infinito de vezes. (Houaiss; Villar, p. 2405). Termo introduzido na linguística por Noam Chomsky).

** Acervo de conhecimentos "compartilhados": *shared background knowledge*.

compartilhados incluem nossos conhecimentos de mundo, sociolinguísticos e da organização textual, assim como nossas atitudes, nossas crenças, nossos valores, e toda a gama de regras socioculturais que apreendemos no local em que somos criados e que trazemos conosco.

para refletir 7

Só para refletir mesmo!

Na atividade sobre a laranja, não ficaram definidos nenhum dos três pontos anteriormente demosntrados.

» Será uma história, uma descrição para a aula de ciências, um cartaz explicativo?

» Para quem será escrito?

» E, principalmente, qual é a razão para se escrever?

» Você consegue responder a essas perguntas somente com as poucas informações dadas?

Portanto, somente depois de ter definido os três pontos e coletado todas as informações possíveis, o escritor vai organizar o que vai compor sua escrita. Cada escritor tem uma fórmula própria de planejar seus textos. Alguns fazem esquemas, outros anotam palavras-chave, outros só pensam sem anotar nada e outros, ainda, organizam à medida que criam seu texto. Mas todos replanejam no decurso de sua escrita! (felizmente, com o uso do texto eletrônico, fazer mudanças ficou muito mais fácil)

6.4.2 Esboço e reelaboração (1º, 2º, 3º...)

É a fase na qual o escritor coloca no papel o que pensou e planejou antes. Esse primeiro texto é escrito com o pressuposto que será relaborado.

6.4.3 Editoração (reflexão e revisão)

Nessa fase, o escritor melhora seu texto à medida que relê, reflete, retorna ao primeiro planejamento, revisa, refaz, reelabora, reescreve. Frequentemente, dependendo da seriedade do texto, recebe a ajuda de outros leitores para fazerem comentários e sugestões.

6.4.4 O texto final

Quando o autor fica contente com o resultado alcançado, ele apresenta seu texto ao público-alvo. Lembrando que até chegar aqui, ele passou e repassou pelas outras fases diversas vezes.

6.4.5 O bom escritor

O bom escritor possui as seguintes características:

» Determina o objetivo principal do seu texto.
» Pressupõe quem lerá – o seu público-alvo.
» Pesquisa.
» Planeja o que vai escrever.
» Deixa suas ideias fluírem.
» Segue seu planejamento de modo geral.
» Pede e utiliza *feedback* enquanto escreve.
» Revisa seu trabalho quantas vezes forem necessárias.
» Reescreve, se necessário.

para refletir 8

Sobre composição sobre a laranja – começando

» Determine o seguinte: Qual é o propósito? Qual é o público-alvo? Qual será o gênero do que você gostaria de escrever?

» Além de ter tempo para pesquisar, planejar, esboçar, rever e editar o seu texto, como seria o seu produto final sobre a laranja?

6.5 A escrita e a sala de aula

"Skill comes by the constant repetition of familiar feats rather than by a few over-bold attempts at feats for which the performer is yet poorly prepared."
Wilbur Wright*

---

* A habilidade se desenvolve pela constante repetição de feitos familiares e não pela realização de umas poucas façanhas audaciosas para as quais o executor ainda não está bem preparado (Wright, citado por Thornbury, 2005, p. 6).

Sabemos que dificilmente vamos escrever em L2 da mesma forma como sabemos escrever em língua materna: nossa forma de pensar, nosso vocabulário e a maneira como estruturamos um texto diferem grandemente. Podemos, porém, dar aos alunos ferramentas para que possam se tornar bons escritores e, para tal, precisamos trabalhar com duas frentes: **escrever para aprender** e **escrever para escrever**, com foco tanto no **produto**, para que seja claro e bem articulado, como no **processo**, para que os alunos possam transferir o que aprenderam na criação de outros textos.

Além disso, é muito importante que consigamos criar em sala de aula aquela vontade de comunicação autêntica. E, por mais curta ou controlada que seja a atividade, que os alunos encontrem o seu verdadeiro propósito para escrever e um público que sinta necessidade de saber o que contém sua mensagem. Devemos criar em sala de aula oportunidades de interações autênticas, isto é, semelhantes às da vida fora da escola. Não vamos descartar a escrita para "*assessar*" seu aprendizado, mas vamos procurar introduzir a escrita com propósitos reais, para um público-alvo real.

para refletir 9

» Como aluno, como foi sua experiência com a escrita em sala de aula? Você tem alguma estória para contar?

» Como professor, você acha importante introduzir aulas de *writing*?

» Se você já está em sala de aula, você inclui na sua programação aulas de prática da escrita? O que e como você faz?

6.5.1 Os tipos de escrita em sala de aula

Como a escrita é um processo que toma tempo, pergunta-se muito frequentemente: "Por que introduzir a escrita em nossas aulas de língua estrangeira?". Respondemos que existem dois bons motivos para que os alunos escrevam em sala de aula: **escrever para aprender** e **escrever para escrever**.

O escrever para aprender

Quando escrevem, os alunos "tomam posse'" do que aprenderam – "é o **'escrever para aprender'** – ocasião em que os alunos escrevem para aumentar seu aprendizado de gramática e de vocabulário. [...] Eles escrevem para ajudá-los a aprender melhor" (Harmer, 2004, p. 31). Como ao escrever temos mais tempo para pensar do que quando falamos, temos também mais tempo de refletir sobre o que sabemos, o que não sabemos ou não temos certeza, e de checar tudo isso num dicionário, num livro de gramática, ou em nossas anotações, e por consequência **aprender, tomar posse** do que nos foi apresentado! É a **escrita para reforço**, usada para reforçar o que foi aprendido; existem ainda a escrita **como preparação** e a **escrita como atividade** em que os alunos escrevem para se preparar para atividades de conversação, leitura ou audição. Em todos esses casos, a escrita somente serve de suporte ou capacitação para o desenvolvimento de uma outra habilidade.

Esse tipo de escrita anteriormente demonstrada leva os alunos pelos processos de aprendizagem comentados nos capítulos anteriores e serve para que os alunos passem da **conscientização** à **apropriação** e, finalmente, à **autonomia**.

Vamos nos divertir um pouco?!

» Escreva numa folha, uma frase abaixo da outra, 3 vezes *I can...* e 2 vezes *I can't...*

» Agora complete com 3 coisas que você **sabe fazer** e 2 que você **não consegue fazer**.*

---

* Exemplo: *I can drive a car.*
I can speak English.
I can write a book.
But I can't play the guitar.
And I can't sing.
Você sabe que escreveu um pequeno poema! (*Just for fun!*).
Um pequeno exemplo de escrita criativa para **aprender a escrever**.

O escrever para escrever

O segundo motivo de focarmos a escrita em sala de aula (e que é a razão deste capítulo) está no desenvolvimento da "**escrita pela escrita**", ou seja, a **escrita como processo comunicativo**.

Para Harmer (2004, p. 34), "nosso objetivo é ajudar os alunos a se tornarem melhores escritores e a aprenderem como escrever diversos gêneros, usando registros diferentes". Já tive diversas oportunidades de trabalhar com a **escrita como processo** e os resultados foram realmente gratificantes. Os alunos ficam mais motivados e interessados, aprendem mais e o produto final melhora imensamente.

Esse tipo de escrita também leva os alunos através dos mesmos processos de aprendizagem, porém aqui eles vão passar pelos processos de conscientização, apropriação e autonomia das estratégias de produção escrita, pois esse é o foco desse tipo de atividades. Veremos a seguir como devemos proceder para o desenvolvimento da "escrita pela escrita".

6.6 As fases da escrita como processo em sala de aula

Sugerimos, no capítulo 2, que, na hora do planejamento de nossas aulas para o desenvolvimento de cada uma das competências, seja feita a divisão das atividades em três fases: o que fazer **antes**, **durante** e **depois** da atividade em si. Para trabalharmos com a produção escrita, essas fases ocorrerão em diversas aulas até chegarmos à versão final.

6.6.1 As tarefas do professor na escrita como processo

No desenvolvimento desse processo, antes de qualquer coisa, a tarefa do professor é a de demonstrar e fazer com que os alunos se conscientizem das possibilidades existentes. Depois, e muito importante, vem a de motivar os alunos a quererem escrever, além de provocá-los e instigá-los a terem ideias. Devemos para tal escolher as atividades que possam envolvê-los e que lhes sejam relevantes.

E por último, porém não menos importante! Para que haja o desenvolvimento de qualquer das habilidades e estratégias, o papel do professor é o de auxiliar em todas as etapas para que os alunos passem do estado de dependência para uma completa autonomia. Nosso papel é de facilitador da aprendizagem, *scaffolding*, isto é, dando o **suporte estrutural temporário,** ajudando a construir as estratégias de cada etapa. É também o de criar um ambiente de colaboração e cooperação, já que todos os alunos são parte fundamental na fase da edição dos textos, e, finalmente, o de responder ao que escreveram durante o processo.

Sendo assim, o professor deve:

» Criar com os alunos um propósito para escrever.
» Motivar os alunos a querer escrever.
» Fazer ligações entre o tema e a vida e as experiências dos alunos (personalizar).
» Apresentar vocabulário ou estruturas que possam atrapalhar a produção.
» Preparar os alunos com as estratégias e habilidades subjacentes para realizarem a comunicação através da escrita.

6.6.2 O que os alunos farão antes da atividade em si?

Na verdade, essa fase se inicia muitas aulas antes, quando o professor realiza em sala de aula os processos de aprendizagem, passando da conscientização à apropriação do código linguístico, assim como de algumas estratégias de produção da escrita. Vamos enfocar nesse estágio somente o que o professor deve fazer para a escrita com um propósito comunicativo: **a escrita pela escrita**.

Escrevendo com objetivo comunicativo

O que significa escrever com um propósito comunicativo? Significa que escrevemos para nos comunicarmos com nosso leitor. Significa também que sabemos muito pouco sobre o que o leitor conhece ou desconhece. Essa lacuna informacional nos motiva a elaborar e a explicar muito bem nossas ideias ou a procurar sanar possíveis dúvidas. Portanto, o escritor tem uma **razão** para escrever e um **receptor em mente** para entrar em contato através do texto escrito. Por outro lado, em sala de aula são os professores que entregam aos alunos o tema ("a laranja", "a pessoa inesquecível", "minhas férias" e milhares de outros temas) e normalmente os alunos escrevem para que seus mestres leiam.

Sabendo de tudo isso, é primordial ajudarmos a criar a motivação que impulsione os alunos a redigirem seus textos da melhor forma possível, pois para escreverem com um objetivo comunicativo "verdadeiro", os alunos precisam ter certeza **para quem, o que** e **a razão porque** estão escrevendo. Portanto, nossa primeira tarefa é esta, definir (**sempre!**):

» Razão: **por quê?**
» Com o leitor em mente: **para quem?**
» Assunto: **o quê?**

Mencionei anteriormente que quando estudei inglês tive a oportunidade de desenvolver muitas estratégias de produção da escrita. Foi quando me dei conta do que deve ser feito em cada uma das fases desse processo, pois todo escritor passa pelas fases do processo de produção como o descrito anteriormente. A atividade da laranja aconteceu comigo e levei o maior susto! E enquanto tentava arranjar alguma ideia, pensava: "Afinal, o que vou escrever sobre uma laranja?!", "e em inglês!".

Éramos um grupo de professores que estavam sendo conscientizados da escrita como processo. E o primeiro passo, após o susto, foi trabalharmos na captação de ideias, sabermos com que **propósito**, **para quem** e qual **tipo de texto** iríamos escrever. Essa é a etapa mais importante da escrita como processo comunicativo, a fase da captação de ideias, do estabelecimento do propósito e da definição do público-alvo, o restante é decorrência do que é delineado aqui!

para refletir 11

Só para refletir mesmo!

Li há muito tempo atrás uma tirinha com Charlie Brown sobre a escrita. É o retorno às aulas e a professora dá como tema "As minhas férias". No terceiro e no último quadrinho, aparece Charlie Brown suspirando depois de ter lido o que escreveu: "Minhas férias foram muito boas.". E então ele diz: "Agora só faltam 495 palavras para terminar...", com uma cara muito desanimada e um grande suspiro.

» Você já não se sentiu assim? É somente à composição sobre a laranja, não é?

Gerando e organizando ideias

De início, enfrentamos uma das maiores dificuldades de um escritor: a de gerar ideias sozinhos (*vide* a laranja). Existem, porém, diversas técnicas que podem ser realizadas com todo o grupo, em grupos pequenos e em pares e que auxiliam os alunos a desenvolverem a capacidade de ter ideias, para posteriormente poderem passar por essa etapa sozinhos. No capítulo 1, falamos sobre o **disparador**, que se refere às atividades que estimulam a curiosidade e o interesse dos alunos, motivando-os e envolvendo-os e, nesse caso, serve para gerar ideias para a prática escrita. Esse disparador pode ser uma gravura, uma parte de um vídeo, uma música, um objeto (como a laranja), uma palavra e milhares de outras coisas. À medida que as ideias são geradas, podem ser jogadas no papel randomicamente, ou em forma de lista, ou já separadas em colunas de prós e contras, após o que podem ser riscadas, ligadas pelo parentesco do campo semântico, etc. Algumas formas de gerar ideias:

» *Brainstorming* – as famosas "tempestades cerebrais", ou "toró de ideias", em que uma palavra ouvida por alguém gera a lembrança de outra em outro aluno (com o tempo, conseguimos fazer isso individualmente também).

- » Tomar notas por meio de mapas organizacionais (mind maps).
- » Usar sequência de perguntas (*who, what, where, when, why, how etc.*).
- » Fazer listas de prós e contras (*for and against*).
- » Completar um questionário ou um opiniário (*opinionnaires*).
- » *Cubing* – "o tópico é apresentado sob seis pontos de vista, como os seis lados de um cubo com o assunto dentro" (Hedge, 2005, p. 68).
- » Fazer entrevistas.
- » Fazer pesquisas.
- » Outros.

» Gerando ideias – *brainstorming*

Vamos ver como funciona o *brainstorming*? Vamos usar como exemplo o tema da **laranja**. Veja, algumas ideias que tive enquanto preparava essa atividade; você pode acrescentar outras que não lembrei (ou não quis colocar aqui!!):

redonda, gomos, casca, laranja, componentes, forma, cor, usos, sucos, comercialização, produção, exportação, bolos, cremes, textura, características peculiares, similaridades, e...

» O que mais você acrescentaria a esse grupo de palavras? Complete.

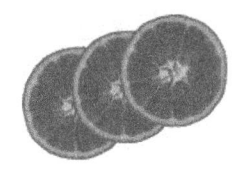

» Organizando ideias

Podemos gerar e organizar nossas ideias usando o *mind mapping*, também chamado de *spidergram* ou, ainda, *word map*.

Essas ideias podem ser organizadas por ordem de prioridade, de relacionamento, de contraste etc. Complete o que está faltando*:

Figura 8 – *Spidergram*

```
         ┌──────┐       ┌────────────┐                    ┌──────────────┐
         │      │◄──────│ Components │                    │ Orange (color)│
         └──────┘       └────────────┘                    └──────────────┘
            ▲                 ▲                ┌─────────────┐      ▲
         ┌──────┐              └───────────────│ Description │              ┌──────────┐
         │ Peel │                              └─────────────┘─────►│ Squeezer │
         └──────┘        ┌──────┐                      ▲            │ Round    │──►└──────────┘
                         │      │                      │            └──────────┘
                                                ┌─────────────┐
         ┌──────┐                               │             │
         │ Juice│◄──┐                           │   (laranja) │
         └──────┘   │   ┌───────┐               │             │
                    └───│ Users │◄──────────────┤             │
         ┌──────┐   ┌───└───────┘               │             │
         │ Cake │◄──┘                           └─────────────┘
         └──────┘        ┌──────┐                      │            ┌──────────────┐
                         │      │       ┌───────┐      │            │ In business  │
                                        │ Cream │◄─────┘            └──────────────┘
                                        └───────┘            ┌──────┐
                                            │                │      │
                                        ┌──────┐
                                        │      │
```

» No *mind map*, escolha uma das áreas e acrescente e risque itens que você usaria para escrever um parágrafo para _____ (público-alvo) com o propósito de _____.

O planejamento

Tendo nosso **propósito**, nosso **público-alvo** e o **tipo de texto** em mente, podemos selecionar, com base nas ideias geradas, qual das áreas será abordada, qual será o tópico e como será apresentado, isto é, que ordem terá.

* Sobre a atividade da laranja, iniciamos com a descrição da forma e dos componentes, depois dos usos que se pode ter, depois sobre comercialização, e assim por diante. Geramos muitas ideias!

> Revisando: no estágio 1, ajudamos a estabelecer um propósito, um público-alvo e um tipo de texto e realizamos atividades para coletar ideias e para organizá-las.

6.6.3 O que os alunos farão durante a atividade?

O processo da escrita pode levar bastante tempo e ser subdividido em partes: **esboços** (1º, 2º, 3º etc.) e **revisões** para cada rascunho além da edição final antes da publicação.

Esboços e revisões

Gostei muito do termo *crafting*, cunhado por Tricia Hedge: "[*crafting* é] o modo como um escritor junta os pedaços do texto, desenvolvendo ideias através de sentenças e parágrafos dentro de uma estrutura geral" (Hedge, 2005, p. 81). Nesse "trabalho", o escritor faz uso dos conhecimentos linguísticos mencionados anteriormente – gênero e forma, organização textual, estrutura de parágrafos, elementos de coesão e seus usos, escolha de vocabulário apropriado ao tópico e ao leitor, e coerência.

» O primeiro rascunho e a revisão do escritor

No primeiro esboço (*first draft*), o escritor foca as ideias que quer comunicar – o que tem para dizer, seguindo o planejamento. Nos esboços seguintes (2º, 3º, 4º quantos forem necessários e o tempo permitir) o autor vai focar em **como** ele vai transmitir suas ideias mais efetivamente. À medida que ele vai revisando, vai melhorando seu texto até ficar contente com o produto final.

Sabemos que se os alunos estão escrevendo para se comunicarem e não simplesmente para que acessemos o que aprenderam (isso é feito em outra ocasião, como vimos anteriormente), podemos tirar de nossas costas a tarefa de ler **tudo** o que os alunos produzem. E podemos fazer uso do que chamamos em inglês de *peer editing* (edição por parte do colega), que acontece quando um aluno lê o texto de outro e, como leitor, analisa as ideias apresentadas e oferece sugestões de melhoria. Nosso papel aqui é o de dar ferramentas e direcionar os alunos com perguntas ou pontos para que possam analisar seu próprio esboço e o de seus colegas. Se não tivermos muito tempo disponível, podemos dividir esse processo em somente duas fases: a revisão com enfoque **no que foi escrito**, isto é, as ideias na mensagem, e a revisão com enfoque **em como foi dito**. Se tivermos mais tempo para que os alunos analisem outros rascunhos que forem sendo implementados, podemos subdividir as fases.

» Revisão com enfoque nas ideias contidas no texto

Propósito e estilo – revisão do próprio autor
» Quem são os meus leitores? O estilo está de acordo com o leitor que tenho em mente?
» Tenho claro o propósito que estou escrevendo? Será que alcancei esse propósito? Por quê?
» Que tipo de texto escrevi (carta, artigo, história etc.)? O que escrevi está de acordo com as convenções deste gênero?
» As ideias geradas são suficientes? O tópico e a organização das ideias estão coerentes com meu propósito e público-lvo?

Conteúdo – revisão do próprio autor
» Qual é a ideia principal e onde o leitor a encontra?
» Levei em consideração aquilo que o leitor possa ou não saber sobre o assunto? Você precisa dar mais exemplos ou explicações?
» O desenvolvimento das ideias e as informações do texto fluem e são facilmente entendidas?
» As ideias expostas estão organizadas de forma que o leitor compreenda minha mensagem? Deixei de lado algum ponto importante?
» O primeiro parágrafo é interessante, cativa o leitor a seguir lendo?

» O primeiro rascunho e a revisão do colega (*peer editing*)

A primeira leitura por parte de um colega, amigo ou outra pessoa é muito importante para que o escritor tenha uma noção se seu texto está inteligível. Oferecemos algumas perguntas para auxiliar o leitor:

> Enfoque nas ideias ou conteúdo – revisão do colega
> » O propósito está claro? Qual é ideia principal?
> » O que está escrito está de acordo com as convenções do gênero escolhido?
> » O tópico e a organização das ideias estão coerentes com o propósito?
> » Como leitor, fiquei satisfeito com as ideias expostas? Ficou alguma coisa sem ser entendida? O quê?
> » O desenvolvimento das ideias e as informações do texto fluem e são facilmente entendidas?
> » O primeiro parágrafo é interessante, como leitor senti vontade de seguir lendo?
> » As ideias estão organizadas de forma clara? Ideia principal, detalhes – informações gerais e específicas, fatos e exemplos?

Depois dessa leitura e conferência com seu leitor, o escritor leva para casa seu rascunho e revisa seu texto produzindo o segundo esboço para ser reexaminado sob outro enfoque.

» O segundo rascunho e a revisão do escritor

Nessa fase, o escritor e posteriormente o leitor (*peer editor*) vai olhar mais profundamente seu texto, avaliando a organização textual, como a estrutura de parágrafos, a coesão e a coerência, o uso de vocabulário apropriado e outros.

» Revisão com enfoque em **como foi escrito** – na organização de ideias

> Coesão
> » Os *links* entre as seções estão claros e direcionam os leitores através do texto? Sublinhe as conjunções usadas. Elas estão sinalizando a relação entre as ideias adequadamente (por exemplo: o uso de *moreover* para indicar adição)?
> » Encontramos repetições no texto ou existe bom uso de pronomes (palavras de referências)?
> » Houve a necessidade de substituições? Quais?
> » Existe alguma palavra ou expressão que possa ser omitida? Qual?
>
> Vocabulário, estruturas e outros
> » O vocabulário precisa ser melhorado? Sinônimos e antônimos? Colocações?
> » Estruturas, ordem das palavras etc.
> » Tempos verbais.
> » Pontuação e grafia.

» O segundo rascunho e a revisão do colega (*peer editor*)

Os colegas farão a leitura baseados nas mesmas perguntas e indicarão onde o texto precisa ser melhorado.

> **Revisando**: nos estágios 3 e 4, os alunos reescrevem em casa e revisam de acordo com as perguntas mostradas; na aula seguinte, em pares, eles trabalham um com o texto do outro, seguindo as perguntas. E assim tantas vezes quantas forem necessárias. O professor sempre fornece suporte (*scaffolding*) até que os alunos não precisem tanto.
> **Processo de aprendizagem: conscientização, apropriação e autonomia.**

Revisão do professor

Nosso trabalho está bem mais fácil, não é? Provavelmente se tivermos dado o suporte necessário durante o processo, encontraremos um texto quase perfeito para o nível de proficiência dos alunos. Faremos a leitura baseados em todas as perguntas anteriormente demonstradas, revendo o texto não só como leitor, mas também como professor. Mas uma pergunta ainda nos chama a atenção:

Como fazer a correção para que haja aprendizado?

O tratamento dos erros se inicia na fase da revisão do segundo esboço, quando direcionamos os alunos a editar seus textos seguindo as perguntas apresentadas anteriormente. Lembrando de nosso papel de guias, aliados e facilitadores, não vamos devolver uma composição pintada de vermelho como se fazia no século passado! Durante todo o processo temos o papel de consultores, somos o "outro-mais-capaz" que provê aos alunos as ferramentas para construírem a sua prática e no futuro serem capazes de usar de todas as suas estratégias de produção escrita, para serem criativos e independentes.

Durante o processo da produção escrita olharemos primeiramente o conteúdo: se o texto é coerente em si. Depois vamos passar para a correção da mecânica e as relações sintáticas. E podemos utilizar símbolos para indicar onde os alunos devem prestar atenção e fazer as correções necessárias. Na página 293, mostramos um exemplo de tabela com símbolos de correções, mas vocês devem criar a sua própria para que esteja de acordo com o nível de proficiência de seus alunos.

Edição final

Se perguntarmos a um autor se seu texto está pronto, ele sempre vai dizer que não. Sempre achamos que precisamos dar mais algum retoque. Nessa fase, checamos grafia e pontuação e algum outro detalhe que tenha passado despercebido, e finalmente entregamos para a publicação.

6.6.4 O que os alunos farão após a atividade em si? (A versão final)

Vimos anteriormente que o aprendizado acontece mais facilmente quando os alunos estão engajados em usar a língua com um propósito, que desenvolvemos cada uma das competências e suas estratégias se ela estiver integrada às outras habilidades e que isso torna as atividades interessantes e altamente motivadoras.

Escrever em si é uma tarefa solitária, mas escrevemos para sermos lidos e quem sabe gerarmos ideias para serem discutidas, o que é altamente motivante. Essa motivação de que o texto será lido passa a ser a mola propulsora para os alunos se esforçarem a produzirem o melhor possível. O produto final, portanto, precisa ser exposto ou publicado para que os alunos vejam que valeu a pena passar pelo processo todo.

Nessa fase, afinal, integramos todas as outras habilidades – os alunos vão ler, vão comentar e também ouvir comentários. Se formos bem-sucedidos no tópico selecionado, teremos um produto final diversificado e interessantíssimo de ser lido e discutido.

6.7 Um projeto

Não seria interessante criar um projeto de escrita que seria publicado no final do ano para que pais, outros alunos e a comunidade lessem? Poderia ser em formato de jornal com os diversos subgêneros lá encontrados. Podemos, também, elaborar um projeto com tema geral escolhido em comum acordo com o grupo ou de acordo com os objetivos da escola, algum tema transversal que tenha sido previamente escolhido.

Existem alguns livros bem interessantes recomendados no final do capítulo que apresentam muitas atividades as quais podem ser adaptadas a sua realidade.

Síntese

Iniciamos este capítulo apresentando o que um bom escritor sabe, quais as estratégias que utiliza **antes**, **durante** e **depois** de escrever, isto é, quais os processos pelos quais passa para chegar ao produto final. Em seguida, apresentamos o desenvolvimento da competência de produção escrita em sala de aula como um processo comunicativo e decorrentemente criativo – e não como prática de estruturas gramaticais. Abordamos também o papel do professor de "ensinar a escrever", ou melhor, mostrar aos alunos os caminhos, conscientizá-los de cada uma das fases do processo e do que se deve fazer em cada uma delas. Encerramos o capítulo apresentando algumas sugestões sobre técnicas a serem utilizadas para que essa competências sejam desenvolvida da melhor forma possível.

Indicações culturais

Filmes

Recomendo dois filmes divertidos em que podemos observar escritores em ação:
» ALGUÉM tem que ceder. Direção: Nancy Meyers. EUA: Warner Bros.;Columbia Pictures Corporation; Waverly Films, 2003. 133 min.
» SHAKESPEARE apaixonado. Direção: John Madden. EUA/UK: Universal Pictures, 1998. 123 min.

Sites

Recomento também um *site* excelente com muitos projetos para a produção escrita e outros recursos, dirigido por Ruth Vilmi, da Universidade de Tecnologia de Helsinki.
RUTHVILMI. Disponível em: <http://www.ruthvilmi.net/hut/LangHelp/Writing/>. Acesso em: 28 maio 2010.
Site com informações sobre outros *sites* para professores de todos os níveis e para todas as matérias:

SITES FOR TEACHERS. Disponível em: <http://www.sitesforteachers.com/index.html>. Acesso em: 28 maio 2010.

Atividades de autoavaliação

1. Assinale (V) para verdadeiro ou (F) para falso a respeito das semelhanças e das diferenças entre a linguagem oral e a escrita. Depois, indique a sequência correta.
   ( ) Hoje em dia, não se encontra nenhuma diferença entre as duas linguagens.
   ( ) Hoje em dia, as duas únicas diferenças são encontradas na permanência e no tempo de produção.
   ( ) Hoje, a diferença mais marcante se encontra na escolha de vocabulário e na organização do texto.

   a. V, F, V.
   b. F, V, F.
   c. F, F, F.
   d. V, V, V.

2. Assinale (V) para verdadeiro ou (F) para falso para as seguintes afirmações sobre o que um bom escritor sabe e, depois, indique a sequência correta:
   ( ) O bom escritor sabe quem é seu público-alvo.
   ( ) O bom escritor despende tempo coletando e organizando ideias.
   ( ) O bom escritor faz as revisões que lhe são pedidas.

   a. V, V, F.
   b. V, F, F.
   c. F, V, V.
   d. F, F, V.

3. Assinale (V) para verdadeiro ou (F) para falso a respeito do processo de produção escrita e, depois, indique a sequência correta. No processo da **escrita pela escrita** em sala de aula ou da escrita comunicativa:

( ) o papel do professor é o de ajudar os alunos a construírem estratégias de produção escrita.

( ) os alunos precisam iniciar sua produção tendo muito claro em mente qual é o objetivo, quem é seu leitor e que tipo de texto vai escrever.

( ) algumas formas de gerar ideias são *brainstorming*, *crafting*, tomar notas e pesquisar.

a. V, V, F.

b. V, F, F.

c. F, V, V.

d. F, V, F.

4. Assinale a alternativa **incorreta**.
Durante o processo de esboço e revisão:

a. o aluno-escritor necessita diretrizes para realizar suas revisões em termos das ideias esboçadas.

b. o leitor-editor deve revisar o texto e fazer correções em termos linguísticos na sua primeira leitura.

c. o aluno escritor reescreve seu texto com base nas respostas dadas pelo leitor-editor e por si próprio.

d. o professor revisa o texto final não só em termos linguísticos, como também em termos da organização das ideias.

5. Assinale a alternativa **incorreta** em relação ao processo de produção escrita:

a. Durante a fase de geração de ideias, todas as contribuições são importantes, pois geram mais ideias.

b. Durante a fase da produção, da escrita em si, o aluno-autor deve procurar a coesão e a coerência na organização das ideias.

c. Durante a fase de revisão, os alunos precisam se familiarizar com os símbolos de correção.

d. Durante a fase da edição final, os alunos pedem *feedback*.

Atividades de aprendizagem

Questões para reflexão

1. Vamos planejar uma atividade para a fase **antes** da escrita (*pré-writing activity*).
   › Escolha um tema de seu interesse (Não vale a laranja! Há! Há! Há!)
   › Planeje um **disparador** para motivar e incentivar os alunos a terem ideias.
   › Escolha um segundo tipo de atividade para gerar mais ideias.
   › Organize essas ideias (mapa de palavras, listas etc.).
   › Se for possível, representem os papéis de professor e aluno e realizem a sequência de atividades.
   › Em grupos, comparem seus planejamentos ou a apresentação e discutam sobre a experiência (foi interessante, o que faltou, o que foi demais etc.).

2. Atividade sobre correção na escrita. Para esta atividade, você precisa de uma redação elaborada por você ou por um de seus alunos, ou por qualquer outra pessoa. Você precisa também de uma tabela de símbolos de correção.
   › Primeiro, faça uma revisão em termos do conteúdo e sua organização.
   › Segundo, faça uma revisão da forma, utilizando a tabela de símbolos.

> Terceiro, peça a um colega que revise a redação segundo os símbolos marcados. Faça o mesmo com sua correção.
> Discutam e comparem opiniões sobre o processo.

Atividade aplicada: prática

Um dos temas transversais apresentados nos Parâmetros Curriculares Nacionais (PCN) é a preservação do meio ambiente. Com base nesse tema central, defina com a turma um tema especial para um projeto de integração das habilidades comunicativas que se estenda por um semestre.

O resultado desse projeto deverá ser uma exposição dos trabalhos dos alunos, de forma oral e escrita.

» O que será feito **antes**, **durante** e **depois**?
» Faça uma lista do que você precisa fazer para colocar o projeto em prática.
» Em grupos, comparem suas listas, troquem ideias, selecionem as que mais gostaram e concordem num plano final.

Considerações finais

> *"Ninguém ignora tudo.*
> *Ninguém sabe tudo.*
> *Todos nós sabemos alguma coisa.*
> *Todos nós ignoramos alguma coisa,*
> *por isso aprendemos sempre."*
> Paulo Freire[*]

Um livro, assim como uma aula, reflete a visão de seu autor ou professor sobre o assunto que está ensinando ou sobre o qual está escrevendo. Sua "filosofia" de ensino deve espelhar aquilo em que ele acredita. Como diz o ditado em inglês: "*preach as you teach*."[**] Durante muitos anos, além de professora, fui coordenadora de cursos de formação de professores de inglês, ocasiões em que eu deveria ser um "modelo" a ser seguido e nas quais desenvolvi conhecimentos, **aprendendo para ensinar e aprendendo ensinando**. Esses saberes me forneceram os subsídios para analisar a minha própria prática de ensino, assim como fundamentaram as bases das minhas crenças e pressupostos sobre o processo de ensino-aprendizagem. Meus princípios norteadores, expostos a seguir, são os que deram o rumo para este livro sobre o ensino e a aprendizagem das competências comunicativas em inglês. Na

---

[*] Freire, citado por Moreira e Moreira, (2010).
[**] "Pregue somente aquilo que você pratica!" ou seja, "Faça o que eu digo e **faça** o que eu faço!"

minha abordagem particular, acredito que:
» Os alunos são a parte fundamental do nosso ensino; ensinamos os alunos e não o programa ou o plano de aula.
» A bagagem formativa dos nossos aprendizes é importantíssimo componente de todas as aulas, pois tudo que sabemos e que somos – nossos "esquemas", nosso acervo de conhecimentos – servem de base para a (re)construção de outros conhecimentos.
» Todo novo aprendizado é construído, fundamentado em aprendizagens anteriores.
» Aprendemos fazendo, produzindo e aprendemos se aquilo nos for significativo.
» Como professores, somos agentes facilitadores e mediadores do processo de aprendizagem (entre outros papéis!).
» Não existe uma fórmula, uma receita de aula para se ensinar bem.
» Existem, sim, muitos conhecimentos, e necessitamos estar bem informados (metodologia, psicologia, assuntos do mundo etc.) para podermos fazer as escolhas certas que beneficiem o aprendizado de nossos alunos.
» Ensinar é saber fazer as escolhas certas e cada um de nós desenvolve a **sua própria abordagem** de ensino baseados nos nossos conhecimentos e nas nossas práticas; cada um de nós desenha o **seu mapa**.

O meu percurso para a elaboração deste livro foi longo, iniciou na minha infância. Sempre tive muitos bons professores e educadores, começando com meus pais, minha primeira professora, Dona Ligia, meus alunos, além de todas as experiências e estudos no decorrer da minha vida. Sempre aprendendo, porque quando "paramos de aprender, morremos".

Fiquei muito feliz com o resultado deste livro. Primeiro porque **aprendi muito**, precisei pesquisar e ir "a fundo" nos assuntos que ainda não dominava, como os pressupostos teóricos do capítulo inicial. E fui construindo e (re)construindo meus saberes até chegarmos aqui. Considero as questões que tratamos essenciais para o professor de qualquer língua estrangeira, pois os pressupostos sobre o processo de ensino-aprendizagem são válidos para todos os idiomas. Demos um direcionamento especial ao desenvolvimento das quatro habilidades comunicativas. "Desenvolvimento" porque não se ensinam as habilidades, mas as desenvolvemos através de nossa conscientização do que são, de nossa apropriação desses conteúdos pela prática constante e consequente reestruturação de conhecimentos prévios, até atingirmos a autonomia.

Nos capítulos deste livro, desvelamos alguns mapas, mostramos alguns caminhos e equipamentos que podem ser úteis, entregamos a bússola. Porém, você é quem determina qual a meta a alcançar e quais os percursos no mapa a percorrer. O mapa será desenhado por você na sua prática cotidiana. Apresentamos, nesta obra, sugestões de leituras para aprofundamento nos temas que, para você, parecerem mais relevantes. E para que você possa construir a sua própria abordagem de ensino.

Tem havido, nos últimos tempos, muita descrença em relação aos resultados do processo de ensino-aprendizagem e sobre os papéis do educador (quer seja ele o professor ou os pais) e da escola. Acreditamos que a "Instituição" de ensino como um todo precisa passar por uma modificação, uma modernização, porque temos conhecimentos para ensinar alunos do século XXI, mas ainda muitos de nós usam métodos dos séculos passados. Enquanto essa "revolução" não acontece, essa mudança fica ao nosso encargo! Precisamos rever nossas crenças e pressuposições para abrirmos espaços a novos conhecimentos. Precisamos promover uma mudança na nossa maneira de ensinar. Desenvolver a **nossa própria abordagem** de ensino. Parar de "dar aulas" e começar a "construir" aulas para promover a aprendizagem significativa. Precisamos começar a ser agentes modificadores. Precisamos fazer a diferença!

Duas estradas se estenderam a minha frente, e eu –
eu tomei a menos trilhada,
e isto fez toda a diferença!
(Robert Frost – The Road Not Taken)

Glossário

Acervo de conhecimentos: *background knowledge* – representa o conjunto de conhecimentos de uma pessoa, englobando todas as suas experiências de vida. O nível de conhecimento de um aluno é igual à sua competência cognitiva mais os seus conhecimentos prévios.

Achievement: pode ser traduzido por "realização; feito, façanha, empreendimento; avanço, progresso; conquista; aptidão, ou capacidade"; e **intended** por "pretendida ou proposta" (Webster's Dicionário Inglês-Português. 2008, p. 8 e 412).

Anamnese: "4. MED histórico que vai desde os sintomas iniciais até o momento da observação clínica, realizado com base nas lembranças do paciente" (Houaiss, 2008, p. 203).

Andaime: *Scaffolding* – refere-se ao suporte temporário que cerca um edifício em construção. É usado metaforicamente para descrever o suporte interacional temporário que é dado aos alunos enquanto estão "construindo" o seu sistema linguístico [L1 & L2] (Thornbury, 2006, p. 201).

Ancoragem (ou *subsunção*): *anchoring* (ou *subsumer*) – termo cunhado por Ausubel, refere-se à ação de relacionar o conhecimento novo ao conhecimento adquirido anteriormente. A integração do "novo" ao "velho" resulta na aprendizagem.

Assess: traduz-se por "estimar magnitude ou qualidade de; taxar; apreçar; determinar" (In: *Webster's Dicionário Inglês-Português*, 2008, p. 44). [*assess* é ≠ de *access*, que significa *acesso*, *entrada*, *avanço*].

Assessment[1]: "o processo de fazer um julgamento ou formar uma opinião, após considerar algo ou alguém cuidadosamente; um julgamento ou opinião que resulta deste processo" (In: *Macmillan English Dictionary*, 2002, p. 69).

Assessment[(2)]: (na área de ensino) refere-se às diferentes formas de coletar informações sobre o progresso ou a realização de uma tarefa. Dentre estas formas, encontramos as provas e os testes. (Thornbury, 2006, p. 18). [*assessment* não equivale a *evaluation* = avaliação, pois avaliação é uma das formas que usamos para coletar as informações, portanto não pode ser traduzida por esta palavra].

Blocos: *chunks* ou *clustering* – podem ser definidos como qualquer combinação de palavras que ocorrem frequentemente juntas (*to chunk* significa *combinar*).

Corpus, Corpora (pl.): é uma coleção de textos reais falados ou escritos, armazenados e acessados por meio de computadores, e que são úteis para investigar a linguagem realmente em uso (Thornbury, 2006, p. 56).

Emoticons: palavra formada das palavras do inglês *emotion* + *icons* (emoção + ícones), que são ícones utilizados para expressar emoções.

Feedback: refere-se à informação que os alunos recebem sobre sua performance oral ou escrita.

Framework: estrutura, armação, esqueleto; sistema, padrão.

Marcadores de discurso e elementos de coesão na fala

(*discourse markers* ou *pragmatic markers*) referem-se às palavras ou expressões como *well, anyway, I mean, right, actually*, que normalmente aparecem no começo de uma elocução e que têm a função de orientar o ouvinte sobre o que será dito em seqüência ou em que direção ela irá. [...]
Os elementos de coesão são as conjunções como *and, but, or, so, because* que indicam continuidade, contraste, opção, resultado ou causa respectivamente. THORNBURY, 2006, p. 91.

To chant: cantar, entoar, celebrar em versos ou em cânticos. Webster's, p. 121;

To drill: exercitar, treinar rigorosamente. Webster's, p. 232.

To mill: mover-se lentamente em círculos. Webster's, p.495.

Referências

ACHIEVEMENT. In: Houaiss, A (Ed.) Webster's. 18. ed. atual. Rio de Janeiro: Record, 2008. p. 412 e 418.

ALMEIDA FILHO, J. C. P.; EL DASH, L. G. Compreensão oral no ensino de língua estrangeira. Revista Horizontes de Linguística Aplicada, Brasília, v. 1, n. 1, p. 19-37, 2002. Disponível em: <http://www.let.unb.br/jcpaes/documentos/Artigo%20Compreenso%20Ling%20Oral.doc>. Acesso em: 30 abr. 2010.

ALONSO, T.; FOGAÇA, F. C. Crenças sobre o ensino de inglês na prática de ensino. In: GIMENEZ, T. (Org.) Tecendo as manhãs. Londrina: Ed. da UEL, 2007. p. 23-40.

AMORIM, V.; MAGALHÃES, V. Cem aulas sem tédio. Santa Cruz: Pe. Reus, 1998.

ANAMNESE. In: HOUAISS, A.; VILLAR, M. S. Dicionário Houaiss da língua portuguesa. Rio de Janeiro: Objetiva, 2001. 1. ed. p. 203.

ANTUNES, C. A criatividade na sala de aula. 4. ed. Petrópolis: Vozes, 2003a. (Coleção na Sala de Aula, fascículo) 14.

_____. A inteligência emocional na construção do novo eu. Petrópolis: Vozes, 1997.

_____. A memória: como os estudos sobre o funcionamento da mente nos ajudam a melhorá-la. 5. ed. Petrópolis: Vozes, 2007. Coleção na Sala de Aula, fascículo 9).

_____. As inteligências múltiplas e seus estímulos. 12. ed. Campinas: Papirus, 2005.

_____. As inteligências múltiplas e seus jogos. Petrópolis: Vozes, 2006a. (Coleção Inteligência Múltiplas e seis jogos, fascículo 1).

ANTUNES, C. As inteligências múltiplas e seus jogos: inteligência linguística. Petrópolis: Vozes, 2006b. (Coleção Inteligências Multiplas e seus jogos, fascículo 5).

_____. A teoria das inteligências libertadoras. Petrópolis: Vozes, 2003b. 4. ed.

_____. Como desenvolver as competências em sala de aula. 5. ed. Petrópolis: Vozes, 2001a. (Coleção Na Sala de Aula, fascículo 8).

_____. O lado direito do cérebro e sua exploração em aula. 4. ed. Petrópolis: Vozes, 2001b. (Coleção Na Sala de Aula, fascículo 5).

_____. O jogo e a educação infantil: falar e dizer, olhar e ver, escutar e ouvir. 6. ed. Petrópolis: Vozes, 2008. (Coleção Na Sala de Aula, Fascículo 15).

_____. Relações interpessoais e autoestima: a sala de aula como um espaço do crescimento integral. 6. ed. Petrópolis: Vozes, 2009. (Coleção Na Sala de Aula, Fascículo 16).

_____. Vygotsky, quem diria?! Em minha sala de aula. 3. Ed. Petrópolis: Vozes, 2002. (*Coleção Na Sala de Aula*. Fascículo 12).

APRENDIZAGEM: a revista da prática pedagógica. Croácia ano 3, n. 12, maio/jun. 2009b. (Tema: Competências para Ensinar).

ASSESS/ ASSESSMENT. In: *MACMILLAN English Dictionary*. Oxford: Macmillan, 2002. p. 69.

ASSESS/ ASSESSMENT. In: HOUAISS, A. (Ed.). Webster's Dicionário Inglês-Português. 18. ed. atual. Rio de Janeiro: Record, 2008. p. 44.

BACHMAN. L. A habilidade comunicativa da linguagem. Linguagem & Ensino, Pelotas, v. 6, n. 1, p. 77-128, 2003. Disponível em: <http://rle.ucpel.tche.br/php/edicoes/v6n1/F_bachaman.pdf>. Acesso em: 30 mar. 2010.

BAGARIC, V.; DJIGUNOVIC, J. M. Defining communicative competence. Metodika, Croácia v. 8, n. 1, p. 94-106, 2007. Disponível em: <http://hrcak.srce.hr/file/42651>. Acesso em: 30 mar. 2010.

BARBOSA, L. M. S. Temas transversais: como utilizá-los na prática educativa? Curitiba: Ibpex, 2007.

BARCELOS, A. M. P. Reflexões acerca da mudança de crenças sobre ensino e aprendizagem de língua. Revista Brasileira de Linguística Aplicada, Belo Horizonte, v. 7, n. 2, p. 109-138, 2007. Disponível em: <http://www.letras.ufmg.br/rbla/2007_2/05-Ana-Maria-Barcelos.pdf>. Acesso em: 3 maio 2010. Berman, In: Kramsch; Sullivan, 1996, p. 200.

BERMAN, R. Global thinking, local teaching: departments, curricula, and culture. ADFL Bulletin.United States: 1994. p. 7-11

BERNAT, E.; GVOZDENKO, I. Beliefs about language learning: current knowledge, pedagogical implications, and new research directions. TESL-EJ, Berkeley, v. 9, n. 1, jun. 2005. Disponível em: <http://writing.berkeley.edu/TESL-EJ/ej33/a1.pdf >. Acesso em: 18 set. 2009.

BORTONE, M. E.; MARTINS, C. R. B. A construção da leitura e da escrita: do sexto ao nono ano do ensino fundamental. São Paulo: Parábola, 2008. Disponível em: <http://www.parabolaeditorial.com.br/vol3.pdf>. Acesso em: 3 maio 2010.

BRAGA, D.; RICARTE, I. Letramento e tecnologia. Campinas: Ed. da Unicamp, 2005. Disponível em: <http://www.iel.unicamp.br/cefiel/imagens/cursos/19.pdf>. Acesso em: 3 maio 2010.

BRASIL. Ministério da Educação. Secretaria de Educação Básica. Parâmetros Curriculares Nacionais: língua estrangeira – 3º e 4º ciclos Brasília: MEC/SEF, 1998.

BRASIL. Ministério da Educação. Secretaria de Educação Básica. Parâmetros Curriculares Nacionais para o Ensino Médio: orientações complementares – linguagens, códigos e suas tecnologias. Brasília: MEC/SEF, 2006.

BRINTON, D. Two for one? Language-enhanced instruction. In: THE TESOL SYMPOSIUM ON TEACHING ENGLISH FOR SPECIFIC PURPOSES: meeting our learners' needs, 1., 2007, Buenos Aires. Anais... Alexandria: Tesol, 2007. p. 1-16.

BROWN, H. D. English language teaching in the "post-method" era: toward better diagnosis, treatment and assessment. In: RICHARDS, J. C.; RENANDYA, W. A. (Ed.) Methodology in language teaching. Cambridge: Cambridge University Press, 2002. p. 9-18.

_____. Principles of language learning and teaching. 3. ed. Englewood Cliffs: Prentice Hall Regents, 1994.

_____. Teaching by principles: an interactive approach to language pedagogy. 2. ed.White Plains: Pearson Education, 2001a.

_____. Language assessment: principles and classroom practices. White Plains: Pearson Education, 2004.

BROWN, H. D. The planning cycle: an approach to language teaching. In: CONFERÊNCIA INTERNACIONAL DO THE SOUTHERN CONE TESOL, 4., Curitiba, 2001b Handout.

BUCK, G. Assessing listening. Cambridge: Cambridge University Press, 2001.

BUSATTO, C. Contar e encantar: pequenos segredos da narrativa. Petrópolis: Vozes, 2003.

CAGLIARI, L. C. Alfabetização e linguística. São Paulo: Scipione, 2007. (Coleção Pensamento e Ação no Magistério).

CANALE, M. SWAIN, M. In: Candlin, C.; McNamara, T. The applied linguistics reader. London: Routledge (Reprinted from Applied Linguistics, n.1, p.1-47, 1980).

CARROLL, L. Alice's adventures in Wonderland. London: Penguin, 1994.

CHOMSKY. N. Aspectos da Teoria da Sintáxe, Armênio Amado Editor: Coimbra, 1978.

CRAMER, J. English in the expanding European Union: revising Bern's evaluative of "the twelve". University of Illinois at Urbana-Champain, Department of Linguistics. Disponível em: <http://ling.uta.edu/~lingua/conference/15-utascilt-2007/presentations/Cramer_UTASCILT.pdf>. Acesso em: 3 maio 2010.

CORPUS, CORPORA (pl.). THORNBURY, S. An A-Z of ELT: a dictionary of terms and concepts used in English Language Teaching. Oxford: Macmillan, 2006.

DAVIS, E. C.; NUR, H.; RURU, S. Helping teachers and students understand learning styles. English Teaching Forum, Washington, v. 32, n. 3, p. 12-19, jul. 1994.

DIAB, R. L. International English in its sociolinguistic contexts: towards a socially sensitive EIL pedagogy. TESL, v. 12, n. 4, p. 1-4, mar. 2009. Disponível em: <http://www.tesl-ej.org/wordpress/past-issues/volume12/ej48/ej48r3/>. Acesso em: 3 maio 2010.

DO not throw the baby out with the bathwater. In: TERBAN, M. Scholastic Dictionary of Idioms. New York, 1996, p. 192.

ESTRATÉGIA. In: HOUAISS, A.; VILLAR, M. S. Dicionário Houaiss da língua portuguesa. Rio de Janeiro: Objetiva, 2001. p. 1261.

FRANK, C.; RINVOLUCRI, M; BERER, M. Challenge to think. Oxford: Oxford University Press, 1982.

FRANK, C.; RINVOLUCRI, M. Creative writing: activities to help students produce meaningful texts. Crawley, England: Helbling Languages, 2007.

FREIRE, P. A importância do ato de ler: em três artigos que se completam. 42. ed. São Paulo: Cortez, 2001. (Coleção Questões de Nossa Época, v. 13).

FREIRE, P. In: MOREIRA, D.; MOREIRA, E. A. M. A educação passa quatro vezes pelo mesmo rio do conhecimento: mergulha depois no oceano de sabedoria. Disponível em: <http://www.psicopedagogia.com.br/opiniao/opiniao.asp?entrID=577>. Acesso em: 21 jun. 2010.

FROST, R. The road not taken. In: LATHEM, E. C. (Ed.) The poetry of Robert Frost: the collected poems, complete and unabridged. New York: Henry Holt, 1979. (An Owl Book).

_____. The road not taken. Trad. Renato Suttana, In: O arquivo de Renato Suttana. Disponível em: <http://www.arquivors.com/rfrost.htm> Acesso em: 20 set. 2009.

GOMES, M. L. de C. Metodologia do ensino de língua portuguesa. Curitiba: Ibpex, 2007.

GIMENEZ, T. (Org.). Tecendo as manhãs: pesquisa participativa e formação de professor de inglês. Londrina: Ed. da UEL, 2007.

GRAHAM, C. Jazz chants® old and new. Oxford: Oxford, University Press, 2000.

GRELLET, F. Developing reading skills: a practical guide to reading comprehension exercises. Cambridge: Cambridge University Press, 1990.

GURGEL, T.; BREDA, T. Escrever de verdade. Nova Escola, São Paulo, v. 219, n. XXIV, p. 38-45, jan./fev. 2009.

HARMER, J. How to teach English. Harlow: Longman, 1998. (How to Teach Series).

_____. How to teach writing. Harlow: Longman, 2004. (How to Teach Series).

_____. The practice of English language teaching. Harlow: Longman, 2003. (How to Teach Series).

HEDGE, T. Writing. 2. Ed.Oxford: Oxford University Press, 2005. (Resource Books for Teachers Series).

HOLDEN, S.; ROGERS, M. O ensino da língua inglesa. 2. ed. São Paulo: SBS, 2004.

HORN, B. *Why and how of EIL.* In: American Embassy Ankara, Turkey. Disponível em: <http://turkey.usembassy.gov/media/pdfs/why_and_how_eil.pdf>. Acesso em: 3 maio 2010.

INTENDED ACHIEVEMENT. In: HOUAISS, A. (Ed.).Webster's Dicionário Inglês-Português. 18. ed. atual. Rio de Janeiro: Record, 2008. p. 412 – 8.

KATO, M. No mundo da escrita: uma perspectiva psicolinguística. 7. ed. São Paulo: Ática, 2005. (Série Fundamentos).

____. O aprendizado da leitura. 6. ed. São Paulo: M. Fontes, 2007.

KLEIMAN, Â. B. Preciso "ensinar" o letramento? Não basta ensinar a ler e a escrever? Campinas: Ed. da Unicamp, set. 2005. Disponível em: <http://www.iel.unicamp.br/cefiel/alfaletras/biblioteca_professor/arquivos/5710.pdf>. Acesso em: 3 maio 2010.

KRAMSCH, C.; SULLIVAN, P. Appropriate Pedagogy. ELT Journal, Oxford, v. 50, n. 3, p. 199-212, jul. 1996. Disponível em: <https://www.ffri.hr/datoteke/Sirola/kramschsullivan.pdf>. Acesso em: 3 maio 2010.

LAGO, A.. Tasks that work. Barueri: Disal, 2007.

LA TAILLE, Y. de; OLIVEIRA, M. K.; DANTAS, H. Piaget, Vygotsky, Wallon: teorias psicogenéticas em discussão. São Paulo: Summus, 1992.

LARSEN-FREEMAN, D. Techniques and principles in language teaching. 2. ed. Oxford: Oxford University Press, 2000.

LEWIS, M. Implementing the lexical approach: putting theory into practice. Boston: Thomson Heinle, 2002.

LINDSTROMBERG, S. (Ed.) The standby book: activities for language classroom. Cambridge: Cambridge University Press, 1997. (Cambridge Handbooks for Teachers). (Marcondes, D. Filosifia, linguagem e comunicação São Paulo Cortez 1992).

MARCONDES, D. Filosofia da linguagem e comunicação. São Paulo: Cortez, 1924.

MARQUES, F. S. My ever best lesson plan. ETP: English teaching professional. Londres, n. 12, jul. 1999. p. 20.

____. Reading in the computer science course: a unique experiment. In: BRAZ-TESOL NATIONAL CONVENTION, 5., july 22-25 1996, Goiânia. **Anais**... São Paulo: Braz-Tesol, 1996. p. 222-236.

MARTINS, T. H. B. Reflexões sobre a formação de professores de inglês como língua estrangeira. Revista de Educação p. 195-203, 2007. Disponível em: <http://ww4.unianhanguera.edu.br/programasinst/Revistas/revistas2007/educacao/Reflexoes_sobre_a_formacao.pdf>. Acesso em: 13 jun. 2010.

MCKAY, S. L. Toward an appropriate EIL pedagogy: re-examining common ELT assumptions. International Journal of Applied Linguistics, v. 13, n. 1, p. 1-22. 2003. Disponível em: <http://www.blackwellpublishing.com/content/BPL_Images/Journal_Samples/IJAL0802-6106~13~1~35%5C035.pdf>. Acesso em: 3 maio 2010.

MOON, J. Children learning English. Oxford: Macmillan Heinemann, 2000.

MURPHEY, T. Language hungry: an introduction to language learning fun and self-esteem. Crawley, England: Helbling Languages, 2006.

NATION, I. S. P. Teaching vocabulary: strategies and techniques. Boston: Heinle Cengage Learning, 2008.

NUTTALL, C. Teaching reading skills in a foreign language. Oxford: Macmillan Education, 2005.

OMAGGIO HADLEY, A. Teaching language in context. 2. ed. Boston: Heinle & Heinle, 1993.

PAROLIN, I.; FERREIRA, V. A. Aprendendo sempre! Em casa e na escola: contribuições da psicopedagogia e da neurologia para uma práxis mais competente. São José dos Campos: Pulso, 2008.

PERRENOUD, P. Construir as competências desde a escola. Porto Alegre: Artmed, 1999.

PLANEJAR. In: HOUAISS, A.; VILLAR, M. S. Dicionário Houaiss da língua portuguesa. Rio de Janeiro: Objetiva, 2001. p. 2232–2233.

PREPARAR. In: HOUAISS, A.; e VILLAR, M. S. Dicionário Houaiss da língua portuguesa. Rio de Janeiro: Objetiva, 2001. 1. ed., p. 2289, 2125.

PUCHTA, H.; RINVOLUCRI, M. Multiple inteligences In EFL: exercises for secondary and adult students. Crawley, England: Helbling Languages, 2006.

PURPOSIVE. In: HOUAISS, A.(Ed.). Webster's Dicionário Inglês-Português. - 18. ed. atual. Rio de Janeiro: Record, 2008. p. 632.

RICHARDS, J. C. Listening comprehension: approach, design, procedure. Tesol Quarterly, Alexandria, v. 17, n. 2, p. 219-39, jun. 1983. Disponível em: <http://biblioteca.uqroo.mx/hemeroteca/tesol_quartely/1967_2002_fulltext/Vol_17_2.pdf>. Acesso em: 13 jun. 2010.

RODRIGUES, R. H. Análise de gêneros do discurso na teoria bakhtiniana: algumas questões teóricas e metodológicas. In: Linguagem em (dis)curso, Tubarão, v. 4, n. 2, p. 415-440, jan./jun. 2004. Disponível em: <http://www3.unisul.br/paginas/ensino/pos/linguagem/0402/10%20art%208. pdf>. Acesso em: 14 jun. 2010.

_____. In: MACMILLAN English Dictionary. Oxford: Macmillan, 2002. p. 69.

SANT'ANA, R. Princípios gerais da filosofia da qualidade total. In: ENCONTRO DE PROFESSORES DO CENTRO CULTURAL BRASIL-ESTADOS UNIDOS de CURITIBA, 1., 1996, Curitiba. Anais... Curitiba: Handout, 1996.

SANTOS, J. C. F. Aprendizagem significativa. Modalidades de

aprendizagem e o papel do professor. Porto Alegre: Mediação, 2008.

SCAFFOLDING. By Beth Lewis. In: About.com. Disponível em: <http://k6educators.about.com/od/educationglossary/g/scaffolding.htm>. Acesso em: 22 fev. 2009

SCANNING. In: HOUAISS, A. (Ed.). Webster's Dicionário Inglês-Português. 18. ed. Rio de Janeiro: Record, 2008.

SCARCELLA, R. C.; OXFORD, R. L. The tapestry of language learning: the individual in the Communicative Classroom. Boston: Heinle and Heinle, 1992.

SCHARLE, Á.; SZABÓ, A. Learner autonomy: a guide to developing learner responsibility. Cambridge: Cambridge University Press, 2000.

SCRIVENER, J. Learning teaching. Oxford: Macmillan Heinemann, 1994.

SEYMOUR, D.; POPOVA, M. 700 classroom activities. Oxford: Macmillan Education, 2003.

SILVA, K. A. Crenças sobre o ensino e aprendizagem de línguas na linguística aplicada: um panorama histórico dos estudos realizados no contexto brasileiro. Linguagem & Ensino, Campinas, v. 10, n. 1, p. 235-271, jan./jun. 2007. Disponível em: <http://rle.ucpel.tche.br/php/edicoes/v10n1/09Kleber.pdf>. Acesso em: 3 maio 2010.

SILVA, M. C. da. Feuerstein e a teoria da modificabilidade cognitiva estrutural. Psicologia: Portal dos Psicólogos. Portugal, 2006. p. 1-13. Disponível em: <http://www.psicologia.com.pt/artigos/textos/AO276>. Acesso em: 10 ago. 2009.

SILVA, M. C. da. Instrumentos conceituais segundo Reuven Feuerstein. Psicologia: Portal dos Psicólogos. Portugal, 28 mar. 2008. p. 1-15. Disponível em: <http://www.priscilaleonel.com.br/upload/instrumentos%20conceituais%20segundo%20REUVEN%20FEUERSTEIN.pdf>. Acesso em: 13 jun. 2010.

SKIMMING. In: HOUAISS, A. (Ed.). Webster's Dicionário Inglês-Português. 18. ed. atual. Rio de Janeiro: Record, 2008. p. 722.

STAREPRAVO, A. R.; PAROLIN, I. C. H.; BOZZA, S. Na escola sem aprender? Isso não! Três olhares sobre o aprender e o ensinar. Pinhais: Melo, 2009.

TERBAN, M. Scholastic dictionary of idioms. New York: 1996. p. 192.

THORNBURY, S. An A-Z of ELT: a dictionary of terms and concepts used in English Language Teaching. Oxford: Macmillan, 2006.

_____. How to teach Speaking. Harlow: Pearson Longman, 2005. (How to Teach Series).

_____. How to teach vocabulary. Harlow: Pearson Longman, 2002. (How to Teach Series).

UR, P. Teaching listening comprehension. Cambridge: Cambridge University Press, 2002.

UR, P.; WRIGHT, A. Five-minute activity: a resource book of short activities. Cambridge: Cambridge University Press, 1992.

WHITE, G. Listening. 2. ed. Oxford: Oxford University Press, 2003.

WILLIS, J. A framework for task-based learning. Harlow: Addison Wesley Longman, 1996.

WILSON, J. J. How to teach listening. Harlow: Pearson Longman, 2008. (How to Teach Series).

WILSON, V. Motivações pragmáticas. In: MARTELOTTA, M. E. (Org.) Manual de linguística. São Paulo: Contexto: 2008. p. 87-110.

WITTGENSTEIN, L. Tractatus Lógico-Philosophicus. In: HOUAISS, A.; VILLAR, M. S. Dicionário Houaiss da língua portuguesa. Rio de Janeiro: Objetiva, 2001. p. 56.

WOODWARD, T. Planning lessons and courses. Cambridge: Cambridge University Press, 2001.

WRITING Correction Symbols. 2000. Disponível em: <http://www.elc.byu.edu/classes/buck/w_garden/classes/buck/correction.html>. Acesso em: jun. 2009.

Bibliografia comentada

Para estar sempre atualizado, recomendo as seguintes *revistas sobre educação*:
» Aprendizagem: a revista da prática pedagógica. Curitiba: Editora Melo.
» Nova Escola. São Paulo: Editora Abril.
» Educar para Crescer: <http://educarparacrescer.abril.com.br/index.shtml>. Editora Abril.

Revistas para o ensino da língua inglesa:
» English Teaching Forum. USA: Editora do Governo Americano.
» English Teaching Professional (ETp). Inglaterra: Editora Pearson Longman.
» Braz-Tesol Newsletter. São Paulo: Editora Ong Braz-Tesol.
» New Routes. São Paulo: Editora: DISAL.

Recomendo também alguns livros, para um aprofundamento em alguns assuntos específicos:

Nos campos da lingüística (para alunos de letras, aulas de lingüística e de língua portuguesa):
» MARTELOTTA, M. E. (org.). Manual de linguística. São Paulo: Contexto: 2008.

Sobre Vocabulário:
» NATION, I.S.P. Teaching vocabulary: strategies and techniques. Boston: Heinle Cengage Learning, 2008.
» REDMAN, S.; SHAW, H. Vocabulary in Use. Cambridge: Cambridge University Press, 1999. (Serie do Básico ao Adiantado).

Sobre Chunks e Colocations
» LEWIS, M. Implementing the Lexical Approach: putting

theory into practice. Boston: Thomson Heinle, 2002.

Sobre Avaliação:
» BROWN, H.D. Language Assessment: principles and Classroom Practices. White Plains, NY: Pearson Education, 2004.
» BUCK, G. Assessing Listening. Cambridge: Cambridge University Press, 2001.
» MELO, M. M. (org.) Avaliação na Educação. Pinhais: Melo, 2007.

Sobre o desenvolvimento das habilidades comunicativa, e sugestões sobre técnicas em sala de aula, recomendo a coleção editada por Jeremy Harmer: How to Teach Series. Oxford: Editora Pearson Longman.

Sobre atividades para o desenvolvimento da oralidade:
» MALEY, A. The Language Teacher's Voice. Oxford: Macmillan, 2000.
» UNDERHILL, A. Sound Foundations. Oxford: Macmillan Heinemann, 1994

Sobre atividades com filmes, ótimas para o desenvolvimento da compreensão auditiva:
» THIEL, G. C; THIEL, J. C. Movie takes: a magia do cinema na sala de aula. Curitiba: Aymará, 2009.

Sobre atividades para o desenvolvimento da leitura *iterativa,* com diferentes 'jogos' e material fotocopiável:
» HADFIELD, J.; HADFIELD, C. Reading Games: A Collection of Reading Games and Activities for Intermediate and Advanced Students of English. London: Pearson Longman, 2003.

Sobre atividades para o desenvolvimento da escrita:
» FRANK, C. & RINVOLUCRI, M. Creative Writing: Activities to help students produce meaningful texts. Crawley, England: Helbling Languages, 2007. The Resourceful Teacher Series.
» MARQUES, F. S. Fragile! Handle with care. O meio ambiente e a escrita como processo. In: POSSAS, S. (org.) Inglês na sala de aula: ação e reflexão. São Paulo: Richmond / Moderna, 2010. p. 5-12.

Sobre o aprendiz e o desenvolvimento de estratégias e competências:
» ANTUNES, C. As Inteligências Múltiplas e seus estímulos. 12. Ed. Campinas:

» Papirus, 2005.

» _____. O lado direito do cérebro e sua exploração em aula. Campinas: Papirus, 2005. (fascículo 5).

» _____. Como desenvolver as competências em sala de aula. Campinas: Papirus, 2005. (fascículo 8).

» _____. A memória: como os estudos sobre o funcionamento da mente nos ajudam a melhorá-la. Campinas: Papirus, 2005. (fascículo 9).

» _____. A criatividade na sala de aula. Campinas: Papirus, 2005. (fascículo 14).

» _____. O jogo e a educação infantil: falar e dizer, olhar e ver, escutar e ouvir. Campinas: Papirus, 2005. (fascículo 15).

» _____. Relações interpessoais e autoestima: a sala de aula como um espaço do crescimento integral. Campinas: Papirus, 2005. (fascículo 16).

» OXFORD, R. L. Language learning strategies: what every teacher should know. Boston: Heinle & Heinle, 1990.

» SCHARLE, A.; SZABÓ, A. Learner Autonomy: A guide to developing learner responsibility. Cambridge: Cambridge University Press, 2000.

Sobre atividades para crianças

» BUSATTO, C. Contar & Encantar: pequenos segredos da narrativa. Petrópolis: Vozes, 2003.

» COSTA, M. M. Metodologia do ensino da literatura infantil. Curitiba: IBPEX, 2007.

» MACMILLAN HEINEMANN. Primary hits. Cidade do México: Macmillan de México, 2000. Songbook and Audio CD pack.

» MACMILLAN HEINEMANN. Jigsaw Video. Cidade do México: Macmillan de México, 2000.

» MONTERRUBIO, M. Teacher's notes. In: Primary Hits. Cidade do México: Macmillan de México, 2000. Songbook and Audio CD pack.

» MOON, J. Children learning English. Oxford: Macmillan Heinemann, 2000. (The Teacher Development Series).

Compreesão e produção oral: *listening & speaking*

Tipos de linguagem oral que envolvem compreensão auditiva*.

DIÁLOGOS INTERACIONAIS
(promovem relacionamentos sociais)

Familiares (espontâneos)
Conversas
Discussões
    De trabalho
    De problemas familiares
    Entre colegas
Conversando ao telefone
Contando novidades

Não-familiares
Conversas com estranhos em festas
e encontros

DIÁLOGOS TRANSACIONAIS
(propósito de fazer uma proposição
ou fornecer uma informação efetiva
e real)

Familiares
Fazendo planos ao telefone
Pessoalmente

Não familiares
Conversando com profissionais
para obter conselhos (médico,
dentista etc.);
Fazendo entrevistas;
Fazendo exames orais;
Recebendo instruções de como:
    fazer alguma coisa
    chegar a um lugar

MONÓLOGOS

Planejados (deliberados)
Palestras
Discursos
Leituras

* Baseado em Ur (2002, p. 2), Brown (2001a, p. 251) e Omaggio Hadley (1993, p. 167).

Pelo rádio ou TV   Apresentação oral de *script* fixo
    Músicas   Peças teatrais
    Notícias   Radionovelas
    Previsão do tempo   Filmes
    Programa de esportes   Não planejados ou espontâneos
    Propaganda   Discursos não planejados
    Outros programas   (*impromptu*)
Cerimônias (casamentos, entrega   Narração de estórias
de prêmios, etc.)

Você gostaria de acrescentar mais algum tipo de texto a essa lista?

Anexo II
Produção escrita

1. Tipos de Escrita em sala de aula*

Escrita pessoal
Diários (*journals*)
Receitas
Lista de compras
Bilhetes
Lembretes
Lista de viagem
Blogs
Propagandas pessoais (*want ads*)

Social writing
Cartas pessoais
Postais
Mensagens
Convites
Notas de condolências, agradecimento, congratulações
E-mails
Mensagens por telefone
Instruções para amigos e família
Cartões (aniversário, Natal etc.)
Direções e mapas

Escritos acadêmicos
Respostas de testes
Relatórios de experimentos
Relatórios de *workshops*
Relatórios de visitas
Anotando enquanto se lê
Tomando notas numa palestra
Resumos e anotações
Sinopses
Bibliografias
Ensaios e trabalhos
Referencias (dicionários, enciclopédias)
Fichando livros (*card index*)
Teses e livros
Redações (*compositions*)

Escritura pública
Cartas de pedido, reclamações etc.
Preenchimento de formulários
Applications (*for memberships*)
Questionários

---

* Baseado em Hedge, 2005, p. 87.

Escrita criativa
Romances
Contos
Piadas
Peças teatrais
Poesia
Canções
Autobiografias
Tiras humorísticas e *cartoons*

Escritura institucional
Pautas de reunião (agenda)
Atas (*minutes*)
Cartas comerciais
Memorandos
Editoriais
Relatórios

Ensaios
Artigos
Mensagens
E-mails
Anúncios
Curriculum vitae
Discursos
Relatórios
Note making – doctors and other professionals
Contratos
Pôsteres
Instruções
Horários (grade horária)
(ex.: transportes)
Checklists

Símbolos para indicação de correção na escrita.

sp	= *spelling error*
→	= *indent this line*
¶	= *begin a new paragraph here*
|	= *divide letters or words*
?	= *I'm not sure what you mean.*
⌢⌢	= *check the agreement*
SC	= *sentence combining error (fragment or run-on)*
^	= *add something here*
a̲ A̲	= *change to capital or lowercase*
⌒	= *take out the space*
~	= *change the order of the words or letters*
⌿	= *take this out*
○	= *general error (check for error in singular/plural number, word choice, or tense)*
OR	= *move this here*

Fonte: Writing Correction Symbols, 2000.

Respostas
Atividades de autoavaliação e
Atividades de aprendizagem

Capítulo 1

1. d
2. c
3. b
4. d
5. c

Capítulo 2

1. b
2. a
3. d
4. b
5. c

Capítulo 3

1. c
2. b
3. c
4. b
5. a

Capítulo 4

1. d
2. c
3. a
4. d
5. b

Capítulo 5

1. c
2. d
3. a
4. b
5. a

Capítulo 6

1. c
2. d
3. a
4. b
5. d

Nota sobre a autora

Florinda Scremin Marques queria ser professora desde criança e estava sempre dando aulas para seus irmãos mais novos. Sempre teve uma curiosidade enorme para conhecer e saber. Graduou-se em Letras Português – Inglês pela Universidade Federal do Paraná – UFPR (1976) e é mestre em Língua Inglesa – área de concentração: Gramática, também pela UFPR (1982). Assim que terminou a graduação, estudou cinco meses nos Estados Unidos, aprimorando sua competência comunicativa e acadêmica. Sempre interessada em idiomas, estudou também francês e italiano.

Desses mais de 30 anos de magistério, 20 têm sido dedicados a cursos de formação de professores. Iniciou nas escolas Fisk, trabalhou como professora de inglês e supervisora no Inter-Americano – CCBEU em Curitiba, foi professora titular de inglês instrumental nos cursos de Processamento de Dados e de Comércio Exterior na Faculdade de Educação Superior do Paraná – FESP-PR e consultora acadêmica da Editora Macmillan para a Região Sul do Brasil. Atualmente, é professora dos módulos de Estratégias de Leitura e História da Metodologia da Língua Inglesa no Curso de Especialização em Tradução e Metodologia da Pontifícia Universidade do Paraná – PUCPR e palestrante em conferências nacionais e internacionais.

Sempre muito interessada em compartilhar conhecimentos, foi uma das fundadoras do BRAZ-TESOL Regional Chapter

Curitiba (1998), entidade sem fins lucrativos que objetiva a organização de conferências e cursos para formação e atualização de professores de língua inglesa.

Os papéis utilizados neste livro, certificados por instituições ambientais competentes, são recicláveis, provenientes de fontes renováveis e, portanto, um meio **respons**ável e natural de informação e conhecimento.

Impressão: Reproset
Julho/2021